신(信), 언(言), 행(行)

아침 단상

신(信), 언(言), 행(行)

아침 단상

초판 1쇄 인쇄일 2017년 4월 26일
초판 1쇄 발행일 2017년 5월 10일

지은이 전병래
펴낸이 양옥매
디자인 남다희
교　정 임수연

펴낸곳 도서출판 책과나무
출판등록 제2012-000376
주소 서울특별시 마포구 방울내로 79 이노빌딩 302호
대표전화 02.372.1537　**팩스** 02.372.1538
이메일 booknamu2007@naver.com
홈페이지 www.booknamu.com
ISBN 979-11-5776-427-3(03230)

이 도서의 국립중앙도서관 출판시도서목록(CIP)은 서지정보유통지원 시스템
홈페이지(http://seoji.nl.go.kr)와 국가자료공동목록시스템
(http://www.nl.go.kr/kolisnet)에서 이용하실 수 있습니다.
(CIP제어번호 : CIP2017010329)

신(信), 언(言), 행(行)

아침단상

전병래 지음

제가 믿고 말하고 행하는 것이 만나는 사람을 기쁘게 하고
하나님을 기쁘시게 하는 삶을 사는 것이 제 바람입니다
주님이 친히 가르치신 삶입니다

책과나무

김정기(경남도립 거창대학 총장)

　이 책은 전병래 박사가 일 년 전부터 '아침 단상'이라는 제목 하에 신앙생활에 도움이 되는 글을 매일 새벽마다 카톡방을 통해서 친구들에게 전달해준 것들 중에 솎아낸 글을 모아 같은 제목으로 펴낸 것입니다.

　아침마다 오늘은 친구가 어떤 글을 올려줄까 기대하면서 지내다 보니 지난 일 년은 매우 빠르게 지나갔습니다. 매일 아침 '아침 단상'을 읽는 동안 많은 감명을 받았고 더욱 더 하나님께 감사하고 의존하며 일상을 보내는 삶이 되었습니다. 이 글을 통해 저자는 아침마다 우리 친구들의 '카톡방 목회자'로서 훌륭한 역할을 해오고 있습니다. 따라서 친구들과 함께 응원하면서, 우리만 보기에는 너무 아까우니 책으로 냈으면 좋겠다는 이야기들이 나왔습니다.

　이 책은 인간과 우주를 창조하신 하나님과의 관계인 신앙생활과 일상생활을 우리가 어떻게 해나가야 하는지 다루고 있습니다. 우리가 소망과 사랑을 말하며 행동하는 것이 하나가 되어서 하나님의 말씀에 합치하는 삶을 살 수 있는 방법을 알려줍니다.

이를 통하여 진정 행복한 삶을 살 수 있는 지혜를 보여주고 있습니다. 본인의 가정생활이나 직장생활, 때로는 학창생활 할 때나 상담할 때 그리고 신앙생활을 통하여 보고, 듣고, 말하고, 행하며 살아온 경험들을 예화로 사용하면서, 어떻게 하면 하나님의 말씀에 합치하여 살 수 있는지를 자세하고 알기 쉽게 설명하고 있습니다.

〈아침 단상〉을 읽고 나면, 독자들은 스스로의 삶을 되돌아보는 계기가 될 것이며, 한 단계 더 성숙한 크리스천이 될 것을 믿어 의심치 않습니다. 결과적으로 이 세상을 사는 동안 보다 행복한 삶을 살아가는 지혜를 얻게 되리라 확신합니다.

2017년 3월

김 정 기(경남도립 거창대학 총장)

김낙훈(한국경제신문 부국장)

냉철한 머리와 뜨거운 가슴, 영혼을 사랑하는 신앙으로 쓴 책

글을 쓰는 방법에는 세 가지가 있습니다. 첫째, 머리로 쓰는 것입니다. 자신의 지식과 경험에 냉철한 통찰력을 더해 쓰는 것입니다. 둘째, 가슴으로 쓰는 것입니다. 어떤 사물이나 사건 혹은 상념에 뜨거운 애정을 담아 쓰는 것입니다. 셋째, 신앙의 바탕 위에서 쓰는 글입니다. '한 사람의 영혼이 천하보다 귀하다'는 신앙의 바탕 위에서 이들 영혼의 구원을 위해 간절히 기도하며 쓰는 글입니다.

이 책 〈아침 단상〉은 이 세 가지를 모두 갖춘 글입니다. 단순히 지식과 경험만으로 쓴 글이 아닙니다. 뜨거운 가슴과 영혼사랑의 바탕 위에서 쓰인 글입니다. 저는 저자인 '참샘'(저자의 아호)과는 주일학교 친구 사이로 그의 생활을 40여 년간 가까이에서 지켜봤기에 자신 있게 말할 수 있습니다.

참샘은 목회자가 아닙니다. 하지만 어떤 목회자보다 더욱 열심히 생활 속에서 행동으로 신앙을 실천하고 있습니다. 보육원생을 우선적으로 채용해서 이들에게 희망을 불어넣는다든지, 지진피해를 입은 네팔의 주민들을 위해 생계수단인 염소 100마리 보내기 운동을 벌인다든지, 남아프리카공화국과 북인도 등지에서 사역하시는 선교사들을 돕기 위해 학용품과 헌 옷을 정성껏 모아 보내는 일들은 누구나 쉽게 할 수 있는 일이 아닙니다.

그의 행동과 신앙은 '요한복음 12장 24절' 말씀의 실천입니다. 이 성경구절을 행동으로 풀어놓은 것이 이 책의 내용이라고 믿습니다. 책의 행간마다 감동이 숨어있습니다. 그 행간을 잘 음미하시길 기원합니다.

한 알의 밀이 땅에 떨어져 죽지 아니하면
홀로 남거니와 죽으면 많은 열매를 맺느니라.
(요12:24)

2017년 새봄을 맞으며

김 낙 훈 (한국경제신문 부국장)

변동식(국제선교단체 WEC 소속 남아공 선교사)

무릇, 신자는 말과 행동에 주의해야 한다.

인생은 육십부터라고들 하는데 형님의 글을 대하노라면, 육십 살 갓 난아이가 쓴 글처럼 솔직담백한 글이어서 참 좋다. 마치, 하이얀 도화 지에 설레는 마음으로 연필로 스케치하듯 바르게 살아내려는 모습이 눈에 선하다. 남들에게 강요하지도 않으면서 은은한 샤론의 향기를 뿜 어낸다.

붓을 들고 글자의 크기는 물론 줄을 맞추어 한 자 한 자 써 내려가듯 비록, 최고는 아닐지라도 주님 앞에서 똑바로 나아가는 모습이 엄청난 도전으로 다가온다.

무늬만이 크리스천인 이가 많고 실전의 직장생활 가운데서 그리스 도의 삶을 살아내기가 얼마나 어려운지 모른다. 이를 나 자신도 직접 경험한 까닭에 참으로 아름다운 글이라 생각하며 적극 추천한다.

전병래 형님의 남은 후반전 삶에서 어떤 승리의 삶이 펼쳐질지 기대한다. 형님을 위해 기도하며 크게 크게 아주 많이 축하드린다.

2017년 3월 멀리 남아프리카 공화국에서

변 동 식(국제선교단체 WEC 소속 남아공 선교사)

나이 들면서 어르신들이 아침 일찍 일어나시는 이유를 알게 되었습니다. 이른 아침에 일어나 매일 일과처럼 '아침 단상'이라는 타이틀로 삶의 소회를 내키는 대로 적어 페이스 북에 올리기 시작한 지 일 년이 지났습니다.

그동안 여러분들이 '아침 단상'을 책으로 엮어보라고 권고해주셨습니다. 그래서 용기를 냈습니다. 작년부터 구상했던 환갑기념 캘리그라피 작품 전시회와 함께 기념이 되겠다는 생각이 들었습니다. 그래서 이 책을 내게 되었습니다.

제가 적어 온 '아침 단상'은 斷想입니다. 그때그때의 생각입니다. 단상은 短想입니다. 짧은 생각입니다. 단상은 單想입니다. 저 혼자의 생각입니다. 단상은 旦想입니다. 해 뜰 무렵의 생각입니다. 단상은 旦床입니다. 성경 말씀이 녹아진 아침 영양(靈糧) 밥상입니다.

이 책의 부제목인 '信신·言언·行행'은 환갑 이후의 삶을 맞은 저의 바람입니다. 제가 믿고 말하고 행하는 것이 만나는 사람을 기쁘게 하고 하나님을 기쁘시게 하는 삶을 사는 것이 제 바람입니다. 주님이 친히 가르치신 삶입니다.

이같이 너희 빛이 사람 앞에 비치게 하여
그들로 너희 착한 행실을 보고
하늘에 계신 너희 아버지께 영광을 돌리게 하라.

(마태복음 5장 16절)

60년 한 바퀴 지나온 길을 생각하면 요철(凹凸)의 연속이었지만 은혜의 연속이기도 했습니다. 그래서 형통했습니다. 그리고 고맙습니다. 또 다른 60년 한 바퀴 인생 여정을 시작합니다. 또 여전하신 은혜로 형통의 길을 고마워하며 출발하려고 합니다.

요양원에 계신 사랑하는 어머님, 같이 환갑을 맞은 사랑하는 아내, 딸, 아들, 사위, 며느리, 외손녀들, 그리고 우애 깊은 우리 누님, 형님, 동생들 모두가 고맙습니다.

그동안 한 번도 뵙지 못했지만 꾸준히 읽어주시고 '좋아요'를 눌러주신 여러 사이버 벗님들께도 같은 고마움을 전합니다. 특별히 책 표지를 아름답게 만들어 주신 정진성 목사님, 격려의 글을 적어준 40년 지기 두 친구와 평생을 남아공에서 헌신하기로 작정한 변동식 선교사님께 고마움을 전합니다.

환갑을 맞아 이 책을 펴내게 되고 캘리그라피 작품 60점을 황간역 갤러리에서 전시할 수 있게 되어 기쁩니다. 더욱이 이 작은 두 일을 통해 지지난해에 대지진으로 시름에 잠긴 네팔 주민들에게 한줄기 희망의 빛으로, 한 줌 회복의 소금으로 동역케 하시는 하나님께 모든 감사를 모아 드립니다.

이천십칠 년 사순절기 둘째 주간에
한가을같이 구름 한 점 없이 맑은 봄 하늘을 바라보며
전 병 래

• 목차

1.

함께 울고
함께 웃고

복음자리

오늘 기상기도에는 한 명의 이름이 더해졌습니다.

지난 토요일에 41년 만에 만난 교회 선배의 막내아들 '이숙규'. 그는 대학을 졸업하고 목사가 되기 위해 뉴욕에서 수학하고 있답니다. 모든 가족이 복음자리에서 떠났으나 이 아들만이 할머니의 서원처럼 꿋꿋하게 나아가고 있답니다.

이 아들을 통해 가족이 회복되기를 기도했습니다.

그대의 가는 길에 주의 축복 있으라.

한번도 보지 못한 그대의 이름 '이숙규'.

저의 발걸음과 마음 걸음을 뜻하신 길로 인도하옵소서.

모난 돌

2016. 3. 15.

텃밭 일구며 나오는

돌들을 보며 생각해 본다.

모난 돌이 정 맞는다고.

모나지 말아야 한다. 하지만

모나게 생겨난 걸 어찌하는가.

돌들을 감나무 주위에 쌓아가며

생각해 본다.

모난 것 있는 그대로
더불어 살아가는 것이련만
모난 돌과 모난 돌을 잇대고 맞대
쌓아가노라니
우리네 인생도 그런가 싶다.

네 모 내 모 쓸모없다 싶지만
지지해주고 받쳐주면
멋진 탑이 되고 든든한 성이 된다.

내가 요(凹)를 들이대면
너는 철(凸)을 대주고
내가 철(凸)을 들이대면
너는 요(凹)를 맞대주기

나 너 다른 꼴
금수저 흙 수저
탓하지 말고
부러워 말고
비교치 말고
나 됨 너 됨으로

나는 너를 업어주고
너는 나를 안아주는

모난 돌들이 되어주자.
나도 모나고 너도 모나고.

엄니 손발톱을 깎으며　　　　　　　2016. 3. 14.

어제 고향 옥천에 내려가
올해 아흔이신 울 엄니의
손톱과 발톱을 깎아드렸습니다

손톱은 수분이 없어
말짱하게 잘라지지 않고
부서져 여러 조각으로 튀었습니다

발톱은 더했습니다
안 되겠다 싶어
뜨거운 물을 받아
물티슈를 그 물에 담갔다 꺼내서
엄니 양 발가락을 감쌌습니다

5분 뒤에 물티슈 벗겨내니
발톱이 좀 불었습니다

발톱은 무좀균이 번져
쉽사리 잘라지지 않을 정도로 두꺼워져
손톱깎이가 들어가지 않았습니다

간신히 열 손톱 열 발톱을 깎고
다듬어 갈아드렸습니다

나름 만족해하시는
울 엄니 손이며 발이며
늘어진 피부를 뵈니
마음이 짠합니다

그래도
아들 내려와 함께 있는 것만으로
행복해하시는 울 엄니
엄니와 함께 있어
행복한 새 봄날이었습니다.

행복(幸福)은 행복(行福)　　　　　　　2016. 3. 17.

'너는 행복하겠다' 말할 수 있지만
'너는 행복하다'고 단정해서 말할 수 없습니다.

나이 아흔이 되어서야 한글을 뗀 1926년생 할머니
그동안 쓰던 휴대폰을 스마트폰으로 바꿔 카톡에 매료된 일흔 누님
나이 서른에 박사학위를 거머쥔 사람

누가 제일 행복할까
누구라고 잘라 말할 수 없습니다.

내 삶에 행복의 의미를 줄 수 있는 사람은
다른 누가 아닌 나밖에 없기 때문입니다.

내가 행복하면 행복합니다.
나로 인해 당신이 행복해하면 나는 행복합니다.

행복(幸福)은 행복(行福)입니다
복되다 여기는 것을 행하는 것입니다

모 종편 방송에서 매주 한 번씩 방영되는
〈자연인〉이라는 프로에 나오는 '자연인들'은
하나같이 지금 여기서(Now&here) 행복하답니다.
문명과 떨어져 살아도 나름대로 행복하답니다.
자기가 하고 싶은 일 좋아하는 일들 하니 행복하답니다.

엊그제, 팔다리가 없이 태어났지만 늘 행복해 보이는 호주인 닉 브
이치치가 자신의 페이스북에 적었습니다.

The only way to do great work is to love what you do.
큰일을 하는 단 한 가지 방법은
지금 하고 있는 것을 사랑하는 것이다.

사랑하면 행복합니다
사랑의 대상이 있으면 행복합니다
나를 사랑하는 사람이 있어 행복합니다

나는 행복자인가?

너는 행복자로다. *(신명기 33장 29절)*

족한 은혜

2016. 3. 18

하나둘 봄꽃들이 피어납니다.
작은 별꽃이며 큰 목련이며
허다한 벚꽃이 새봄을 수놓겠지요.

벚꽃이 피기 시작하던 수년 전 어느 날
남북을 가로지르는 어느 2차선 도로를 지나다녔습니다.
남쪽으로부터 햇빛을 잘 받는 북쪽 도로변에 심어진 벚나무는
모두 꽃을 피웠는데

남쪽 도로변에 있는 같은 벚나무는

건물로 인해 그늘이 진지라 몇 날이 지나 꽃봉오리가 열렸습니다.

발달과정에 있어 분명 환경은 상당한 영향을 줍니다.

음지에서 자란 꽃나무가 생육이 더디듯이 사람도 그렇습니다.

하지만 사람은 동식물과 다릅니다.

동식물은 환경에 의존하여 살다 심하게 부대끼면 도태하고 말지만

사람은 도전하고 이겨내서 극복합니다.

수많은 증인들.

닉 부이치치, 피아니스트 이희아.

오토타케 히로타다, 스티븐 호킹 등.

그래서 "Why me Lord?"라고 대들 수 없습니다.

이 아침에 크리스 크리스토퍼슨의 노래를 들으며 공감합니다.

내 은혜가 네게 족하다. (고린도후서 12장 7절)

덕

나이 들어가며 본받고 싶은 모습들이 있습니다. 허겁지겁 국수를 먹고 낼 돈이 없어 국수를 삶는 사이 도망치는 사람의 뒷모습에 대고 "그

냥 가! 뛰지 말고! 넘어지면 다쳐!"라고 웃으며 소리쳐 주었다는 국숫집 할머니.

　자기 과수원 탱자나무 울타리를 넘어 밤에 과일을 서리하러 온 아이들을 보고 탱자나무에 걸려 넘어질 것을 우려해서 손전등을 비추어 주었다는 어느 과수원 할아버지.

　마음의 여유가 덕을 만듭니다. 나이 드신 분이 자기 소유에 집착하면 추해 보입니다. 덕이 많은 어르신은 멋져 보입니다. 여유가 자유를 만듭니다. 두 주먹을 꼭 움켜쥐곤 손가락을 자유롭게 쓸 수 없습니다.

　'왜 그럴까?' 집착하기보다 '나와 다르기 때문에 그럴 수도 있겠지.' 하고 생각하며 살고 싶습니다. 마음의 여유가 배려를 만들어 냅니다. 흉년에 자신의 곳간을 풀었던 최 부자 이야기가 생각납니다.

　며칠 전 친구가 다녀온 결혼식 뒷이야기를 들었습니다. 축의금을 내고 받은 봉투를 뜯어보니 "귀하가 주신 귀한 축의금은 전액 라오스의 배고픈 난민을 위해 쓰겠습니다. 감사합니다."

　흩어 구제하여도 더욱 부하게 되는 일이 있나니
　과도히 아껴도 가난하게 될 뿐이니라.
　구제를 좋아하는 자는 풍족하여질 것이요
　남을 윤택하게 하는 자는 윤택하여지리라. (잠언 11장 24절~25절)

안경

파란 안경을 쓰니 세상은 파랗게 보입니다.
노란 안경을 쓰면 노랗게 보입니다.
안경이 희미하면 희미하게 보입니다.

부정의 안경을 쓰니 세상은 절망적입니다.
긍정의 안경을 쓰면 희망적입니다.
의심의 안경을 쓰면 불신하게 됩니다.

내 마음이 내 안경입니다.
그 안경으로 세상이 보입니다.
그 안경으로 다른 사람을 봅니다.

내 안경은 내 선입견입니다.
내 안경은 내 편견입니다.
내 안경은 내 독선입니다.

내 안경은 내 큰 들보를 보지 못해도
다른 이들의 작은 티는 잘 보입니다.

내 큰 들보 먼저 당겨 빼내고
내 굵은 기둥도 뽑아 빼내고
내 여러 서까래마저 쳐서 빼내려면

남의 티 빼줄 시간이 없을는지요.

파란 건 파란 대로 보이고
노란 건 노란 대로 보이는
맑은 마음의 안경을 장만하고 싶습니다.

비판을 받지 아니하려거든 비판하지 말라. (마태복음 7장 1절)

CCTV

2016. 3. 24.

온 누리의 도로 전체가 실시간 녹화 중입니다. 곳곳의 도로와 건물의 CCTV가 내 본의와 상관없이 내 차의 통행을, 나의 왕래 행보를 카메라에 담고 있습니다. 달리는 차에서도, 주차된 차에서도 블랙박스가 내 일거수일투족을 경쟁하듯 담아둡니다. 그러다 보니 많은 인공감시장치들로 사생활이 노출될 수밖에 없게 되었습니다.

2010년에 영국의 뉴캐슬 대학교에서 한 흥미로운 연구 결과를 내놓았습니다. 대학 구내 카페에 자율계산대를 만들고 사람의 눈과 꽃 사진 여덟 개를 만들어 돌아가며 자율계산대 앞에 붙여놓고 어떤 차이가 있는지 실험을 했습니다.

결과는 꽃을 붙여놓은 날보다 자율계산대 앞에 사람의 두 눈을 찍은 사진을 붙여놓은 날에 수금함에 모아진 금액이 세 배가량 더 많은 것으로 나타났습니다. 아무도 없더라도 누군가 보고 있는 것 같다는 느낌을 받으면 사람들은 본인의 행동을 의식하게 된다는 것이 이 연구의 결과였습니다.

공적 안녕과 질서를 위한 인공 감시장치들이라면 내 사생활이 다소 노출된다고 해도 감수할 수밖에 없습니다. 하지만 불신할 수밖에 없는 현대사회가 씁쓰레하게 느껴질 뿐입니다. 하늘을 우러러 한 점 부끄럼이 없이 주어진 길을 걸어가야겠다고 노래했던 시인처럼 살고픈 마음만 가득합니다.

여호와의 눈은 온 땅을 두루 감찰하사. (역대하 16장 9절)

거기 너 있었는가   2016. 3. 25.

돌아오는 일요일은 기독교의 절기로 부활절입니다. 부활절을 앞두고 한 주간을 특별히 고난주간 혹은 수난주간이라 합니다. 예수께서 로마 병사들에게 붙잡혀 빌라도의 재판을 거쳐 십자가에서 사형을 당하기까지 겪은 고난을 생각하며 근신하고 참회하는 주간입니다.

그중 오늘은 고난의 절정에 달하는, 예수님이 십자가에서 죽으심을 기리는 날입니다. 빌라도는 예수님의 죄를 심문했습니다. 결과적으로 죄가 없음을 확인했지만, 예수님을 시샘했던 유대 종교인들의 압력에 못 이겨 예수님을 처형토록 했습니다.

매질을 가하도록 하고 골고다라는 곳에서 강도 두 명과 함께 십자가에 못 박게 했습니다. 십자가는 중한 죄인들이나 흉악범들을 매다는 형틀이었습니다. 십자가에서 내려진 예수님은 주검이 되어 아리마대의 요셉이라는 사람이 소유했던 무덤에 안치되었습니다.

불과 며칠 전 예루살렘성에 나귀 타시고 입성하시는 예수님을 맞아 앞서거니 뒤서거니 하면서 겉옷을 벗어 길에 펴고 종려나무 가지를 흔들며 만세를 부르며 환호했던 무리들이 예수님을 "십자가에 못 박게 하소서! 십자가에 못 박게 하소서!" 하고 외쳐댔습니다.

주님 입성하실 때 저도 있었습니다. 저도 제 겉옷을 펴고 종려나무 가지를 흔들며 만세 부르며 "예수! 예수! 주여! 주여!" 환호했습니다.

그리고 무리들이 빌라도를 향해 예수를 십자가에 못 박으라고 외쳐댈 때도 그 자리에 있었습니다. 왠지 함께 외쳐댈 수는 없어 침묵하고 있었습니다. 주님을 따르던 열 한 제자도 보이지 않았습니다. 무리들과 어울리고 싶지 않아 슬그머니 그 자리를 피해 나왔습니다. 아니 베드로처럼 매도되기 싫어 자리를 박차고 나왔습니다.

그리곤 생각했습니다.
다수결에 따르는 것이 맞겠지?

아니 협착하지만 좁은 길을 가라하셨는데…….

진리는 세대에 따라 달라질 수도 있는 거야.

힘의 논리에 부응하는 게 자연스러워…….

맞아, 나는 비겁자가 아냐.

나 같은 범생이가 어쩌라구…….

빌라도를 한번 보라구.

열한 제자들도 나하고 별반 다르지 않구먼.

저는 오늘 하루 종일

타협할 수 있는 내게 맞는 진리를 찾을 것입니다.

그런데 자꾸 눈물이 흘러내립니다.

Were you there when they crucified my Lord?

'거기 너 있었는가, 그때에?'

봄 그리고 부활   2016. 3. 27.

논이랑 밭이랑 들이며 산이며

강가하며 둑하며 화단에 화분에

기지개를 켠 초목들이

새잎을 내고 새순을 벋고

일찍 핀 꽃들은 벌써 잔치를 벌인 양

신(信), 언(言), 행(行) 아침 단상

벌 나비의 왕래가 분주합니다.

새봄이 왔습니다.

겨우내 얼어 죽은 것 같았던 나목들이 꽃을 내고 잎을 내고

딱딱하게 굳었던 흙 위로 달래며 냉이하고 민들레가 이웃하며 피어

났습니다.

죽은 것 같지만 살아있던 초목들이 새봄에 뽀롯이 피어납니다.

텃밭에 아주 작고 가는 상추 쑥갓 씨를 뿌렸습니다. 머잖아 여린 탄
생의 싹들이 올라올 것입니다. 그 씨는 생명을 담고 있기 때문입니다.
생명을 담은 씨는 수 천 년이 지나도 싹을 내고 열매를 맺습니다. 썩어
죽은 것 같은 밀알이 싹을 틔우고 잎을 내고 열매를 맺습니다. 그 안에
생명이 있어 가능합니다.

어제는 정말 피곤하여 죽은 듯이 잠자고 이 아침에 크게 기지개를 켜
며 일어났습니다. 어제에 이어 생명이 연장되어 마음껏 호흡해봅니다.

죽은 것 같으나 살아있는 만상이 소생하는 계절의 부활절 아침입니
다. 마음 문을 활짝 여니 봄 햇살 저 너머 천상에서 팡파르 소리가 울
려납니다. 천사들의 합창소리가 이어집니다. 죽어도 산다는 생명 있
는 믿음이 부활을 보장합니다.

나는 부활이요 생명이니

나를 믿는 자는 죽어도 살겠고

무릇 살아서 나를 믿는 자는 영원히 죽지 아니하리니

이것을 네가 믿느냐. (요한복음 11장 25절)

침묵

침묵이 필요할 때가 있습니다. 진정 침묵이 금(金)이 될 때가 있습니다. 시쳇말로 말하지 않아도 중간은 갈 때가 있습니다. 상담에서 가장 중요한 것은 내담자가 하는 말에 대한 경청과 공감입니다.

바르게 경청하려면 내담자가 말하는 동안 침묵해야 하고 바르게 공감하려면 내담자가 얘기하는 동안 침묵해야 합니다. 그래야 내담자가 자신의 내면을 살펴볼 기회를 가지게 되어 긍정적인 변화를 가져오는 데 도움이 됩니다. 침묵할 때 침묵할 줄 아는 상담자가 좋은 상담자입니다.

상담에 입문할 때 하나같이 빙산의 그림을 예로 듭니다. 지금 드러난 내담자의 실제적 문제는 드러나 보이는 빙산보다 물에 잠긴 부분이 더 큰데 드러난 부분에 대해서만 듣고 판단하고 접근해서 알량한 지식으로 내담자를 가르치려고 들지 말아야 한다고 배우게 됩니다.

내담자는 말을 하다가 멈추고 한동안 말이 없기도 하고 때로는 감정에 복받쳐 울기도 합니다. 알량한 상담자는 한동안의 침묵이 두려워 참지 못해 먼저 입을 떼서 말합니다. "왜 갑자기 말을 멈추세요?" 혹은 "어디가 불편하세요? 안 좋은 기억이 되살아났군요?

"진정하시고 계속 말씀해 주세요." 이때 숙련된 상담자는 침묵합니다. 내담자가 스스로 내면의 정리를 마칠 수 있도록 기다려 줍니다.

여러 어르신 상담을 경험하며 더욱 침묵이 훌륭한 치료 도구임을 절감했습니다.

어르신들은 인생의 연륜이 많아 정말 하실 말씀도 많습니다. 한 어르신의 삶은 누구와도 같을 수 없는 독창적인 장편 대하 실화입니다. 지난번에 하신 말씀을 하고 또 하십니다. 그래도 지난번에 안 들은 것처럼 잘 들어주고 공감하면 상담의 성과는 대단합니다. 이 과정에서 상담자가 한 일은 침묵하고 잘 들어주고 공감하고 겨우 몇 마디 추임새로 한 말밖에 없습니다.

그런데 상담을 마치며 "오늘 상담 어떠셨나요?" 하고 물으면 이렇게 말씀하십니다. "속이 다 후련해요. 고맙습니다, 선생님" 한 시간을 넘어 한 시간 반 동안 침묵해서 경청하고 공감해 드렸더니 그리들 좋아하십니다. 침묵은 진정 지혜로운 언어가 될 때가 많습니다.

말이 많으면 허물을 면하기 어려우나
그 입술을 제어하는 자는 지혜가 있느니라. (잠언 10장 19절)

함께 웃고 함께 울고   2016. 3. 29.

얼마 전에 한때 함께 공부했던 동갑내기 목사님의 장인께서 돌아가셔서 문상을 했습니다. 장인께서는 평소 건강하게 생활하시다 93세까지 향수하시고 별세하셨습니다. 그래서 그런지 장례식장이 시끌벅적했습니다. 사위가 중견 목사인지라 아시는 목사님들께서 많이들 오신 것 같습니다.

아내와 함께 문상의 예를 갖추고 식사를 하고 있는데 다른 자리에 앉아있던 분들의 큰 웃음소리가 끊이지 않았습니다. 때론 파안대소하여 주위 문상객들의 시선을 모았습니다. 서로들 김 목사, 이 목사 하는 것을 보니 먼저 문상을 마친 목사님들이신 것이 분명했습니다.

몇 개월 전에도 비슷한 장면을 목도했습니다. 아니 종종 보게 됩니다. "그만하면 장수하신 것이죠. 호상이에요 호상." 하면서 위로하시는 분들도 있습니다. 언제부턴가 우리 장례문화가 바뀌었습니다. 문상객들 앞에 펼쳐지는 밥상이 점점 잔칫상으로 바뀌어 가고 있습니다. 문상온 조문객들이 희희낙락합니다. 때론 상주까지 어울려 희색이 만연합니다. 마치 고인이 잘 돌아가셨다고 축하 잔치라도 벌인 것 같습니다.

예전처럼 부모님 돌아가시면 상주가 사흘 동안, 또는 닷새 동안 장례 중에 식음을 전폐하는 경우는 보기 힘들어졌습니다. 목이 쉬라고 곡하는 상주도 보기 힘들어졌습니다. 산 사람은 살아야 한다고 자위를 합니다.

그래도 문상하는 사람은 고인을 잃은 상주의 마음을 헤아려야 합니다. 때로 상주가 이렇게 생각할지도 모르겠습니다. "나는 어머니를 잃고 아프고 슬프거늘 저들은 와서 무엇이 저리도 즐겁지?"

능률과 실질을 숭상하는 시대라고 하지만 때와 장소에 따라 필요한 최소한의 형식과 예절이 아쉽습니다. 남이 보아 호상일지 몰라도 상주에게 호상은 없습니다. 아프고 슬픈 이별의 애상만 있습니다. 형식은 내용을 담는 그릇입니다. 예절은 정제된 마음을 표현하는 그릇입니다. 마음이 담긴 그릇이 인품입니다.

즐거워하는 자들과 함께 즐거워하고
우는 자들과 함께 울라. (로마서 12장 15절)

터널

얼마 전부터 뱃속이 편하지 않아 위와 대장 내시경 촬영을 했습니다. 왜 사람들이 '뱃속 편한' 사람들을 부러워하는지 깨닫게 되었습니다. 내시경 결과 위와 대장에서 용종 네 개를 떼어냈답니다. 그리고 일주일 있다가 조직 검사 결과를 보러 병원에 갔습니다.

사실 말은 안 했지만 결과를 기다리는 일주일 내내 겁도 나고 여러 생각이 들었습니다. 불길한 판정으로 어떻게 되는 것은 아닐까 하는 불안감이 사라지지 않았습니다. 두려워하고 겁내는 것은 믿음 없음과 동의어입니다. 제가 믿음 없음을 알게 되었습니다.

내시경 결과 위와 대장에서 용종을 발견했고 네 개를 떼어냈습니다.

대장에서 떼어낸 것 중에 한 개가 안 좋은 선종으로 확인되었습니다. 그냥 놔두면 대장암으로 발전하는데 미리 발견하고 떼어낸 것입니다. 이번에 알게 된 사실인데 용종 중에 암으로 발전할 수 있는 것을 선종이라고 한다는 것입니다.

인생 연륜 육십 고개 앞두고부터 보이지 않는 뱃속에 용종이 생겨나나 봅니다. 이번 일로 돌이켜보니 그동안 큰 고장 없어 애프터서비스 한 번 받지 않고 여태껏 살아왔으니 감사하게 잘살았다 싶습니다.

친구에게 내 얘기를 했더니 한 친구는 열 개, 또 다른 친구는 열두 개의 용종을 떼어냈다고 과시하며 내게 핀잔을 줍니다. 용종 많이 떼어낸 것을 마치 받은 훈장 숫자처럼 말합니다. 그러면서 말합니다. "우리 이제 건강을 챙길 나이야. 서로 건강하자고."

건강은 건강할 때 지키라고 하는데 건강할 때는 건강의 고마움을 모르고 지나칩니다. 건강을 잃게 되니 비로소 건강의 고마움을 절감합니다. 있을 때 잘하라는 말이 있습니다. 상대에게 같이 있을 때 자신한테 잘하라는 뜻으로 하는 말입니다. 반은 우스개로 반은 냉소적으로 하는 말이지만 곱씹으니 의미가 있습니다.

이참에 건강할 때 건강을 잘 챙겨야 하겠습니다. 건강에 대한 명언을 되새겨 봅니다. "건강을 잃으면 전부를 잃는 것입니다."

돌이켜보니 인생 여정에 여러 터널을 지나왔습니다. 가난의 터널을

신(信), 언(言), 행(行) 아침 단상

지나왔습니다. 역경의 터널을 지나 방황의 터널도 지나왔습니다. 그리고 이제 막 길지 않은 터널 한 개를 또 지났습니다. 어둠이 있어 빛이 빛을 내고 빛이 있어 어둠이 빛을 냅니다. 어둠은 빛을 빛 되게 하는 빛입니다. 어둠이 어둠 됨은 빛이 있음이요 빛이 빛 됨은 어둠이 있기 때문입니다. 막 지난 어두운 터널은 결국 빛으로 가는 여로입니다.

이 빛이 어두움에 비치되 어두움이 깨닫지 못하더라. (요한복음 1장 5절)

이름   2016. 4. 3.

조리하는 아내를 뒤에서 허리를 감사며 말했습니다. "정애야, 오빠는 정애 없으면 못살아 뿌잉뿌잉." 제 아내 이름이 '정애'입니다. 따지고 보면 제가 6개월 먼저 태어났습니다. 그런데 학교는 아내가 먼저 들어갔습니다. 그래서 중 · 고등부 시절 같은 교회에 출석할 때 아내는 1년 선배였습니다. 그때는 감히 아내를 보고 '정애야'라고 할 수 없었지요. 반대로 아내는 제게 '병래야' 할 수 있었습니다. 아내는 여보, 당신 하다가 자신의 이름을 불러주니 좋은 모양입니다.

이름은 한 사람의 정체성을 나타내는 여러 것 중 가장 큰 것입니다. 키우는 강아지나 고양이도 자기 이름을 불러주면 꼬리를 흔들며 좋아합니다. 이름을 불러주는 일은 소중한 존재라는 것을 일깨워줍니다.

의사가 입원실마다 회진을 돌며 환자들을 만납니다. 어떤 의사는 환자 앞에 뻣뻣하게 서서 무뚝뚝하게 "괜찮지요? 통증이 얼마간 계속될 겁니다."라고 말하곤 뒤돌아섭니다. 어떤 의사는 환자의 손을 잡아주며 "전병래 님 어제 잠은 잘 주무셨나요? 믿음 가지신 분이시니 곧 회복되실 겁니다." 하고 환자의 이름을 불러주며 손잡아 줍니다. 이런 의사를 만난 환자의 당연히 회복이 빠를 겁니다.

학교에서도 교회에서도 직장에서도, 교사가 목사가 상사가, 학생에게 교인에게 부하 직원에게 이름을 불러주며 격려하고 축복하며 기운을 북돋아주는 일은 진정 기쁜 일이 될 것입니다. 이름을 불러주는 것은 한 존재의 존재를 인정하고 그 존재의 다름을 수용하고 다움을 존경하는 것입니다. 그래서 시인은 이렇게 노래했습니다.

내가 그의 이름을 불러 주기 전에는
그는 다만
하나의 몸짓에 지나지 않았다.

야곱아 너를 창조하신 여호와께서 지금 말씀하시느니라.
이스라엘아 너를 지으신 이가 말씀하시느니라.
너는 두려워하지 말라.
내가 너를 구속하였고 내가 너를 지명하여 불렀나니
너는 내 것이라. *(이사야 43장 1절)*

신(信), 언(言), 행(行) 아침 단상

부대찌개

오늘 아침에는 씀바귀, 머위 그리고 울릉도 부지깽이 나물을 반찬으로 먹었습니다. 봄나물은 정말 맛납니다. 약간 달기도 하고 쓰기도 하고 떫기도 하고 고소하기도 합니다. 저는 나물을 너무 좋아합니다. 한우를 키우는 분들께는 늘 죄송합니다. 소고기는 1년 가야 반 근을 먹을까 말까 합니다. 아내는 제게 절에서 살아야 할 사람이 속세에서 고생한다고 농담합니다.

누구에게나 잊혔던 추억을 되살리는 음식들이 있습니다. 내게는 부대찌개가 그중 하나입니다. 지지리도 가난하게 살아 하루 세 끼니를 제대로 못 먹던 초등학생 시절. 지금의 양화대교 남단에 미군부대가 있었습니다. 방과 후에 친구들과 그 미군부대 철망에 서서 한참을 기다립니다. 마침 지나가는 미군이 있으면 "쪼꼬렛또 기브 미"를 연호하여 얻어먹기도 했습니다.

우리가 살던 동네에는 돼지를 키우는 집이 있었습니다. 돼지 주인은 드럼통이 실린 리어카를 가지고 그 미군부대에 들어갑니다. 나올 때는 미군들이 먹다 남겨 버린 음식물 쓰레기를 한가득 싣고 나옵니다. 돼지들의 먹이로 쓰려고 가져나오는 것이었습니다.

가지고 나온 음식물을 바로 모두 돼지에게 주는 것은 아닙니다. 먼저 분류작업을 합니다. 음식물 쓰레기에 들어 있는 냅킨, 껌, 담배꽁초, 이쑤시개 등을 골라내서 버립니다. 그러고 나서 햄이나 소시지,

베이컨, 고기류를 골라냅니다. 나머지는 끓여서 돼지들에게 밥으로 줍니다. 골라낸 햄, 소시지, 베이컨 등은 별도로 모아져 뜨거운 물로 소독합니다. 그리고 건져내서 우거지나 김치를 보태 넣습니다. 마늘, 고추장, 고춧가루, 소금 양념해서 끓여 내면 맛이 그만입니다. 이렇게 끓여낸 음식을 '꿀꿀이 죽'이라고 불렀습니다. 돼지가 먹는 것을 가지고 만든 음식이라고 빗대어 부른 이름입니다.

지금의 부대찌개는 이 '꿀꿀이 죽'의 경칭(敬稱)입니다. 즉 '꿀꿀이 죽'이 지금 우리가 먹는 부대찌개의 원조입니다. 우리뿐 아니라 끼니를 잇기 어려웠던 집이 많던 그 시절 '꿀꿀이 죽'은 나름 서민들의 별식이었습니다. 고기를 지금처럼 먹고 싶을 때 마음껏 먹지 못하던 시절에 이 별식은 훌륭한 단백질 보충식이었습니다. 우리나라 햄이 나오지도 않던 시절 이 음식을 먹으며 씹히는 햄의 향기는 잊을 수 없습니다.

그때 생각을 하면 질릴 만한데 나는 종종 소시지와 햄을 사서 부대찌개를 만들어 먹습니다. 때때로 일부러 아내와 함께 이름난 부대찌개 집을 찾아 먹습니다. 씹히는 햄 향기로 또 타임머신을 타게 됩니다. 이 아침에 봄나물을 먹으며 '꿀꿀이 죽' 먹던 그때를 생각하니 지금 내 삶의 자리가 감사할 따름입니다.

모든 육체에게 먹을 것을 주신 이에게 감사하라.
그 인자하심이 영원함이로다. (시편 136편 25절)

신(信), 언(言), 행(行) 아침 단상

시래기

올해 아흔이신 울 어머니는 아직도 기억력이 정정하십니다. 자식들의 전화번호를 외워서 전화 버튼을 누르십니다. 어설픈 젊은이보다 기억력이 훨씬 좋습니다. 얼마 전 어머니와 함께하는 아침 식사에 누이가 시래기 된장국을 끓여 내서 제가 말했습니다.

"누나, 언제 먹어도 쓰레기는 맛있네. 엄니, 우리 어릴 때 이거 신물 나게 먹었지요."

된장국을 뜨시던 어머니께서 말씀하셨습니다.

"그랴. 한 갓 모자라는 백 갓을 먹었으니 많이 먹었지. 나는 기억하기도 싫어. 그때는 어떻게 살았는지……."

그랬습니다. 한때 시래기는 우리 가족의 주 식량이었습니다. 시래기죽, 시래기밥, 시래기국, 시래기무침, 시래기떡. 시래기선짓국, 시래기꽁치대가리조림, 시래기비빔밥 등. 우리는 시래기를 쓰레기라고 불렀습니다. 아직도 우리끼리 하는 말은 쓰레기입니다. 시래기가 표준말이라는 것을 안 지는 그리 오래되지 않았습니다. 시래기는 푸른 무청을 새끼 등으로 엮어 겨우내 말린 것을 말합니다. 그런데 우리는 무밭에서 무를 추수하고 쓰레기처럼 버려진 무 잎들을 주워 새끼로 엮어 말려서 당연히 쓰레기 나물인 줄 알았습니다.

그때는 생활이 어려워 됫박 쌀을 사 먹던 시절이어서 쌀밥은커녕 보리밥조차 끼니로 먹을 수 없었습니다. 양은솥에 물을 붓고 쌀을 한 공기 정도 넣고 삶아 건져놓은 시래기를 먹을 만치 넣고 푹 끓여 내면 걸

1. 함께 울고 함께 웃고　　　　　　　　　　　　　　41

쭉한 시래기죽이 됩니다. 물을 줄이면 시래기밥이 됩니다. 된장이나 간장을 풀면 시래기국이 됩니다. 여기에 쇠기름 섞인 선지를 넣고 끓이면 시래기선짓국이 되고, 시장 생선가게에서 얻어온 꽁치대가리 씻어 몇 개 넣고 양념해서 조리면 시래기꽁치대가리조림이 됩니다.

빈민들은 겨울나기가 힘들었습니다. 나가서 노동을 하려 해도 일거리가 없었습니다. 하루 벌어 하루 먹고 살던 사람들은 겨우내 가족을 먹여 살리는 것이 그 어떤 고된 노동보다 백배나 힘든 고역이었습니다. 어머님께서 또렷이 기억하시는 대로 백 갓에서 한 갓 모자랐던 구십구 갓의 시래기는 어느 해 한 겨우내 우리 집의 식량이었습니다.

이랬던 시래기가 요즈음에는 '겨울철에 모자라기 쉬운 비타민과 미네랄 식이섬유소가 골고루 들어가 있어 건강에 좋은 웰빙 식품'이랍니다. 변비 있는 아이들에게 응아 잘 하라고 먹인답니다. 이렇게 한때 우리들의 주린 배를 채워주었던 구황식품이었던 쓰레기가 이제는 웰빙, 다이어트 식품으로 대우받는 보양식 재료인 시래기로 자리매김했습니다.

'꿀꿀이 죽'이 부대찌개로 '쓰레기'가 시래기로 변신한 것은 무죄입니다. 따뜻하고 구수한 시래기국 한 사발 하실래예?

너희는 오늘 이전을 기억하라. *(학개서 2장 18절)*

신(信), 언(言), 행(行) 아침 단상

매형을 그리며

매형이 이 세상을 뜬 지 3년이 다가옵니다. 건강하시던 분이었는데 일흔 넘기고 두해 지나 졸지에 가셨습니다. 장례 때 가본 이래 첫날이 지나서야 어제 납골이 안치된 묘원을 찾았습니다.

고즈넉한 묘원에도 봄은 왔습니다. 봉오리를 터뜨린 개나리, 진달래, 벚꽃, 목련 가지가 산바람에 흔들립니다. 아랫동네 핀 꽃과 같은 꽃들이건만 다른 꽃들처럼 안쓰러워 보이는 것은 마음의 색안경 탓일까요. 아무도 찾은 이 없는 너른 묘역에 서서 말 없는 잠들어 있는 분들의 자리를 봅니다. 넓은 자리 작은 자리 그리고 사물함처럼 생긴 다층구조 납골 안장함이 틈 없이 빼곡합니다. 그 한 자리에 매형의 유골이 가루되어 보관되어 있습니다. 납골 안장함에는 고층 아파트처럼 고유번호가 붙어 있습니다. 매형의 유택(幽宅)이 된 안장함 호수는 2-14-4-20입니다.

매형은 평소에 말수가 적으셨는데 술 한잔 하시면 신이 나 부르는 노래가 귀에 생생합니다.
아으아~ 신라의 바밤이여어~~
부불국사의 조종소리 드들리어 온다
지지나가는 나그네야 거걸음을 머멈추어라
고고요한 다달빛어린 그금옥산 기기슭에서~~
노노래를 부불러보자 시실라의 바밤 노래를……

매형의 구성진 노랫가락이 묘원에 이는 바람에 실려 들리는 듯싶습니다. 그랬던 매형이 평소 와보지도 않던 곳 좁은 함에 몇 줌 가루되어 남아있습니다.

납골함 문들마다 붙여놓은 고인의 사진, 가족의 사진과 가족의 글들이 발길을 멈추게 합니다. 애틋한 마음, 사무친 마음, 깊은 미련들이 그리움과 사랑과 다시 만날 약속의 글로 점철되어 있습니다. 고인이 된 할머니, 할아버지, 아버지, 어머니, 남편, 아내, 아들, 딸, 손주, 손녀를 향한 절절한 사연들을 돌아보다 한 글에 눈이 갔습니다.

"오래 함께하지 못해 마음이 아파요. 시간이 갈수록 더욱 보고 싶습니다. 많이 못 한 말…… . 사랑합니다. 아름다운 그곳에서 다시 만나요."

1971년에 태어나 2013년에 돌아가신 남자 분으로 기록되어 있는 유골함 문의 사진 아래 적힌 글입니다. 아마도 부인 되는 분이 적으셨나 봅니다. 멈췄던 숨을 고르고 흐르는 눈물 가누고 가을처럼 구름 한 점 없는 봄 하늘을 바라보았습니다. 이 봄은 꽃보다 많은 것을 선물로 줍니다. 내 삶의 자리를 뒤돌아보게 합니다. 매형, 호쾌하게 한 곡 더 불러주세요.

누운 보라가 휘휘날리는 바바람찬 흐흥남부두에…….

우리에게 우리 날 계수함을 가르치사
지혜로운 마음을 얻게 하소서. (시편 90편 12절)

신(信), 언(言), 행(行) 아침 단상

* 어젯밤 누이에게 사진과 함께 문자를 보냈습니다. "누나미안해바쁜핑계로못가봤던매형모신곳 돌아가신지1067일만에다녀왔네. 문에 단꽃바래서바꿔달았어. 누나가매형더못산날까지건강하게 살아야지. 늘기도해매일아침에."

미세먼지 2016. 4. 11.

요즈음 콧속이 근질거려 재채기를 하는 횟수가 잦아졌습니다. 오늘의 일기 예보도 미리 코를 근질거리게 합니다. "남부지방에는 옅은 황사가 내륙에는 짙은 안개가 예보됐고 미세먼지 농도는 여전히 나쁠 것으로 보입니다."

황사는 중국, 몽골의 사막지대에서 불어오는 흙먼지로 주로 토양성분입니다. 이건 자연 발생적인 것으로 호흡기 질환을 유발하기도 하지만 토양을 바꾸어주는 순기능도 있습니다. 미세먼지는 이웃 나라 중국의 산업화에 따른 영향으로 생겨나는데 일부 광물성분이 있으나 주로 탄소나 이온성분입니다. 먼지 크기가 작아 코점막을 통해 걸러지지 않아서 천식이나 폐질환 등을 유발합니다. 인위적으로 발생하는 경우가 많은데 황사와는 달리 아주 위험한 유해물질로 우리 건강에 치명적입니다.

황사든 미세먼지든 바람을 타고 옵니다. 아침에 일기예보를 들으며 문득 미국 락 그룹 캔사스가 부른 'Dust in the wind'라는 노래가 생각났습니다. 아르페지오 주법의 기타연주가 인상적인 소프트 락에 속하는 노래입니다. 1977~78년에 크게 유행해 익숙한 7080 인기 팝송의 하나입니다.

그렇게 집착하지마
영원한 것은 아무것도 없어
땅과 하늘 밖에는…….
사라져 버리는 거야
전 재산을 가지고도 단 1분을 살 수가 없어
바람에 나부끼는 먼지
우린 모두 바람에 흩날리는 먼지야
바람에 나부끼는 먼지
모두 다 바람에 나부끼는 먼지일 뿐이야

노래의 말미에 반복되며 잔잔히 fade-out되는 노랫소리가 귀를 맴돕니다.

"All we are is dust in the wind (All we are is dust in the wind). Dust in the wind (Everything is dust in the wind)……."

성경에는 "너는 흙이니 흙으로 돌아갈 것이니라."라는 말씀이 있습니다. '흙'으로 번역된 히브리어 '아파르(עָפָר)'는 대부분의 영어성경에 'dust'로 번역되어 있습니다. 그러니 '너는 먼지니 먼지로 돌아갈 것이다.'라고 번역할 수 있습니다. 먼지 같은 인생길 가는 동안 일시적인 것에 매달려 연연하지 말자는 이 노래는 허무주의로 여겨지기도 하지만 다분히 교훈적입니다. 현재 내 삶의 자리를 생각하게 하기 때문입니다. 이 노랫말은 간접적으로 영원하다고 노래한 '땅과 하늘'을 생각하게 합니다.

너는 흙이니 흙으로 돌아갈 것이니라. (창세기 3장 19절)

미워함 2016. 4. 14.

8년 전에 상담했던 당시 74세였던 한 할머니가 생각납니다. 우울증 척도 기준으로 자살 가능성이 높으신 분이었습니다. 집에서 농사 외에 별다른 활동을 하지 않으시는 분이었습니다. 사회복지 공무원을 통해 소개를 받고 일주일에 한 번 할머니 댁으로 출장 상담을 가게 되었습니다.

3회기 동안의 만남을 통해 온전한 라포가 형성되고 장벽 없이 할머니의 속내를 들을 수 있었습니다. 할머니는 일찍이 남편을 잃고 두 아들을 훌륭하게 잘 키워 분가시키고 혼자 살고 계셨습니다. 한 아들을 업고 한 아들은 손에 잡고 머리에 팔 것을 이고 이 동네 저 동네 팔러 다니던 이야기를 비롯해 두 아들을 위해 올인했던 할머니의 지난날들의 이야기를 들었습니다.

두 아들이 장성하여 내로라하는 대기업에 취직했고 모두 장가를 가서 좋은 집에 좋은 차를 타고 산다고 했습니다. 그런데 어느 날부터 자기 아들을 데려간 며느리가 미워지기 시작했습니다. 미움이 점점 커져갔습니다. 장가가기 전에는 두 아들이 한 달이 멀다 하고 맛난 것을 사 가지고 집에 찾아와 밭도 갈아주고 논물도 대주고 했습니다.

그런데 장가가고 나서는 며느리에 미쳐 명절 때나 한번 올까 말까 했답니다. 아들에게 꾸중을 하자니 마음 약해 못하겠고 며느리에게 핀잔을 주자니 아들 귀에 들어가면 불화가 생기겠고 해서 끌탕을 하고 살아오셨답니다.

매회기 한 시간 반에서 두 시간을 기준으로 10회기를 출장 상담했습니다. 매회기마다 충분히 수용해드리고 넉넉히 공감해드리고 넘치게 지지해드렸습니다. 그리고 동의를 구하고 상담 목적상 몇 회에 걸쳐 다음 회기까지 하셔야 할 숙제를 드렸습니다.

첫 번째 숙제는 아들과 며느리에게 바라는 것을 적어보라는 것이었습니다. 숙제를 훌륭히 잘해내셨습니다. 두 번째 숙제는 밉게 여기는 두 며느리의 좋은 점을 찾아서 다음 회기에 상담자에게 말해달라는 것이었습니다. 할머니는 "며느리가 무슨 좋은 점이 있겠노. 난 생각 안 난다." 하시며 고개를 저으셨습니다. "그래도 한 주간 생각하시면 분명 있을 겁니다. 꼭 찾아보세요. 어르신." 하고 말씀드렸습니다.

다음 회기에 방문해서 할머니께 "숙제 잘하셨어요?"하고 여쭈었습니다. 약간 쑥스러워하시며 "선상님 시키신 일이라 안 할 수도 없고 생각해보이 두 며느리 좋은 점이 생각이 나긴 났심더." 하시며 하신 숙제를 늘어놓으셨습니다.

"큰 며느리는 언젠가 집에 와서 안 있능교 손자가 학교에서 뭐 만드는……. 뭐라 카드라 발명품 만들기 대회에서 1등 했다카면서 뭘 잘 만들고 부지런한 것은 꼭 할머니 닮았다 카는 말을 한 게 기억이 났구요. 둘째 며느리는 어느 날 전화해서 "어머니 손자가 어머니께서 보내주신 검정콩을 얼마나 좋아하는지 벌써 다 먹었어요. 어머니 남아 있으면 택배로 꼭 좀 보내주세요. 어머니 고맙습니다." 카던 말이 생각났어요."

"큰 며느리가 그런 말을 했을 때 기분이 어떠셨어요? 작은 며느리 전화 받고 어떻게 하셨어요?"

"둘 다 기분이 엄청 좋았지요. 작은 며느리에게는 당장 남아있는 서리태를 돌을 골라서 다 보내주었구요."

이순지족(以順知足)

2016. 4. 20.

건강하면 행복한 것이고, 행복하면 건강한 것인가……. 건강과 행복을 생각하다가 문득 고인이 된 두 분이 생각났습니다. 행복전도사라고 불렸던 최윤희 씨와 신바람건강전도사로 불렸던 황수관 박사입니다.

와병 중에도 〈딸들아 일곱 번 넘어지면 여덟 번 일어나라〉라는 제목의 책을 썼던 초긍정 행복주의자였던 최윤희 씨가 5년여 전 남편과 동반 자살하여 많은 이들에게 허탈감을 가져다주었습니다. 국민들에게 웃음과 신바람 건강법으로 유명했고 생소했던 엔도르핀이라는 기분 좋은 호르몬을 알게 해준 황수관 박사는 100세가 넘도록 살 줄 알았는데 4년 전에 급성패혈증으로 67년을 향수하고 이 세상을 떠났습니다.

당시 이 두 고인의 죽음을 두고 이런저런 이야기들이 많았습니다. 그런데 두 분의 죽음에는 공통적인 것이 있었습니다. 최윤희 씨는 죽던 해 4월에 모 일간지에 기고한 글에서 "나는 그렇게 높이 쌓아올린 숫자에 열광했고 함몰되어 갔다. 스스로를 사람이 아니라 기계 취급했다. 세포가 노쇠한 이 연세에 금방 공장에서 뽑아낸 새 기계라도 되는 것처럼 과다 사용했으니 어찌 고장이 안 나고 배길 수 있으랴?"고 적었습니다. 그리고 일에 뛰어들기 전 '무소유의 삶'을 추구하였던 그녀는 같은 글에서 그 이후의 삶을 '욕망의 포기는 참을 수 없는 고통'이라고 적었습니다.

황수관 박사는 모 TV방송 인기프로그램에 출연하기 시작한 이래 연예인 못잖은 스타가 되었습니다. "우리는 행복하기 때문에 웃는 것이 아니라 웃기 때문에 행복하다." 하면서 웃음이 가져다주는 건강과 행복을 가르쳤습니다. 그 여파로 웃음치료와 웃음치료사까지 생겨났습니다. 그는 전국에서 밀려드는 강의 요청에 "너무 과로하지 말라"는 주변의 만류에도 불구하고 "내 강의로 국민에게 행복 물질인 엔도르핀을 선물할 수 있다면 이 일을 멈추지 않을 것"이라고 응수할 정도로 바쁘게 일했습니다.

두 분은 한 번 강의 요청하려면 몇 개월 전에 예약해야 할 만큼 초일류 강사들로서 쇄도하는 강의에 자신을 돌볼 새가 없었습니다. 지나치면 부족한 것만 못하다는 과유불급이 행복과 건강의 기본 요건인 것을 무시했던 것 같습니다. 탈 벤 샤하르는 그의 책『행복을 미루지 마라』에서 행복을 위한 101가지 조언 중에 '인생의 속도를 높이면 행복은 멀어진다.'고 적고 있습니다.

행복과 건강. 행복을 말하면서 행복하지 않고 건강을 말하면서 오래도록 건강하지 못했던 두 분을 그려보며 여생의 '이순지족(以順知足)의 삶'을 소망해봅니다. '이순지족(以順知足)'은 이 아침에 만든 말입니다. '거스르지 않고 내 믿는 도리에 순종함으로 족한 줄 아는 삶'입니다.

지족(知足)하는 마음이 있으면 경건이 큰 이득이 되느니라.
우리가 세상에 아무것도 가지고 온 것이 없으매 또한
아무것도 가지고 가지 못하리니
우리가 먹을 것과 입을 것이 있은 즉 족한 줄로 알 것이니라.
(디모데전서 6장 6절~8절)

정직

저는 느지막이 신학대학과 신학대학원에서 공부했습니다. 순수한 동기와 비전을 가진 분들이 모여 함께 공부했습니다. 그런데 시험 때

1. 함께 울고 함께 웃고

만 되면 본성이 드러나는 분들이 있었습니다. 남이 열심히 필기해온 노트와 예상 문제풀이를 빌려 복사하는 것은 눈감아 줄 수 있었습니다. 뒤에 앉아 시험을 치르다 보니 공부 안 하고 시험장에 앉아 몸을 기울이고 목을 길게 빼서 남의 답을 훔쳐보는 분들이 눈에 들어왔습니다. 제 못된 성질대로라면 책상을 치며 일어나 큰소리라도 빽 질러야 했지만 참았습니다. 저는 차라리 안 보는 게 낫겠다 싶어 줄곧 맨 앞자리에 앉아 시험을 치렀습니다. 시험 치르던 중에 제 눈에 띄었던 분들이 지금은 어엿한 목사님들이십니다.

신학대학원에 다닐 때 친구의 소개로 현관문에 베드로의 신앙고백을 써 붙였던 회사에 입사하여 매일 아침예배를 인도하던 때가 있었습니다. 사장은 물론 모든 직원이 예배에 참여하는 크리스천 기업이었습니다. 어느 날 사장이 "외국 손님들이 오시는데 우리가 납품받는 공장에 우리 간판으로 바꿔 달고 작업자들의 작업복을 우리 회사 작업복으로 갈아 입혀 우리 공장인 것처럼 합시다."라고 지시했습니다. 깜짝 놀라 사장에게 "그렇게 하시면 안 됩니다." 했더니 "그렇게 하면 안 되는데 경쟁사도 관례상 그렇게 합니다."라는 것이었습니다. 그래서 저는 그 회사를 그만두었습니다.

작년에 모 기업 회장이면서 교회의 장로였던 분이 자살을 했습니다. 비리로 일군 기업을 통해 번 돈으로 장학재단을 만들어 오랫동안 많은 어려운 학생들에게 장학금을 주어왔습니다. 이런 분들이 벌었다 하는 돈들이 교회에 각종 헌금의 명목으로 드려집니다. 이는 결코 향내 나는 제물이 될 수 없습니다. 뇌물 받아 감사헌금하고 부정하게 챙긴 돈

신(信), 언(言), 행(行) 아침 단상

으로 드려진 건축헌금은 온당히 드려진 것이라고 할 수 없습니다.

저는 지금 목사도 전도사도 아니지만 한 때 전도사 시절에 이렇게 기도한 적이 있습니다. "오늘 드려지는 헌금이 흠 없이 드려지는 제물처럼 부끄럼 없이 얻은 소득 중에 드리는 것이 되게 하시고 혹여 드리기에 부끄러운 것이라면 거두게 하소서."

아무리 동기와 목적이 순수하다 할지라도 과정과 방법이 순수하지 않으면 결과는 순수하지 않은 것입니다. 코람 데오.

주를 향하여 이 소망을 가진 자마다
그의 깨끗하심과 같이 자기를 깨끗하게 하느니라. (요한일서 3장 3절)

이해인 수녀의 행복   2016. 4. 30.

엊그제 종편 방송 뉴스 프로그램 인터뷰 시간에 일흔이 넘은 시인 이해인 수녀가 나왔습니다. 스물한 살에 지은 시집『민들레의 영토』가 출간된 지 40년 동안 50쇄나 찍었답니다. 인터뷰 끝 무렵에 방송 앵커가 행복에 관해 말씀해달라고 했습니다. 시인의 대답은 이랬습니다.

"행복에 대해서 말하라고 그러면 제일 힘들더라고요. 그런데 제가 수도생활을 반세기 한 수도자 입장에서 나도 어느 때 제일 행복한가,

그리고 어떤 사람들한테 어떻게 하면 좀 행복할 수 있는가 그 조건을 제시하라고 하면 딱 두 가지로 요약할 수 있을 것 같아요."

"그러니까 남들이 나에게 해주기를 원하고 기대하는 걸 내가 먼저 하면 되는 거. 그런데 자꾸만 그걸 안 하고 남이 나에게 해주기를 막 이렇게 하는 그 이기심 때문에 불행한 것이 아닌가 이런 생각이 들고요."

"또 하나는 이렇게 어려운 일을 당했을 때 저처럼 암에 걸리거나 예기치 않은 인생의 시련이 왔을 때 그걸 그냥 참기는 아까우니까 어떤 지향을 갖고 그 안 좋은 일, 그 시련과 고통과 아픔을 역이용해서 축복의 기회로 삼아서 그걸 진주로 만드는 그런 삶의 용기와 지혜를 지니고 내가 직접 노력하면 그 행복이 나한테 가까이 오지 않을까, 그런 생각을 해봅니다. 행복도 새롭게 만들어가야 된다는 거예요."

어제 우연찮게 어느 동네를 지나다 어느 집 담벼락에 쓰인 시인의 '몽당연필'이란 시를 보고 사진 찍고 앞에 서서 읊조려 보았습니다.

너무 작아 손에 쥘 수도 없는 연필 한 개가
누군가 쓰다 남은 이 초라한 토막이
왜 이리 정다울까
욕심 없으면 바보 되는 이 세상에
몽땅 주기만 하고 아프게 잘려왔구나
대가를 바라지 않는 깨끗한 소멸을,
그 소박한 순명을 본받고 싶다

신(信), 언(言), 행(行) 아침 단상

헤픈 말을 버리고 진실만 표현하며
너처럼 묵묵히 살고 싶다 묵묵히 아프고 싶다.

오늘로 올해도 삼분의 일이 지납니다. 푸른 오월을 맞습니다. 시인의 건강을 위해 기도하며 몽당연필의 삶을 생각해봅니다.

2.

믿음의
꽃향기

내 삶의 굴곡표

어르신들을 상담하며 쓰는 도구 중에 제 나름대로 만든 '내 삶의 굴곡표' 작성하기가 있습니다. 수직축으로는 행복감을 10점 만점으로 하고 1점 단위로 칸을 냈고 수평축으로는 10살 단위로 칸을 만들었습니다. 그리고 그 칸에 자신이 느끼는 행복감의 정도에 점을 찍고 그 점을 이어서 꺾은선 그래프를 만드는 것입니다. 그래프 밑에는 10살 단위로 10세까지, 20세까지, 30세까지 등 현재까지 살아오면서 행복하고 보람찼던 일과 슬프고 고달팠던 일들을 기억나는 대로 적도록 했습니다. 그리고 더 살고 싶은 나이까지 표시하고 행복지수를 표시하도록 했습니다. 처음에는 노인 집단 상담에서 한 회기 동안 사용했지만 반응이 좋아 개인 상담에서도 사용하고 있습니다.

각자가 살아온 삶의 굴곡 그래프가 비슷한 사람은 있지만 같은 사람은 한 사람도 찾아볼 수 없습니다. 현재 나이에 따라, 성별에 따라, 살아온 환경에 따라 자신의 정체성처럼 되어버린 인생의 굴곡은 사람마다 다를 수밖에 없기 때문입니다. 어떤 분은 부유한 집에서 태어나 어릴 때 행복한 추억이 많았습니다. 어느 분은 어려운 집에서 태어나 결혼해서 집을 장만한 일이 인생의 가장 큰 행복이었다고 기록했습니다. 어느 분은 80세까지 살고 싶어 하셨고 행복지수는 5에 불과했지만, 한 어르신은 120세까지 행복지수 10으로 기록해 놓았습니다.

굴곡표에 그려진 꺾은선 그래프를 보면 그분의 삶을 단편적으로 이해할 수 있습니다. 어떤 때에 행복지수가 높았고 어떤 때에 행복 지수가 낮았는지를 알 수 있습니다. 그래프를 보며 굴곡의 정도가 심한 시점에 포커스를 맞추어 내담자로 하여금 이야기하게 하고 경청하고 공감해주는 것이 상담자가 하는 일의 전부입니다. 내담자는 자신의 이야기를 하면서 마음속에 억압된 감정의 응어리를 표출함으로써 내면적으로 정화되어 안정을 되찾게 됩니다. 이것도 회상기법의 하나라 할 수 있습니다.

이것을 중년 부부 집단 상담 프로그램에 사용하는 경우도 있습니다. 이때는 부부 각자가 작성한 것을 보여주고 번갈아 같이 살아오면서 힘들고 어려웠던 때와 편하고 행복했던 때를 회상하며 이야기하도록 합니다. 서로 경청하고 공감하면 부듯한 감정을 경험하게 됩니다. 상담자는 서로에게 서운하게 했던 것을 고백하고 서로의 수고를 수용하고 감사하도록 이끌어줍니다.

이제껏 살아오면서 언제가 가장 기뻤습니까. 언제가 가장 슬펐습니까. 언제가 가장 고통스러웠습니까. 언제가 가장 보람찼습니까. 언제가 가장 행복했습니까. 지금은 어떻습니까. 남은 생애는 행복하시겠습니까. 내 삶의 굴곡표를 한번 그려보지 않으시렵니까?

우리의 년 수가 칠십이요 강건하면 팔십이라도
그 년 수의 자랑은 수고와 슬픔뿐이요
신속히 가니 우리가 날아가나이다. (시편 90:10)

어린이 날

엊그제 하루 종일 비 내려
봄 가뭄 걱정 끝났다 안심했는데
어제 아침 내내 때아닌 광풍 일어
시골집 담이 무너졌다고 엄니 전화하셨습니다.

쯔쯔비 쯔쯔비 쯔쯔비……
쓰이쓰이 쓰이쓰이……
오늘 맑게 갠 아침 맞아
산책길에 들려오는
새들의 노랫소리를 말로 다 표현할 수 없습니다.

박자도 있고 높낮이도 있고 빠르기도 있지만
말로 글로 어찌 표현할 도리가 없습니다.

어린이날 아침입니다
마냥 즐거워야 할 이 날

그새 후딱 지난 2년여 전
같이 타고 있던 303명과 함께
안간힘을 쓰다 죽어간 어린 자식을 그리는
부모의 마음도 뭐라 표현할 수가 없습니다.

신(信), 언(言), 행(行) 아침 단상

죽어간 자식들이
삶의 존재 이유였다면
이젠 잊어야 된다는 말이
위로가 될 수 없습니다.

괜찮아 괜찮아질 거야라는 토닥임도
심박을 더 빠르게 만들 뿐일 수도 있습니다.

그래서 단지
아직도 아물지 않은 상처로
아파하는 마음들을 향한
참되고 순전하신
하나님의 위로를 구하며
그 아린 마음을 잠시 헤아려볼 뿐입니다.
우리 안에 있는 아흔아홉 마리 양을 두고
한 마리 길 잃은 어린 양을 찾아 나섰던
목자의 마음을 헤아려보는 아침입니다.

종부(宗婦)   2016. 5. 9.

우리 집안은 용궁(龍宮) 전(全) 씨의 종가입니다. 종가에 시집와서 종
가 며느리로 평생을 살아온 사촌형수가 옥천에 살아 계십니다. 올해

여든세 살이 되셨습니다. 그동안 변변히 대접 한번 못해드려서 어제 마음먹고 식사를 대접했습니다. 마침 십여 년 만에 만난 당질도 집에 와있어 자리를 함께했습니다.

종부는 우리 집안 역사의 산 증인이십니다. 시아버지 한 분에 세 분의 시어머니를 모셨습니다. 이제껏 집안의 대소사를 다 챙겨오셨습니다. 그 수고를 인정해드리고 싶었습니다. 그래서 한 끼 식사라도 대접하고 싶었습니다.

인정받는 것은 행복감을 불러옵니다. 어버이날에 힘들었던 시절 키워주시느라 애쓰신 부모님의 희생과 수고에 감사하는 말이 부모님께 더없는 행복감을 선물하는 것입니다.

자식은 부모에게 부모는 자식에게, 아내는 남편에게 남편은 아내에게. 스승은 제자에게 제자는 스승에게, 상사는 부하에게 부하는 상사에게 인정을 받을 때 살맛이 나게 마련입니다.

얼마 전 이해인 수녀가 한 말처럼 행복은 남이 원하는 일을 하는 것입니다. 그중 하나로 수고를 인정하고 박수를 보내주는 것입니다. 남이 행복해하는 것을 행복해하는 것이 행복입니다.

"오랜만에 맛있게 잘 먹었어요 서방님." 하고 답례하는 종부의 얼굴이 환해졌습니다. 덕분에 저도 마음이 환해졌습니다.

신(信), 언(言), 행(行) 아침 단상

시간의 청지기

30여 년 전 한 대기업에 근무할 적에 일본의 도요타생산방식의 전도사라 할 수 있는 일본의 세키네 겐이치 박사를 회사에서 자문으로 초빙해서 수 개월간 함께 한 적이 있었습니다.

그가 하루는 이렇게 교육했습니다. "한국에 있는 다른 유수 기업의 한 공장을 자문해주기 위해 방문한 첫날 그 공장 공장장에게 언제부터 작업이 시작되느냐고 물었습니다. 8시 30분부터라고 해서 공장장에게 8시 30분에 공장 내 변전실 앞에 같이 가보자고 했습니다. 8시 30분에 변전실에서 만나 컨트롤 캐비닛에 붙어 있는 전력계를 관찰했습니다. 8시 30분부터 점진적으로 전력계의 수치가 오르고 있었습니다. 30여 분이 되어서야 일정한 레벨에서 멈추었습니다."

"내가 공장장에게 무엇을 느끼셨냐고 물었습니다. 그랬더니 그 공장장은 공장이 정상 가동되는 데 30분이 더 걸린다는 사실을 알았다고 대답했습니다. 그래서 퇴근시간은 언제냐고 물어 같은 방법으로 퇴근시각 30분 전에 공장장과 함께 변전실을 다시 찾아서 전력계를 같이 살펴보았습니다. 어땠을까요? 퇴근시간 30분 전부터 전력계는 조금씩 내려가다가 퇴근시각이 되어서야 최소 전력을 보여주었습니다."

"그렇습니다. 제가 다녀본 대부분의 한국회사가 그랬습니다. 출근해서 업무 시작 시각이 되면 출발선에 선 육상 선수가 출발 신호와 동시에 용수철처럼 뛰어나가야 하는데 30분이 지나서야 출발하는 것입니다. 외람된 이야기지만 한국회사에서 일본과 똑같은 설비와 똑같은 자재 그리고 똑같은 방법으로 제품을 제조한다고 해도 생산성이 일본보다 낮을 수밖에 없습니다. 대부분 일본 회사의 공장에 가서 보면 출근시각이 되면 정격 전력이 피크가 되고 퇴근시각이 되면 최소가 됩니다."

"시간적 낭비가 심합니다. 아침에 출근시각에 맞추어 출근하자마자 담배 물고 커피 타서 모여 잡담으로 일과를 시작하는 사람이 많습니다. 사전에 준비가 덜되어 아침에 출근하자마자 준비하느라 분주해서 현장의 설비들이 제때에 가동할 수 없는 것입니다. 퇴근시간도 마찬가지입니다. 퇴근시각이 가까워오면 미리부터 퇴근할 준비하느라 책상 정리하고 현장에서도 하던 일을 슬슬 마무리하기 시작합니다."

남의 것을 대신 맡아 지키고 관리하는 사람을 청지기라고 합니다. 대가를 받고 일하는 시간은 내게 맡겨진 시간입니다. 이 시간을 정직하고 성실하게 감당하는 청지기가 많아질수록 OECD 국가의 하위층에 속하는 노동생산성이 높아질 것입니다. 여러 이유를 대실 분도 있으시겠지만 세키네 박사의 충고는 분명 새길 가치가 있습니다.

그런즉 너희가 어떻게 행할지를 자세히 주의하여
지혜 없는 자같이 하지 말고 오직 지혜 있는 자같이 하여
세월을 아끼라. (에베소서 5장 15절~16절)

두 치과

얼마 전에 이가 아파 한 치과를 갔습니다. 컨설턴트로부터 여러 얘기를 듣고 기다리다 내 차례가 되어 진료실로 들어갔습니다. 치과 의사는 제게 "이가 많이 내려앉았고 잇몸에 염증이 심하고 이가 원래 약하게 태어나셨네요. 제가 잘 치료해드릴 테니 걱정하지 마시고 몇 주 치료받으시면 됩니다."라고 친절히 말해주었습니다. 저는 왠지 신뢰가 가지 않아 오늘 시간이 안 되니 고려해보겠다 하고 일어서서는 나왔습니다.

잇몸이 계속 아파 며칠 후에 다른 치과를 찾았습니다. 컨설턴트도 없고 의사와 간호사 두 명이 있는 치과였습니다. 기다리는 수고도 없이 바로 의사의 진찰을 받을 수 있었습니다. 의사는 벌린 입을 여기저기 살펴보더니 제게 말했습니다. "아주 튼튼한 이를 가지고 태어나셨네요. 치석만 제거하시면 통증이 없어질 겁니다. 이를 잘 닦으시고 바쁘시더라도 1년에 한 번씩은 꼭 스케일링을 꼭 하세요."

누구 한 사람은 거짓말을 했습니다. 암튼 제 이는 그 치과에서 스케일링을 받고 나서 며칠 안 돼서 멀쩡하게 나았습니다.

종종 "'사'자 들어가는 사람치고 제대로 천당 갈 사람이 얼마나 되겠냐?"라고 빈정대는 말을 들을 수 있습니다. 요즈음 국무총리를 포함한 장관, 차관을 선정하는 데 엄청나게 힘이 든다고 합니다. 경력만 보고 후보로 선정해서 사전에 세부조사를 해보니 국회 청문회 가서 걸릴 게 너무 많다는 것입니다.

　우리 세대에 거짓됨을 부끄러워하지 않고 성공의 수단으로 삼아온 몰염치한 사람이 적지 않았습니다. 사회를 이끌어가는 위치에 있는 '사(士, 師, 事)'자 들어가는 분들이 여전히 지탄의 대상이 되고 있어 씁쓸합니다. 털어서 먼지 안 나는 사람들이 사는 세상은 꿈일까요. 정직은 우리 후손들에게 물려주어야 할 가장 아름다운 덕목입니다.

　의인을 위하여 빛을 뿌리고
　마음이 정직한 자를 위하여 기쁨을 뿌리시는도다. *(시편 97편 11절)*

특발성 혈소판 감소증　　　　　　2016. 5. 18.

'특발성 혈소판 감소증'

　병원에 입원해 있는 친구 부인이 고생하고 있는 난치성 질환의 이름이라고 합니다. 세상에는 이처럼 우리가 잘 알지 못하는 많은 희귀질환이 있습니다. 유병률 기준 2만 명 이하거나 적절한 치료방법과 대체의약품이 개발되지 않은 질환을 희귀질환이라고 합니다. 우리나라에 등록된 희귀질환 수만 해도 1,066가지나 됩니다. 치료법이 없어 이런 질환을 평생 짐으로 안고 살아가야 하는 사람이 우리나라에서만 50만 명이 넘습니다. 인구 100명 당 한 명꼴입니다. 당사자는 물론 가족들이 겪는 고통과 슬픔은 이루 말할 수 없을 겁니다.

남의 불행을 대놓고 빗대 나의 행복을 저울질하는 것은 바람직하지 않습니다. 그러나 '지금 여기'의 내가 불행하다고 생각하는 사람들에게는 좋은 약이 될 수 있습니다.

우리나라 모든 병원의 병상 수는 63만 개, 지금 이 시간에도 인구 100명 당 1명이 병상에 누워있습니다. 암환자 수는 인구 250명 당 1명, 희귀질환자는 100명 당 1명, 당뇨로 고생하는 사람이 10명 중 1명입니다. 병상에 누워있지 않고 활동이 자유로우신가요? 감사한 일입니다.

"돈을 잃는 것은 적게 잃은 것이다. 그러나 명예를 잃은 것은 크게 잃은 것이다. 더더욱 용기를 잃은 것은 전부를 잃는 것이다."라는 윈스턴 처칠의 말이 있습니다. 이 말이 누군가에 의해 조금 변형되어 "돈을 잃으면 조금 잃어버린 것이요, 명예를 잃으면 큰 것을 잃어버린 것이요, 건강을 잃으면 다 잃어버린 것이다."라는 말로 종종 회자됩니다. 어제는 지인이 올린 '재보만고 건실무용(財寶滿庫建失無用)'이라고 쓴 액자 사진을 보았는데 같은 뜻입니다.

'지분실'. 희귀질환으로 고생하는 친구 부인의 차명입니다. 오늘 아침에 매일 아침마다 짧지만 잊지 않고 이름을 들어 기도하는 분들의 명부에 올렸습니다. 함께 기도해주시겠습니까. 세상에는 사람의 힘으로 할 수 없는 일이 참으로 많습니다. 그래서 기도할 수밖에 없습니다. 걱정을 걱정하면 걱정은 더 커져갑니다. 내가 껴안고 있기 힘든 일은 내려놓는 수밖에 없습니다. 그래서 기도는 걱정을 덜어줍니다. 기도하고

'그리 아니하실지라도 감사하는' 마음으로 살고 싶습니다.

이 아침에는 희귀질환으로 고생하는 분들과 가족들의 아픔과 슬픔을 헤아려주시기를 기도합니다.

너희가 내게 부르짖으며 내게 와서 기도하면
내가 너희들의 기도를 들을 것이요. *(예레미야 29절 12절)*

차별성

2016. 5. 19.

제가 함께 일할 사람을 채용하기 전에 치르는 면접에서 제일 나중에 묻는 말은 "귀하의 차별성이 무엇입니까?"입니다. 즉 다른 사람들과 달리 독특한 것 내지는 우월성이 무엇이냐고 묻는 것입니다. 일을 함에 있어 '나의 나다움'이 무엇이냐는 것입니다. 이 질문을 받는 사람들이 대개가 머뭇거리다가 생각해서 하는 말은 성실, 책임감, 솔선수범, 융화감, 끈기 등입니다.

사무실 청소를 시켜 대걸레질을 하는 모습을 보면 알 수 있습니다. 어떤 사람은 하기 싫은 일을 시키니 마지못해 걸레를 빼는 둥 마는 둥 해서 물이 질질 흐르는 대걸레로 바닥에 물을 바릅니다. 그런가 하면 양말을 벗고 바짓단을 접어 올리고 대걸레를 빨아 두 손으로 비틀어 짜서 물이 떨어지지 않게 해서 바닥을 닦는 사람이 있습니다. 두 사람의 얼굴을 보면 표정부터 차이가 납니다.

무거운 짐을 가지고 택시를 타는 경우가 있습니다. 대부분의 경우 택시 기사는 나 몰라라 하고 승객이 짐을 실을 때까지 기다립니다. 그런가 하면 간혹 어떤 기사는 "어서 오십시오. 어디까지 모실까요? 짐이 있으시네요. 잠깐 기다리세요." 하고 운전석 문을 열고 나와 승객의 짐을 받아 실어주고 목적지에 도착해서도 승객의 짐을 내려줍니다. 두 기사의 얼굴 표정을 그려보세요.

　한번은 아는 분이 대표이사로 있는 회사의 건물을 찾았습니다. 친절히 인사하는 나이 지긋하신 경비원의 안내를 받아 일을 보고 나오니 회사 주차장에 세워놓았던 제 차를 누군가 깨끗이 닦아 놓았습니다. 경비원에게 물었더니 자신이 했다고 말했습니다. 어떻게 출입자 통제를 하시면서 차까지 세차를 해놓으셨냐고 고맙다고 했더니 "제가 일하는 회사의 사장님을 찾아오신 분이니 귀한 분이시라 생각해서 하시고자 하는 일이 잘되길 바라는 마음에서 했습니다."라고 미소를 지으며 말했습니다.

　일을 마치고 돌아와 너무 기분 좋아 그 회사 사장님께 전화를 해서 그분 칭찬을 했더니 "아무나 할 수 있는 일인데 아무나 못 하지요. 나이 드신 값을 하십니다."라고 응수했습니다. 경비원은 적잖은 분들이 '목구멍이 포도청'이라 어쩔 수 없이 하거나 아니면 나이 들어 '소일거리'로 하는 경우가 많은데 이분은 달랐습니다. 아무나 할 수 있는데 아무나 못 하는 일을 하는 것이 차별성입니다.

　밤새 수북이 쌓인 회사 마당의 눈을 쓸려고 여느 때보다 일찍 집을 나서는 사람이 있는가 하면 눈길 미끄러워 출근이 늦어졌다고 변명할 생각으로 아예 늦게 집에서 나오는 사람이 있습니다.

내가 있어 내가 속한 공동체나 조직이나 회사가 더욱 환해지고 밝아진다면 분명 차별성 있는 것입니다. 세상은 그런 '나'들이 많아질수록 살맛이 나게 마련입니다.

너희 빛을 사람에게 비추어서, 그들이 너희의 착한 행실을 보고 하늘에 계신 너희 아버지께 영광을 돌리게 하여라. (마태복음 5장 16절)

고향의 5월   2016. 5. 22.

감자 꽃 필 무렵이면
논물 가득 대고
바둑판처럼 모들 놓이고

매실 알 살쪄가고
연녹색 대추 새잎
느지감치 싹 오르고

난 같은 노랑 청포
깔끔한 꽃피우고

     신(信), 언(言), 행(行) 아침 단상

긴 목마다 보라 구슬
지칭개 꽃 반겨 맞고

상아색 아카시아
하얀색 찔레꽃
노란 다섯 꽃잎
토마토 꽃 피우고

밤나무 꼬리 꽃
좀 있으면 냄새 낼 듯

햇살 찬 냇바닥엔
올갱이가 마실간 길
훤히 들여다보이고

피라미 꼬리치니
송사리 혼비백산

꾸꾸 꾸꾸꾸
산비둘기 구애 소리

박새알 부화되어
눈뜨기 연습하고

뒷산 숲속 새소리들
시끌벅적 난잡한데

앞산에 뻐꾸기
조용해라 뻐꾹뻐꾹

간혹 들려오는
장끼들의 구애 소리

얼마 전 해산한 들고양이
새끼와 마실 오고

마당의 덕구
목줄 풀어주니
8·15광복 날에 이놈같이 기뻤을까

이리도 5월 고향
평화롭고 평안타오.

육순 생일상 2016. 5. 23.

어제저녁 음력 생일을 이틀 앞두고 육순 생일상을 받았습니다. 며

신(信), 언(言), 행(行) 아침 단상

늘아기가 직접 상을 차렸습니다. 힘들고 번거로우니 외식으로 대체하자고 했는데 주부 경력 7개월에 불과한 며느리가 기어코 일을 벌였습니다.

결혼 후 처음 맞는 시아버지 생신상을 꼭 자신이 차려드려야 한다는 마음으로 일주일간 준비했답니다. 작년 가을 시집올 때 가져온 시부모님 반상기에 차렸습니다. 제가 좋아하는 나물이며 나박김치를 미리 만들었습니다. 전 부치고 잡채를 만들고 맛나게 소갈비찜도 준비했습니다. 생일에 빠질 수 없는 미역국 맛은 정말 일품이었습니다.

며늘아기, 아들, 딸, 사위에게 고맙다고 말하려니 가슴이 울컥했습니다. 문득 육순도 안 되어 돌아가신 아버지 생각이 났습니다. 모진 세월 겪으시다 끝내 56세에 병환으로 돌아가신 아버지……. 어릴 적 할머니 살아계실 때 우리 집에 오시면 할머니 좋아하신다며 저를 데리고 한강변에 가서 재첩을 잡으시던 추억이 생각납니다. 할머니 주무시다 이불 걷어차실까 봐 머리맡에 앉아 잠 못 주무시고 할머니 수저 뜰 때마다 반찬을 챙겨 얹어주시던 효성 지극하셨던 아버지. 제가 오늘 며늘아기로부터 육순 생일상을 받으니 송구할 뿐입니다.

며느리가 시아버지 생일상 차리는 것 당연한 일 같지만 당연하지 않은 세상입니다. 차린 생일상을 시아버지인 제가 만족해하는 것을 보며 며늘아기가 아내를 바라보며 말합니다. "이제 발 뻗고 잘 수 있을 것 같아요, 어머님."

내 수고에 감격하는 사람이 있으면 살맛이 납니다. 며늘아기의 일주일간의 마음 씀과 수고에 감격의 박수를 보냅니다. "아가야, 정말 고맙다. 내 생에 가장 맛나고 멋진 생일상을 받았단다. 감사하고 이 말씀으로 축복한다."

너의 하나님 여호와가 너의 가운데 계시니 그는 구원을 베푸실 그가
너로 인하여 기쁨을 이기지 못하여 하시며 너를 잠잠히 사랑하시며
너로 인하여 즐거이 부르며 기뻐하시리라. (스바냐 3장 17절)

자존심 2016. 5. 26.

자존심은 타인이 나를 외적, 상황적으로 판단하는 것을 기준으로 내가 느끼는 마음의 색깔과 그 농도입니다. 자존감은 내가 나를 주관적으로 판단하여 가치 있고 유능하고 소중한 존재라고 믿는 마음입니다. 즉 자존심은 타인의 평가에 따라 움직이는 마음이고 자존감은 자신의 평가에 따라 움직이는 마음의 느낌입니다.

제가 일하는 회사는 청소원을 별도로 고용하지 않고 직원들이 분담해서 청소를 합니다. 요일별로 청소당번을 정해놓고 합니다. 저는 자원해서 매일 아침 일찍 출근하여 남자 화장실 청소를 해오고 있습니다. 남자 소변기에 세제를 뿌리고 솔로 문지르고 물을 뿌려댑니다. 세면대를 닦고 거울을 닦습니다. 화장지가 부족하면 챙겨둡니다. 그리고 비와 쓰레받기를 들고 계단을 청소합니다.

회사의 중역이라는 사람이 화장실 청소를 한다는 것은 자존심 상하는 일일 수 있습니다. 내가 만일 다른 사람들이 화장실 청소하는 자신을 쳐다보는 것이 부끄럽다거나 부담스레 여긴다면 내 자존심을 구기는 일이라고 생각할 것입니다. 그런데 내 한 사람이 수고하여 여러 사람이 깨끗한 환경에서 용변을 본다면 이 또한 보람 있는 일이라고 여겨 하루의 시작 일과로 삼고 즐겁게 하므로 절대 내 자존심을 상하게 하지 않습니다. 오히려 그런 내가 자랑스럽고 기특하게 여겨지기에 자존감을 높여준다고 할 수 있을 것입니다.

자신의 결백을 죽음으로 증명하려는 사람들이 있습니다. 특히 사회적 부와 명성을 누렸던 사람들이 이런 부류에 속합니다. 타인의 부정적인 시선과 구설과 이목으로부터 견디지 못해 자살을 하는 사람들이 있습니다. 이런 사람들은 자존심은 하늘을 찌를지 몰라도 자존감은 바닥인 것입니다.

자신감은 때로 자만심을 불러오지만 자존감은 자긍심과 자부심을 가져다줍니다. 더불어 자존감은 자족감이 높을 때 동반 상승합니다. 그래서 저는 '지족상락(知足常樂)'이라는 말을 좋아합니다. 나이를 먹어가면서 왕년을 이유로 자존심을 내세우기보다 내 현재 모습을 감사해하고 만족하며 다른 존재들에 대한 배려의 삶을 사는, 자존감을 고양하는 삶을 살아야겠다는 생각이 드는 아침입니다.

시골 목사님의 눈물

지난 주말은 아내와 함께 어머님 뵈러 시골에 갔다가 현지 교회에서 예배를 드렸습니다. 마침 그날은 이제까지 그 교회에서 15년 동안 시무하시던 목사님이 그 교회를 떠나는 날이었습니다. 다른 지방에 있는 교회의 목사님과 임지를 서로 바꾸어 교환 목회를 하게 되었답니다.

설교를 하면서 지난 15년을 회고하시던 목사님은 목이 메여 설교를 중단하고 눈물을 흘렸습니다. 이 자리 저 자리에서 흐느끼는 소리들이 들리고 어깨를 들먹이며 손수건으로 눈물을 훔치는 모습들이 보였습니다. 도시의 큰 교회에서는 볼 수 없는 정겨운 울림에 아내도 저도 흐르는 눈물을 막을 수 없었습니다. 설교를 잇지 못하고 흐느끼며 단상에 몸을 숙인 목사님을 보며 대부분의 어르신 성도들도 눈물을 흘렸습니다.

설교 중에 15년 전 30명의 교인이 있을 때 그 교회에 오셔서 그동안 15명 성도의 장례예배를 드렸고 지금은 재적 교인이 49명이 되었다고 했습니다. 이날 처음 등록하고 출석한 성도를 호명하며 인사하는 자리에 목사님께서 "저 떠나는 날 한 일꾼을 보내주셨다"며 또 한 번 참았던 눈물을 보이셨습니다. 떠나는 목사님이 더 슬플까요, 보내는 성도들 마음이 더 아플까요.

떠나는 목사님은 정식으로 문단에 등단한 시인입니다. 예배를 마친 후 그동안 쓴 시를 골라 엮은 첫 시집『내가 꿈꾸며 기도하며 사랑한 그곳』과 그동안 만들어 두었던 백초(百草) 효소를 병에 담아 이별 선물로 일일이 나누어 주셨습니다.

정말 오랜만에 아릿하지만 아름다운 '사람 내음' 나는 자리에 함께 했습니다. 헤어짐이 아쉬워 흐르는 뜨거운 눈물은 별리(別離)에 고백하는 사랑의 정표(情表)입니다. 육십 가까운 나이지만 아직도 마음은 소년 같은 그의 시 몇 구절을 옮겨 적어봅니다.

하늘을 봐요
그대가 많이 힘들다는 걸 나는 알아요
한 치 앞이 보이지 않을 때는 하늘을 봐요
주님이 거기 서서 당신의 눈물을 보며
가슴 아파하고 있어요
부끄러운 손일지라도 그대 손을 내밀어
그분의 손을 잡아요……

행복한 정경(情景)

2016. 5. 29.

왕관모양 감꽃 고추밭에 떨어지고
노란 오이꽃에 새끼 오이 붙어 열고

벚나무는 열매로 두 번이나 꽃피우고
뽕나무엔 주렁스레 오디가 가지마다
나비인 양 인동꽃 정말로 예쁘구나

보리밭에 바람이니 황금물결 너울치고
쑥갓 대공 길게 벋쳐 내일이면 꽃피우리

감자 꽃이 화사한지 예전에는 몰랐다오
천사 나팔 옮겨 심고 초롱꽃도 이웃하고

노랑달맞이꽃 화분에 심었으니
울 엄니 드나들 때 반가이 대해주렴

심 세운 고구마 벋칠 소망 드러내고
윤기 나는 옥수수들 하늘 향해 팔 벌리고

노란 애기똥풀 빨간 뱀딸기
하얀 개망초 연보랏빛 꽃마리

꽃빛마다 어여뻐라 지천이 꽃밭이네
아기 새 엄마 새 뒷산에서 지저대고

앞마당 덕구는 오늘도 개팔자
담 주 딸까 시방 딸까 삼세번 망설이다

에라 오늘 따자 매실 털고 따고 줍고
싱그런 초여름 고향산천 한 몸 되니
오늘도 주신 평안 이거이 행복일세.

믿음직한 한의원   2016. 5. 30.

식도염, 위염으로 한참을 고생했습니다. 그 불편함은 겪어본 사람만 압니다. 혹시나 염려되어 대형병원을 찾아 내시경 검사를 해서 용종을 떼어내고 권위 있는 의사로부터 약을 처방받아 수개월간 먹었습니다. 불편한 느낌은 100을 기준으로 20 정도 나아진 듯했습니다. 크게 나아지지 않았습니다.

우연찮게 누이의 딸이 같은 증세로 고생하다 한약을 먹고 싹 고쳤다는 이야기를 들었습니다. 설마 하는 의심으로 마음 한구석에 제쳐두었다가 혹시나 하는 기대에 한의원을 소개받아 갔습니다.

진찰을 받으며 이런 생각이 들었습니다. '이 집에서 지은 약을 먹으면 낫겠다.' 3대째 한의원을 하고 있다는 대기실에 걸린 홍보액자나 TV 출연 내용이나 접수창구에서 판매하고 있는 원장이 지은 책을 보는 것만으로도 그런 생각이 태동할 만합니다. 하지만 그것들 때문은 아니었습니다.

시간이 여의치 않아 예약을 받지 않고 진료하는 토요일에 이 한의원을 방문했습니다. 앞서 와있는 분들이 네 명이 있었는데 이분들 진료하는 데 거의 2시간이나 걸렸습니다. 무슨 진료를 이리도 길게 하는 의심이 내 차례가 되니 기대로 변했습니다.

한의사는 먼저 조곤조곤한 말투로 문진을 하고 신중한 자세로 맥진을 했습니다. 그러곤 침상에 뉘여 이곳저곳 체진을 했습니다. 그리고 나의 체질에 대해 친절히 설명해주고는 "걱정하지 마세요. 제가 낫게 해드리겠습니다."라고 말했습니다. 진찰하는 내내 눈을 맞춰주고 환자의 말을 경청해주고 자신에 차있지만 겸손한 태도에 제 기분이 너무 좋았습니다. 좋은 사람 만나면 그렇잖아요?

저를 진료하는 데도 35분이나 걸렸습니다. 이런 병원 처음 봤습니다. 대형병원에 가면 길어야 5분입니다. 때로는 알았다고 말로 못 꺼내게 하고 '다음 분' 합니다. 어느 피부과에 가면 1분도 안 걸립니다. 물론 진찰 시간의 장단이 병을 낫게 하는 가늠자는 아닙니다. 하지만 제게 두 믿음이 생겨났습니다. 환자를 대하는 한의사의 인격에 대한 믿음과 처방된 약을 먹으면 낫겠다 하는 믿음이었습니다.

그 믿음이 헛되지 않았습니다. 세 번의 약을 먹고 나았습니다. 씻은 듯이 나은 것은 아니지만 만족할 정도로 나았습니다. 아들도 같은 증세로 두 번째 약을 먹고 있는데 그 효과에 아주 만족하고 있습니다.

때로 한의가 양의보다 나을 때가 있습니다. 제 생각입니다. 현상을 치료하는 것은 양의가 우월하지만 원인을 치료하는 것은 한의가 월등합니다. 이번에 저는 위가 불편한 것이 간의 영향이라 하여 처방한 한약을 먹고 나았습니다. 뱃속이 편해졌습니다. 그래서 오늘도 굿모닝입니다.

상사와 부하직원 2016. 6. 1.

부하직원으로 좋은 상급자를 만나는 것이 복입니다. 마찬가지로 상급자로 좋은 부하직원과 함께 일하는 것도 행복입니다.

이런 상급자를 만난 적이 있습니다. 30여 년 전 대기업 특채 면접 시간에 맞추어 오전 10시에 갔더니 면접을 해야 하는 소요부서 부서장이 와서 조금만 기다리라고 했습니다. 오전 내내 기다리는데 점심시간이 되어서야 나타나 회사 식당에 가서 식사하고 와서 같은 자리에서 기다리라 했습니다. 식사를 마치고 돌아와 기다리는데 두 시간이 지나자 은근히 짜증도 나고 부아도 작동했습니다.
궁금해서 찾아가 언제 면접이 가능하냐고 물었더니 무표정한 얼굴로 미안하다며 급한 일이 생겨서 그러니 좀 더 기다려달라고 했습니다. 만감이 교차되면서 신문을 보며 기다렸습니다. 결국 직원들이 퇴근하는 시간이 되어서야 다시 와서 기다리느라 수고했다며 별다른 면접 없이 언제부터 출근이 가능하냐 묻는 것이었습니다.

그렇게 해서 그분의 부하직원이 되었습니다. 엄한 시어머니와 며느리와 같은 직장생활이 6개월이 지나서야 그분은 제게 속에 있는 말을 했습니다. "면접 날부터 근무 시작해서 6개월간을 잘 견뎌내서 고맙고 앞으로는 간섭하지 않으려니 소신 있게 잘 해주시게." 그분이 보고 싶은데 지금은 연락이 되질 않습니다.

이런 하급직원과 함께 일을 했습니다. 바쁜 일로 제때 식사를 하지 못해 느지감치 중국집에 배달을 시켜 먹을 때가 종종 있었습니다. 이런 경우 저는 거의 간짜장을 시킵니다. 배달 음식이 도착하면 회의실에 세팅하고 뒤처리하는 일을 도맡아 하는 직원이 있었습니다. 세팅이 끝난 후 불러서 가보면 제 간짜장은 이미 비닐 랩이 벗겨지고 잘 비벼져 나무젓가락이 그릇 위에 가지런히 놓여 먹기만 하면 되었습니다.

이 부하직원은 매사가 그랬습니다. 퇴근할 무렵 남아서 일하는 다른 부서 직원이 있으면 "제가 도와드리면 일찍 끝날 일인지요? 그러면 기꺼이 도와드리겠습니다." 이런 사려 깊은 부하직원과 함께 일하던 때가 그립습니다. 지금은 떨어져 있지만 아직도 옛정을 나누며 소통하고 있습니다.

종들아, 두려워하고 떨며 성실한 마음으로
육체의 상전에게 순종하기를 그리스도께 하듯 하라.
눈가림만 하여 사람을 기쁘게 하는 자처럼 하지 말고
그리스도의 종들처럼 마음으로 하나님의 뜻을 행하고
기쁜 마음으로 섬기기를 주께 하듯 하고 사람들에게 하듯 하지 말라.
이는 각 사람이 무슨 선을 행하든지
종이나 자유인이나 주께로부터 그대로 받을 줄을 앎이라.

상전들아, 너희도 그들에게 이와 같이 하고 위협을 그치라.
이는 그들과 너희의 상전이 하늘에 계시고 그에게는 사람을
외모로 취하는 일이 없는 줄 너희가 앎이라. (에베소서 6장 5~13절)

차별화된 서비스　　　　　　　　　　2016. 6. 3.

엊그제 업무차 중부내륙고속도를 통해 김해를 가던 길이었습니다. 점심때가 되어 괴산휴게소에 들러 식사하고 가기로 했습니다. 요기할 메뉴를 보고 주문을 하고 앉아 기다리는데 빨간 유니폼을 입은 사람이 "실례합니다. 시원한 보리차 한 잔 드세요." 하고 식탁에 컵을 놓았습니다. 컵을 들어 보리차를 들이키니 말처럼 시원했습니다.

크지 않은 이동대차 위에 컵들과 보리차가 든 포트, 그리고 단무지, 김치 등 리필용 반찬을 싣고 다니며 착한 서비스를 하는 것이었습니

다. 식사를 마치고 나서 보니 이 휴게소는 한쪽에 오이와 미역 냉국을 담은 보관통과 국자, 여분의 밥솥 그리고 반찬 종류가 담긴 그릇을 비치해두어 고객들이 필요한 만큼 덜어 가져가도록 해놓았습니다.

몇 해 전 강남에 갔다 들른 한 식당은 빈 좌석이 없을 정도로 손님이 많았는데도 불구하고 여주인께서 반찬통을 들고 다니며 식탁마다 부족한 반찬을 보충해 담아주었습니다. 어느 갈빗집을 가서 잘 먹고 계산하고 나가려니 구두가 깨끗이 닦여있어 기분이 정말 좋았습니다. 한 돼지갈빗집을 가니 외투에 냄새가 밴다고 큰 비닐 봉투를 하나씩 나누어 주었습니다.

어느 식당에서는 명함 수집함을 만들어 계산하는 손님들이 명함을 넣게 하고 한 주에 한 번씩 추첨을 해서 뽑힌 손님에게 전화를 걸어 다음번에 오면 메뉴 중 한 가지를 무료로 제공한다고 전해줍니다. 자주 가는 카센터에서는 엔진 오일만 교환해도 내부와 외부 세차를 무료로 해줍니다.

어떤 횟집에 갔더니 식사 중에 길고 하얀 모자를 쓰신 분이 들어와 인사하며 "안녕하세요. 저는 이 집 주방장입니다. 맛이 어떤지요. 찾아주셔서 특별히 드리는 것입니다." 하면서 참치 볼살 몇 점을 회 접시에 얹혀줍니다. 나중에 보니 우리 자리만 주는 게 아니었지만 기분은 좋았습니다.

엊그제 시간이 없어 가까운 커트전문 미장원에 들렀더니 내 또래 로

신(信), 언(言), 행(行) 아침 단상

보이는 여주인이 자리에 앉자 덮개를 씌우고는 두 손을 모아 머리, 어깨를 두르려 주며 "시원하시죠. 처음 오시는 거죠?" 하고 말을 붙이고는 바리캉을 들이댔습니다.

개인들과 마찬가지로 물품을 파는 상점이나 음식점 등에서 차별성 있는 서비스는 찾아온 고객의 마음을 움직이고 또 다시 들르게 하여 반복 구매를 유발합니다. 차별화된 친절이 하루를 살맛나게 해줍니다.

손님 대접하기를 잊지 말라 이로써 부지중에
천사들을 대접한 이들이 있었느니라. (히브리서 13장 2절)

* 바리캉(bariquant)은 짧은 머리를 깎는 기구로 이발 용구 제조 회사인 프랑스의 '바리캉 에 마르사(Barriquand et Marre社)'에서 온 일본식 조어랍니다. 마치 모든 투명테이프를 3M사의 브랜드인 스카치 테이프(Scotch Tape)라 부르는 것과 같습니다.

아내 사랑   2016. 6. 6.

척수염, 후종인대골화, 특발성 혈소판 감소증. 매일 아침 이름을 들어 보탬기도 하는 분들에게 친구하자고 찾아든 질환들입니다. 이분들은 모두 저와 오랜 우정을 나눈 친구들의 부인들입니다. 이분들의 남편인 친구들의 아내 사랑을 보면 안타깝지만 한편 부럽게 여겨집니다.

사랑은 쇠밧줄도 끊을 수 있습니다. 척수염으로 4년을 투병해온 아내를 향한 일편단심 민들레 친구로부터 기쁜 소식을 받았습니다. 이들 부부는 한 달 전에는 아내를 휠체어에 태워 경주 나들이를 했습니다. 그런데 어제는 친구가 성인용 세발자전거를 타고 바람을 가르며 질주하는 아내의 모습을 동영상으로 보내왔습니다.

2년 전 친구는 아내의 모습을 이렇게 글로 담았었습니다.

…아내가 도망갔다.
그런 세상과 맞서 싸우다 지쳐서
이름도 생소한 원인 모를 척수염으로 걷지도 못하고
병원으로 도망쳤다…….
벌써 2년째 돌아오지 않는다.

새집을 지어 놓으면
돌아오려나 하고 마련 중인데,
아내가 운다.
모든 것에 버림받다가
자기가 자기를 공격하는 병에 걸려서 병원으로 도망쳤는데…….
그 병원에서도 버림받고
지옥 불구덩이가 더 좋을 진행 중인 극심한 통증과 싸우며
벌써 여섯 번째 이리저리 전국 재활병원을 전전하고 있다.

눈물도 마르고 울 힘도 없는 아내가

내 얼굴을 만지며 젖은 눈으로 말한다.

모든 것이 나를 버렸는데

그래도 끝까지 당신은 남았구려.

날 좀 데려가 줘요.

집에 가고 싶어요.

이제 더 이상 살기 싫어요.

여보…….

그랬는데 끝까지 남은 남편이 사랑의 물로 꽃을 피웠습니다. 고마웠습니다. 곁에 있으면 친구를 왈칵 부둥켜 안아주고 싶었습니다. 남의 부인이지만 함께 안아주고 싶었습니다. 인고의 날들을 빚어 사랑의 보석을 만든 부부에게 아낌없는 박수를 보냅니다. 친구의 바람이 내 바람이 되어 함께 기도했습니다. 그래서 더욱 고맙습니다.

힘들어하는 아내를 보듬어 주고 있는 모든 친구들의 바람이 아름다운 사랑으로 승화되어 벗하는 질환들과 이별하기를 기도합니다. 그래서 머잖아 어엿하게 '아내의 자리'에 돌아오기를 이 아침에도 기도하며 해바라기의 '그대 내게 행복을 주는 사람'을 읊조려 봅니다. 마음이 울컥합니다.

내가 가는 길이 험하고 멀지라도

그대 함께 간다면 좋겠네…….

남편 된 자들아 이와 같이 지식을 따라
너희 아내와 동거하고 저는 더 연약한 그릇이요 또 생명의 은혜를
유업으로 함께 받을 자로 알아 귀히 여기라. (베드로전서 3장 7절)

사모(思母)

"얼마 전에 어머니께서 돌아가셨습니다. 관심을 많이 가져주셨는데 뒤늦게 말씀드려 죄송합니다." 어제 아침에 회사에서 발생하는 산업용 쓰레기를 수거하여 처분해주는 대신에 재활용 가능한 부산물을 가져가는 분이 제게 다가와 하는 말이었습니다.

그는 올해 쉰 살 미혼으로 얼마 전까지만 해도 함께 사는 84세 모친을 집에 혼자 계시게 할 수 없어 자신이 운전하는 1톤 트럭 조수석에 모시고 일을 다녔습니다. 제가 관심 가져준 것은 늘 달려와 넙죽 인사를 하는 그에게 반겨서 대해준 것과 작년 더운 여름에 모시고 온 모친과 함께 마시라고 음료수 두 병을 사준 것밖에는 없습니다.

그가 무슨 교단 어느 교회에 나가는지 물어보지는 않았지만 그는 크리스천이 분명합니다. 내가 그렇게 확신하는 데는 이유가 있습니다. 수개월 전에 아침에 출근해서 우연찮게 그가 그의 차량 옆에 서서 어린아이처럼 두 손을 가지런히 모으고 작은 소리로 기도를 드리는 모습을 보았습니다. 그 모습이 밀레의 '만종'에서 고개 숙인 부부처럼 거룩

신(信), 언(言), 행(行) 아침 단상

해 보였습니다. 그리고 그의 확신에 찬 고백을 들었습니다. "우리 어머님은 분명 천국에 가셨습니다. 나는 그렇게 믿어요. 하나님께서 어머님의 모든 죄를 사하여 주셨습니다."

큰 두 눈에 눈물 어린 모습으로 하는 그의 말이 절절합니다. "꿈에라도 어머니를 보고 싶은데 왜 꿈에 한 번도 안 보이시는지 모르겠어요. 정말 보고 싶습니다. 제가 잘못한 게 많아서 서운하셨나 봐요……. 어떻게 하면 꿈에서라도 한번 뵐 수 있을까요." 어젯밤 저의 침상기도는 그가 꿈에라도 보고 싶어 하는 돌아가신 모친을 뵐 수 있도록 해달라는 것이었습니다.

남루한 옷차림에 늘 덥수룩한 수염 탓에 쓰레기나 치우는 다소 무식하고 부족한 사람으로 보일지 모릅니다. 그러나 알고 보면 그의 속사람은 순전하고 겸손한 믿음을 지닌 좋은 분임을 알 수 있습니다. 그래서 저는 그를 좋아합니다. 마음에 몸에 밴, 선한 사마리아인과 같은 순전한 신앙을 지닌 그가 부럽습니다. 이번 주에는 식사를 같이하며 그의 삶을 듣고 싶은 호기심이 발동했습니다. 그러려고 합니다. 이 아침에는 저가 소원하는 '참한 여자'를 속히 만나 아름다운 믿음의 가정을 꾸릴 수 있기를 기도합니다.

마음이 청결한 자는 복이 있나니
그들이 하나님을 볼 것임이요. (마태복음 5장 8절)

유월의 고향

2016. 6. 12.

전국 산야 지천에 금계국 개망초
흔타하여 괄시마소

코스모스 닮았지만 노란 국화 금계국
'상쾌한 기분'이 꽃말이라오

금계국과 먼 친척 하얀 꽃 개망초
한 움큼 다발 지어

어젯밤 토닥인 님의 마음 달래 봐요
내 꽃말은 '화해'라오

요때 꽃은 내가 제일 크지 다섯 꽃잎 노랑 호박꽃
벌들 연신 들락날락

연노랑 여섯 꽃잎 담담주면 방울방울
토마토가 열리겠지

시골 시악시인 양 다소곳 고개 숙인
여섯 잎 하얀 고추 꽃

새끼는 모두 아들 고추 고추 고추 고추……

진노랑 애기 버선 해 받으니 두 잎이네
두 날개 작은 천사 땅콩 꽃이 앙증맞네

뒤태는 보라색 불가사리 한 잎인데 육각이네
정 가운데 노란 수술 돋보이고 잪았나베 가지꽃

개망초가 계란꽃 아니 내가 계란꽃
오늘 아침 반찬은 계란 프라이
흰자 안에 노른자 탐스런 쑥갓 꽃

왕관처럼 이고 있는 대파 꽃 꽃술은
술술이 안테나 벌들과 교신해요 어서 오라고

방아깨비 사마귀
무당벌레 모두 새끼들
하마터면 밟을라 조심해야 되겠네요

참새 먹이 되지 말고 한철 잘 살그래이
흰 나비 나풀대며 덕구와 친구 되고

주둥이에 벌레 문 참새 잠깐 쉬어가고
뒷동산엔 뻐꾸기 앞동산에 산비둘기
뻐꾹뻐꾹 구르르르
가끔 고음 불가 장끼가 끄억 끄억

집 앞 감나무엔 아침부터 샘나게
까치들 사랑놀이

꿈엔들 잊힐리야 시인의 고향
내 고향 옥천

6월의 아침을
'향수'와 함께 담습니다.

구걸하는 사람들

2016. 6. 14.

간혹 전철을 타면 자신의 사정을 적어 코팅한 것이나 껌을 돌리고 회수하면서 말없이 구걸하는 사람이 있었습니다. 또는 하모니카로 찬송가를 연주하거나 녹음된 찬송가 반주에 맞추어 찬송가를 부르며 객차를 지나며 구걸하는 사람이 있었습니다. 또는 시각장애인용 지팡이로 앞길을 더듬으며 한 손에는 조그만 플라스틱 소쿠리를 들고 구걸하는 분도 있었습니다,

이런 상황에 대해 반응하는 몇 가지 부류가 있습니다. 딴전 피우고 외면하는 사람, 짜증 섞인 표정을 짓는 사람, 핸드백과 지갑을 여는 사람, 그저 미안해하는 사람.

중국에 갈 기회가 자주 있었습니다. 곳곳마다 구걸하는 사람이 없는 곳이 없었습니다. 어느 도시에서는 아예 해변 도로에 대여섯 명이 나란히 앉아서 구걸을 했습니다. 하루는 어느 번화한 거리를 지나는데 아기를 안은 여인이 도로가에 놓은 쓰레기통을 뒤지고 있었습니다. 쓰레기통에서 꺼낸 무엇인가를 입에 넣는 장면을 보게 된 저는 반사적으로 달려가 여인의 손을 쳤습니다. 그리고 지갑에서 중국 돈 200위안을 꺼내 여인에게 주었습니다.

저와 함께했던 중국 분이 여인의 손에 쥐어진 돈을 빼앗으려 했지만 여인은 돈을 쥔 손을 뒤로 감추었습니다. 안고 있는 꾀죄죄한 아이의 눈동자가 안쓰러워 보였습니다. 함께 했던 중국 분이 제게 말했습니다. "속으신 거예요. 가짜예요. 돈 내놓으라고 하세요." 저는 속았다는 생각보다 안타까운 생각이 더 들어 알아듣지도 못하는 한국말로 "가서 애기에게 좋은 것 사먹이세요." 하고 자리를 떴습니다.

제가 가지고 있는 제 나름의 삶의 규칙이 몇 가지가 있습니다. 다리가 불편한 사람이 힘들게 걸어가는데 앞질러 뛰어가지 않는다. 버스나 택시 등 대중교통 차량이나 나보다 더 많은 사람을 태운 차에게 길을 양보한다. 시켜서 표정이 안 좋으면 말없이 내가 한다. 친구 부모 · 장모 문상은 가급적 늦은 시간에라도 간다. 구걸하는 사람이 손을 내밀면 의심하지 말고 도와주자 등등입니다.

이 규칙에 따라 언제 내게 손을 벌릴 사람을 만날지 몰라 자주 가는 중국에 출장 갈 때는 일부러 잔돈을 충분히 바꾸어 지갑에 넣고 다니

기도 했습니다. 한번은 구걸하는 사람을 여럿 만나 잔돈을 다 썼는데 조금 지나다 또 다른 사람이 구걸을 해서 조금 큰 잔돈을 주기도 했습니다. 구걸하는 분들에게 돈을 건넬 땐 화살 같은 축원을 합니다. 하나님 이분에게 복을 주옵소서.

가난한 자를 불쌍히 여기는 것은 여호와께 꾸어드리는 것이니
그의 선행을 그에게 갚아주시리라. (잠언 19장17절)

감사(感謝)   2016. 6. 16.

'감사(感謝)'라는 단어에 대한 제 나름의 해석입니다. 고마운 느낌(感)을 말(言)로 대상의 마음에 맞추어 쏘는(射) 것입니다. 고마운 마음의 표시가 말로 전해질 때 비로소 감사가 완성되는 것입니다. 자식과 부모 간에 부부간에 직장의 상하 간에 갑과 을 모든 관계 간에 감사가 선순환 될 때 막힘없는 소통이 이루어지고 이해와 배려가 동반하게 됩니다.

저는 30대 후반에 느지막이 야간 대학을 다녔습니다. 학교에서 수업을 마치고 돌아오는 길에 세 사람의 학우를 제 차에 태워 각자의 집이 가까운 길에 내려주었습니다. 방과 후 바로 집으로 오면 25분이 걸렸지만 이들을 내려주려니 50분이 걸렸습니다. 한 사람은 우리 집을 지나쳐 집 가까이에 내려주고 돌아왔습니다. 이 일을 4년 동안 꼬박했습니다.

신(信), 언(言), 행(行) 아침 단상

4학년 2학기 종강하는 날 제 차에 타고 다녔던 사람 중 지방의 개척 교회의 사모님께서 음료수를 한 박스 사들고 와 제게 건네며 고마움을 표했습니다. 형편상 더 큰 것을 해주지 못하는 아쉬움이 전해졌습니다. 이와 함께 진정으로 표하는 감사를 고맙게 받았습니다. 그런데 다른 두 사람으로부터는 어떤 말도 들을 수 없었습니다.

10년쯤 흘렀나 봅니다. 제가 가입한 어떤 카페에 어느 목사님께서 자녀가 방학 과제로 '외국화폐 수집하여 소개하기'가 있는데 자신이 외국을 나간 적이 없어 도움을 요청한다는 글을 보았습니다. 해외 출장이 잦았던 저는 출장 후에 남은 여러 나라의 돈을 가지고 있었습니다. 안타까운 마음에 도화지에 10여 나라 동전을 나라별로 종류대로 붙여서 설명을 인쇄해 붙여 카페에 올린 주소로 등기로 보내드렸습니다. 그런데 받으신 분으로부터 아무런 피드백이 없었습니다.

나름 효자인 '척' 하려니 자주 어머님을 찾아뵙습니다. 외람된 말씀이지만 울 엄니는 감사헌금은 잘 내시지만 말로 하는 감사에는 퍽 인색하셨습니다. 며느리들이 반찬을 만들어 냉장고에 차곡차곡 넣어두어도 감사하다는 말씀을 최대한 아끼시던 분이셨습니다. 몇 년 전에 어느 날 제가 어머님께 말씀드렸습니다. "엄니 제가 이렇게 매주 찾아오니 좋으시지요? 고마워요 안 고마워요? 안 고맙다고 하면 다음 주부터 안 오려구요. 사실 저는 엄니가 내가 왔다 집을 나서면 이렇게 말해주었으면 좋겠어요. '병래야 네가 와주어 정말 고마워.'"

그랬더니 어머니께서 "그래 다음 주부터 내가 그렇게 할게" 하고 말씀하셨습니다. 그다음 주에 어머님을 뵙고 현관을 나서려니 어머님께서 또렷하게 말씀하셨습니다. "병래야 오늘 네가 와주어 정말 고마워." 감격해서 서운했던 마음이 눈 녹듯 사라지고 저도 어머니께 말씀드렸습니다. "어머님 그렇게 말씀해주셔서 정말 감사해요." 요즈음에는 익숙해지셔서 앞에 수식어를 붙여서 표현하십니다. "너도 나이 먹어 힘들 텐데 먼 길 어미 찾아와서 챙겨주어 고맙구나."

열 사람이 다 깨끗함을 받지 않았느냐.
나머지 아홉은 어디 있느냐. (누가복음 11장 17절)

어느 목사님 2016. 6. 17.

어느 교회 강단에 멋진 꽃꽂이 사진이 페이스북에 올라온 것을 보니 몇 해 전에 만났던 목사님이 생각났습니다. 꼭 뵙고 싶었던 분으로 마침 전북 장수에 사시는 분의 집을 토요일에 방문했다가 그 목사님이 섬기는 익산에 있는 교회를 찾아 주일예배를 드렸습니다. 그 목사님은 『작은 교회가 아름답다』, 『B+목회자만 되어도 새 신자들이 몰려온다』와 『목사가 죽어야 교회가 산다』의 저자입니다. 또한 이 교회는 교회 재정의 65%를 선교비로 쓰는 교회입니다.

예배를 마친 후에 악수를 나누며 꼭 한번 뵙고 싶었는데 기회가 되어 들렀다고 하니 목사님께서 사무실로 안내하시더니 그 자리에서 『목사가 죽어야 교회가 산다』라는 저서에 저자 서명을 해서 읽어보라고 건네주셨습니다. 점심식사를 잘 대접받고 차를 같이 들면서 이런저런 말씀을 해주셨습니다. 지역 외국인 사역, 방송 사역, 설교뱅크를 만들어 매주 월요일 150여 명의 목회자들이 자기 설교를 가지고 와 함께 공유하고 목회정보를 교환하는 사역, 겨울철 무료 연탄 나눔 사역 등 차별성 있는 여러 사역을 말해주셨습니다.

그중에 가장 인상 깊게 기억하고 있는 것은 오지교회 목사 사모들을 대상으로 매년 해왔다는 사모세미나 사역이었습니다. 이 세미나는 말이 세미나지 실제는 산골, 도서, 오지에서 이름도 없이 얼굴도 없이 열악한 목회 환경에서 묵묵히 섬기는 목사를 돕는 사모들을 위로하는 모임이랍니다. 3박 4일 동안 전국 각지에서 모인 사모들이 동병상련하며 위로하고 위로받으며 잘 먹고 잘 쉬고 갈 수 있도록 매년 진행해왔답니다.

이 연례행사를 위해 사전에 오지 교회에 안내 우편을 보냈답니다. 오지의 교회 사모들이 몸만 오시면 충분한 쉼을 얻고 참가비도 부담스런 프로그램이나 일정도 없다는 내용을 적어 보낸답니다. 그런데 어느 해에 안내 우편을 보낸 후에 목사님께 편지 한 통이 도착했답니다.

어느 오지 교회 사모께서 보내온 편지였습니다. 편지에는 "목사님 귀한 초청에 감사드립니다. 가고 싶지만 교회 형편상 가고 올 교통비가 없어 못갑니다. 내년에 형편이 되면 꼭 참가하고 싶습니다."라는 글이 적혀 있었답니다. 목사님께서는 이 편지를 보고 많이 우셨답니다. 이야기를 듣던 저희 부부도 눈물이 났습니다. 물론 그 사모도 그해 모임에 함께 참석하였답니다.

교회 꽃꽂이 꼭 필요한가요? 성경적인가요? 죄송합니다. 저는 예배당 강단에는 단조로운 강대상 하나만 있으면 족하다고 생각합니다. 예배에 참여하는 사람들에게 관심거리가 많아지는 것은 예배의 집중에 도움이 안 된다고 여겨지기 때문입니다. 어느 교회에서 한 주마다 꽃꽂이에 드는 비용은 한 오지 교회 한 달 헌금 총액보다 클 수 있습니다. 꽃꽂이 대신 '마음꽂이'로 대신하면 안 될까요. 매주 꽃꽂이하는 헌금을 오지 교회를 돕는 '마음꽂이 헌금'으로 바꾸면 안 될까요. 이 아침 산골, 도서, 오지 교회에서 남편을 도와 섬기는 사모들에게 복을 더하시길 기도합니다.

참으로 나와 멍에를 같이 한 네게 구하노니
복음에 나와 함께 힘쓰던 저 부녀들을 돕고 또한
글레멘드와 그 외에 나의 동역자들을 도우라
그 이름들이 생명책에 있느니라 (빌립보서 4장 3절)

볼펜 한 자루 2016. 6. 18.

어제 퇴근하여 웃옷을 벗다 보니 회사 볼펜을 넣고 왔습니다. 간혹 내 것이 아닌 것이 내 것인 것처럼 내 옷에 들어가 있는 때가 있습니다. 한번은 필요한 서류를 떼러 가까운 구청을 방문했습니다. 집에 와서 보니 볼펜 한 자루가 웃옷 포켓에 들어 있었습니다. 구청 민원실에서 쓰고 모르고 넣었던 것이었습니다. 다음 날 잘 싸서 전날 다녀온 구청민원실에 등기로 보냈습니다. 제가 잘못해서 국가의 자산을 가지고 와서 돌려드린다는 메모를 넣어 보냈습니다.

본의든 본의가 아니든 바람직하지 않게 가로채는 일이 있습니다. 제가 싫어하는 일 중 하나가 남의 시간을 가로채는 것입니다. 열 명이 모여서 중요한 회의를 하는데 그중 한두 명이 늦어져 회의가 시작되는 경우가 그 좋은 예입니다. 늦은 사람은 항상 이유가 많습니다. 그러나 이는 기다리는 사람들의 귀중한 시간을 빼앗거나 가로채는 것입니다. 내 시간이 귀하면 남의 시간이 귀한 줄 아는 것이 대인 관계 상식의 첫걸음입니다.

그다음에 자리를 가로채는 것입니다. 마땅히 순서대로 기다려야 하지만 사전 양해도 없이 들이대고 새치기하는 분들이 있습니다. 지정된 주차장에 주차하지 않고 남의 주차장에 주차하여 마땅히 주차장에 차를 대려던 사람이 도리어 주차를 못 하고 멀리 주차해야 하는 경우입니다. 엄연히 지하 주차장에 주차 공간이 넉넉히 있음에도 불구하고 비상시 소방차 주차 구획선에 주차하는 경우입니다. 내 편함이 남에게 불편함이 되면 진정 편한 것이 아닙니다.

말을 가로채는 일도 있습니다. 상대가 이야기를 한창 하는 중에 말을 끊고 자기 이야기를 들이댑니다. 상대의 이야기 듣는 것보다 내 이야기를 하고 싶은 것입니다. 경청은 말을 가로채지 않는데서 출발합니다. 경청하지 않고는 공감(共感)할 수 없고 결국은 공감(空感)으로 끝납니다.

평신도로 통신 신학을 공부하던 30대 초에 지금은 원로목사가 되신 교수 목사님께서 카세트테이프를 통해 강의하던 내용이 생각납니다. "진정한 크리스천이라면 본의든 본의가 아니든 직장에서 가져온 A4 복사 용지 한 장, 볼펜 한 자루라도 내 집에서 발견되어서는 안 됩니다."

지극히 작은 것에 불의한 자는
큰 것에도 불의하니라. *(누가복음 16장 10절)*

감자 캐는 날   2016. 6. 20.

어제는 초여름 보름달이 유난히도 밝았습니다. 추수한 밀밭이 타는 멋진 불길을 바라보며 하루 일을 마감했습니다.

여섯 고랑에 심은 감자를 캤습니다. 많이도 캤습니다. 작은 것들을 골라냈습니다. 캐다가 호미에 찍힌 것들도 골라냈습니다. 굼벵이가 구멍 내 침 발라 놓은 것들도 골라냈습니다. 작은 것들은 졸여 먹을 것입니다. 호미에 찍힌 것, 굼벵이가 먼저 맛본 것은 도려내서 쪄먹을 것입니다.

신(信), 언(言), 행(行) 아침 단상

나름 3무(무농약, 무비료, 무공해)로 지은 감자입니다. 큰 놈 네 개를 골라 냄비에 쪄서 어머님께 드리니 맛이 그만이라고 하십니다. 일찌감치 저녁을 먹었습니다.

해 질 녘에 캐낸 감자를 준비해 간 박스에 담았습니다. 모두 18등분을 했습니다. 형님, 동생, 딸, 아들, 장모, 처남, 사돈댁을 포함해서 나누어 담았습니다. 제 친구, 아내 친구들 몫도 챙겼습니다. 고마운 분들 몇 분께 보내드릴 것도 챙겼습니다. 육아시설에 보낼 것은 큰 박스에 담았습니다. 모두 택배로 보내줄 것입니다.

감자를 캐며 큰 기쁨과 행복을 누렸는데 캔 감자를 나눠 담으며 또 누렸습니다. 행복은 나눔입니다. 나눔은 행복입니다. 행복은 나눌수록 커지는 불가사의입니다. 이해타산으로는 전혀 맛볼 수 없는 삶의 진미입니다.

땡볕에 감자 캐느라 얼굴 타고 벌레 물려 팔목이 부어올랐지만 마음은 부듯합니다. 대기업 회장이 부럽지 않습니다. 분명한 진리입니다. 주는 것이 받는 것보다 기쁩니다. 감자로 이룬 행복을 마음껏 나눕니다.

주는 것이 받는 것보다 복이 있다.

(It is more blessed to give than to receive.) (사도행전 20장 35절)

공감

지난 토요일에 있었던 일입니다. 제가 오래간만에 화장실 변기를 청소한다고 우쭐대면서 아내에게 말했습니다.

"여보 변기를 닦을 때 샴푸를 한 두 방울 떨어뜨려 놓고 솔로 문지르면 아주 잘 닦여요. 세면대도 마찬가지예요."

아내가 받아쳐 말했습니다.

"그 옆에 있는 변기 세제로 써 봐요. 소독도 잘되고 좋아요."

제가 즉각 받아쳤습니다.

"소독은 무슨 소독……."

저희 부부 대화에 무슨 문제가 있었나요? 그렇습니다. 약간의 문제가 있었습니다. 두 사람 모두 공감이 모자란 대화를 했습니다. 나름 공감하는 대화로 고쳐보겠습니다.

"여보 변기를 닦을 때 샴푸를 한두 방울 떨어뜨려 놓고 솔로 문지르면 아주 잘 닦여요. 세면대도 마찬가지예요."

"아, 그래요 나도 한번 해봐야 되겠네. 나는 이제껏 저 세제로만 닦았는데 소독도 되고 좋은 것 같아서……. 암튼 고마워요. 깨끗이 닦아 주셔서. 호호."

"저 세제는 소독이 되는구나. 아무렴 화장실 세제가 낫겠지. 오늘은 샴푸로 닦습니다. 기대하시라. 하하."

신(信), 언(言), 행(行) 아침 단상

공감(共感)은 말하는 사람의 감정을, 정서를 함께, 같이 느끼는 것입니다. 그래서 감정의 중심은 말하는 사람에 있는 것입니다. 듣는 사람의 감정을 줄이고 말하는 사람의 감정을 알아주는 것입니다. 묻지도 따지지도 않고 머리보다 가슴으로 받은 울림을 표현해주는 것입니다.

공감은 소통의 지름길입니다. 바람직한 Two-way 커뮤니케이션의 근간입니다. 소통이 잘 안 되는 것은 서로에게 공감이 부족하기 때문입니다. 공감은 상대에 대한 배려에서 생겨납니다. 그래서 "After you!", "You first!" 합니다. 내가 공감하고 있는가 없는가는 내 마음이 상대의 마음에 가 있는지 여부로 가늠됩니다. 그렇지 않으면 아부가 되고 입바른 소리, 입에 침 바른 소리, 말장난, 감언이설이 됩니다.

공감은 인품의 잣대입니다. 오늘 하루 만나서 마주하는 분들께 넉넉히 공감해보자구요. 모처럼 예쁘게 머리하고 화장하고 친척 결혼식장을 출발하려는 아내가 남편에게 얼굴을 내밀며 "나 예뻐?" 하고 묻는다면 어떻게 공감하면 좋을까요. 댓글로 공유하면 어떨까요?

즐거워하는 자들과 함께 즐거워하고 우는 자들과 함께 울라
서로 마음을 같이하며 높은 데 마음을 두지 말고
도리어 낮은 데 처하며 스스로 지혜 있는 체하지 말라.
(로마서 12장 15~16절)

겸손의 본

"목사님 무엇하고 계세요?"

"아니 전도사님 가신 줄 알았는데 무슨 일로 돌아오셨어요?"

"예, 제가 책을 예배당에 놔두고 와서 가지러 왔습니다."

"아, 그래요."

"그런데 목사님 쓰레기봉투는 풀어 놓으시고 뭘 하시려구요? 제가 아까 청소하고 쓰레기 정리하고 묶어서 내놨던 건데요."

"아, 예……. 부끄럽지만 여기 들어있는 꽂꽂이했던 꽃줄기를 꺼내서 가위로 잘라서 다시 넣으려던 참이에요. 잘라서 꾹꾹 눌러 넣으면 봉투에 쓰레기를 더 넣을 수 있잖아요. 교인들이 정말 힘들게 살면서 헌금한 것을 생각하면 이 지정봉투 하나도 아껴야지요."

"예……. 목사님, 제가 하겠습니다."

"아녜요. 집도 먼데 그만 가세요. 애쓰셨어요. 아침부터 늦게까지."

직장생활을 하며 신대원을 다니며 작은 교회 전도사로 일하던 1998년 어느 주일 저녁예배를 마치고 집에 가려다 두고 온 책을 찾으러 다시 교회에 들렀다가 목사님과 제가 나눈 대화입니다. 목사님은 당시 64세 이셨습니다. 제 인생에 만났던 분 중 가장 맑고 겸손한 분이셨습니다.

당시 20여 년을 목회하신 목사님은 남보다 설교가 출중하거나 권위 의식을 가지고 무조건 순종을 외치는 분이 아니셨습니다. 섬기던 교회도 성도가 많거나 큰 건물의 교회도 아니었습니다. 40여 명의 교인에 30평 정도 규모의 작은 교회였습니다.

그랬지만 목사님은 앞뒤가 투명하고 늘 겸손하셨습니다. 당시에 저는 직장생활로 수입이 있어서 사례를 받지 않아도 되었지만 그러는 게 아니라고 하시면서 다른 교회보다 적지만 기름값에 보태라고 매월 챙겨주셨습니다. 매달 사례비를 주실 때마다 작은 교회당 한구석에 있는 좁은 목사님 서재에서 서로 무릎을 맞대고 앉아 사례비 봉투를 함께 잡고 무릎 꿇고 기도해주시던 모습이 아직도 눈에 선합니다. 엄한 구석이라고는 전혀 없으시고 법 없이도 사실 분이셨던 목사님이셨습니다.

어제 목사님이 생각나서 전화를 드렸더니 엄청 반가워하셨습니다. 지금은 여든둘이 되셨습니다. 사모님께서 심장 수술, 척수염 수술을 하셨는데 하반신 마비로 종합병원에 1년째 누워 계신다고 하셨습니다. 1년 동안 병원까지 먼 거리를 전철을 타고 하루도 빠짐없이 병간호하러 다니신답니다. 예전 일이 생각나서 전화 드렸다고 했더니 그런 일이 있었냐고 하시면서 웃으셨습니다.

진정한 카리스마는 높은 데서 생겨나는 것이 아니라 낮아지는 겸손에서 생겨나는 것임을 목사님을 통해서 깨달았습니다. 말없이 허물을 덮어주는 참다운 배려를 배웠습니다. 교인들의 봉사와 헌신의 수고에 진정으로 감사하는 마음을 깨우쳐 주셨습니다. 이 아침 목사님과 사모님을 생각하며 두 분을 위해 기도합니다.

사람의 마음의 교만은 멸망의 선봉이요
겸손은 존귀의 앞잡이니라. (잠18:12)

교회 주차장

2016. 6. 26.

"주일(일요일)과 수요일(오후7:00~9:00)외 시간에는 지역주민들을 위해 주차장을 개방합니다." 지금은 안동에 살고 있는 친구가 서울에 올라와 어제 번개팅을 가졌습니다. 친구가 살던 인천 부평에 있던 화랑농장이란 동네를 찾아보고 친구가 다녔던 초등학교를 찾았습니다. 주차할 곳이 마땅치 않아 이미 도로변에 주차한 차량들 틈에 차를 세우려다 가까운 교회건물을 발견했습니다. 그래서 '혹시'하는 마음으로 차를 돌려 교회 주차장에 들어서려니 위와 같은 안내 문구가 또렷이 붙어있었습니다. 이 교회는 인천 부평구 산곡동에 있는 '대한예수교 장로회 임마누엘 교회'입니다.

제가 '혹시' 하고 생각했다는 것은 두 가지일 수 있습니다. 하나는 '혹시 주차할 수 있을까?' 하는 것이고 다른 하나는 '혹시 주차할 수 없지 않을까?' 하는 것입니다. '기대'라는 측면에서는 같은 생각 같지만 다릅니다. 전자는 '주차할 수 있겠지.'라는 긍정적인 기대가 크다면 후자는 다분히 '다른 교회처럼 닫혀있으면 도로 나오면 되지.'라는 말 그대로 가능성이 희박한 '혹시'로서의 기대입니다.

전에는 어디 가서 주차할 곳이 없으면 의당 교회를 찾았습니다. 차량이 많이 늘어난 지금은 대놓고 교회 주차장을 개방하는 교회를 찾기가 그리 쉽지가 않습니다.

때로 기독교인들과 교회가 세상의 지탄을 받습니다. 그것은 그들에

신(信), 언(言), 행(行) 아침 단상

대한 바람과 기대가 무너져 쏴대는 화살입니다. 죽어가는 황제 시저가 블루투스에게 했던 '블루투스 너마저!'와 같은 심정을 담은 하소연입니다. 모두가 모나게 살아도 당신들만은 그렇게 살지 말아달라는 원망 어린 채찍입니다. 모든 교회와 기독교인들이 그렇게 살고 있다면 으레 그러려니 지나치고 말겁니다. 그러나 아직 기다려줄만 하니 '사랑의 회초리'를 대는 것입니다.

어제 주차했던 그 교회는 교회간판 아래 '참사랑지역아동센터'를 붙여놓았습니다. 학교 주변의 동네를 둘러보니 아직도 40여 년 전 건물들이 즐비해서 놀랐습니다. 지역아동을 위해 이 교회가 한몫을 하고 있구나 싶었습니다. 친구가 졸업 후 46년 만에 찾은 초등학교 정문과 후문이 모두 자물쇠로 닫혀져 있는 곳을 보고 돌아서야만 했습니다. 아쉬움이 컸습니다. 교회의 문이 닫혀있을 때 그 아쉬움은 더 크겠다는 생각이 들었습니다.

부흥의 진정한 의미는 '교인 수의 증가와 건물 크기의 확장'이 아닌 '살아있는 진리로의 회귀요 알고 있는 진리를 삶으로 연결하는 실천적 회귀'입니다. 이 아침, 산곡동 임마누엘 교회를 사랑합니다. 축복합니다.

너희는 세상의 빛이라 산 위에 있는 동네가 숨겨지지 못할 것이요
사람이 등불을 켜서 말 아래 두지 아니하고 등경 위에 두나니
이러므로 집안 모든 사람들에게 비취느니라. (마태복음 5장 14~16절)

손녀 사랑

'눈에 넣어도 아프지 않다.'라는 말은 주로 자식이나 손주들이 너무 귀여워서 쓰는 말입니다. 제 딸과 아들이 모두 결혼하고 나니 저들 살기 바쁩니다. 눈에 넣어도 아프지 않은 두 손녀의 소식들이 세간의 찌든 마음을 정화시켜줍니다.

손녀들을 돌보고 있는 아내가 하루는 파를 잘 안 먹으려고 하는 네 살배기 기쁨이에게 말했답니다. "기쁨아, 이 파를 먹으면 얼굴 피부가 얼마나 예뻐지고 고와지는지 몰라." 기쁨이가 대답하기를 "할머니 기쁨이는 파도 잘 먹어요. 할머니, 할머니 내 피부 좀 만져보세요. 정말 고와졌지요?"

기쁨이 동생은 다애입니다. 아직 두 돌이 안 되어 이제 엄마, 아빠, 언니 소리만 할 줄 압니다. 하루는 기쁨이가 혼자 놀고 있는데 다애가 다가가니 기쁨이가 다애에게 말했답니다. "다애야 할머니한테 가. 할머니하고 놀아라."

기쁨이는 한창 호기심이 많을 때입니다. 그래서 "이게 뭐예요? 저건 뭐예요."를 귀찮을 정도로 많이 하는 때입니다. 하루는 어린이집에서 끝나 할머니와 함께 집으로 돌아오던 길에 만난 꽃을 보고 묻더랍니다.

"할머니 이 꽃 정말 예뻐요. 이 꽃은 무슨 꽃예요?" 이름을 모르는 아내가 즉시 사진을 찍어 제게 보냈습니다. 무슨 꽃이냐고. 다행히 제가 아는 능소화 사진이었습니다. 얼른 아내에게 '능소화'라고 보내주었습니다. 기쁨이에게 능소화라고 말해주었더니 "능소화, 능소화, 능소화 참 정말 예쁘다."고 하더랍니다.

이 귀여운 손주들을 위해 어제는 얼마 전에 감자를 캐면서 생각했던 '감자치즈볼'을 아내와 함께 만들었습니다. 감자와 고구마를 쪄서 으깨고 반죽해서 피자치즈와 체다 치즈를 넣고 손바닥에 굴려 탁구공만하게 볼을 만들었습니다. 밀가루를 바르고 계란을 입히고 빵가루를 발라 중불로 식용유에 튀겨냈습니다. 한 개 먹어보니 정말 맛있게 되었습니다. 50여 개를 만들었습니다. 기쁨이 생각해서 네모로도 만들고 세모로도 만들고 동그라미 모양으로도 만들었습니다.

오랜만에 만난 두 손녀가 할아버지 왔다고 붙어서 떨어질 줄 모릅니다. 아내가 가져온 치즈볼을 레인지에 데워서 기쁨이와 다애에게 주며 말합니다. "이거 맛있는 건데 할아버지가 만드셨어." 아이들이 정말 잘 먹었습니다. 힘들이고 공들여 만든 보람이 있습니다. 행운은 찾아오는 것입니다. 그러나 행복은 만드는 것입니다. 아이들의 소소(小小)한 것으로부터 깨알 같은 행복을 느꼈습니다.

이 아침 이런 생각을 해봅니다. 우리가 이렇게 새끼들을 눈에 넣어도 아파하지 않는데 하나님은 오죽하실까 하고.

나를 눈동자같이 지키시고
주의 날개 그늘 아래 감추사. (시편 17편 8절)

성실 1

학교 교훈이나 급훈, 회사의 사훈 그리고 가훈 등에 많이 쓰이는 단어가 있습니다. 성실(誠實)입니다. 이력서와 자기 소개서에 거의 빠지지 않는 단어 중 하나이기도 합니다. 채용 면접에서도 차별성이 무엇인지 말해줄 수 있냐고 하면 스스로 성실하다고 하는 사람이 많습니다.

성실이란 단어는 중국이나 한국이나 글자는 같습니다. 이 단어의 중국어 사전적 풀이는 정직을 의미합니다. 즉 힘 있는 사람이 2 더하기 3은 4라고 강요해도 5라고 말할 수 있는 용기를 담은 정직을 의미합니다. 우리나라에서는 일반적으로 '성격이나 행동이 바르고 온 정성을 다해서 일을 한다.'라는 의미가 다분합니다.

히브리어로 된 구약성경을 번역할 때 주로 '성실'로 번역된 히브리어는 '에메트(אֱמֶת)'입니다. 이 단어는 '믿다, 신뢰하다, 진실되다'란 의미를 가지고 있는 히브리어 동사 '아만(אָמַן)'의 명사형입니다. 이 '에메트'의 부사형이 기도와 찬송의 말미에서 화답으로 나오는 '아멘'인데, '참으로', '진실로' 등으로 번역할 수 있고 하나님께 대한 확신을 표현하는 단어입니다.

신약성경에는 '설득, 확신, 진리에 대한 확신, 믿음, 충성'과 같은 의미도 가지고 있는 헬라어 '피스티스(πίστις)'가 성실이라는 의미로도 쓰였습니다. 이러한 단어적인 의미를 종합해서 정리해보면 성실은 '품성과 행실이 정직하여 믿음직한 것'쯤이 되겠습니다.

나름대로 이 '성실(誠實)'을 풀어보았습니다. 말(言)한 대로 이루기(成) 위해 일관성 있게 행동하여 열매(實)를 맺는 것이 성실입니다. 여기서 강조하고 싶은 것이 일관성입니다. 성실하다고 하면서 일관되지 않는다면 성실하지 않은 것입니다. 같은 얘기인데 여기서 이 얘기하고 저기서 저 얘기하면 일관성이 없는 것입니다. 정직하지 않은 것입니다. 성실하지 않은 것입니다. 기분이나 환경이 바뀌면 마음과 행동이 바뀌는 것은 일관성이 없는 것입니다. 신뢰할 수 없는 것입니다. 성실하지 않은 것입니다. 누가 볼 때는 일하는 척하고 시야에서 멀어지면 행동이 달라지면 일관성이 없는 것입니다. 진실하지 않은 것입니다. 성실하지 않은 것입니다.

일관성은 꾸준한 것입니다. 처음의 동기와 끝까지 목적을 이루어 가는 과정에 변함이 없는 마음으로 초지일관하는 자세입니다. 큰일이든 작은 일이든 누가 뭐래도 옳다고 믿는 것을 묵묵히 해내는 능력입니다. 성실은 정직한 믿음의 잣대입니다. 믿음이 있다 하고 성실하지 않으면 거짓이며 믿음이 크다 하고 성실이 작으면 또한 거짓입니다. 이 아침에 다니엘과 요셉을 생각해봅니다. 많은 순교자들을 생각해봅니다. 그들의 성실을 기려봅니다.

비록 무화과나무가 무성하지 못하며 포도나무에 열매가 없으며
감람나무에 소출이 없으며 밭에 먹을 것이 없으며
우리에 양이 없으며 외양간에 소가 없을지라도
나는 여호와로 말미암아 즐거워하며
나의 구원의 하나님으로 말미암아 기뻐하리로다. (하박국 3장 17~18절)

비 그친 오후

한나절 비 그친 후 만난 친구들
엿장수라 부르던 소금쟁이들

신나게 물 지치다
친해보려 다가서니보로롱
드론으로 변신 탈출
하트 모양으로 서로 붙어
짧은 엑스터시 후

꽁무니 이어 물고 저공비행하며
꼬리로 물차기 사랑놀이하는
고추잠자리

어디 있다 왔니?
비 따라 내려왔니?

긴 목 내밀고
뒷 더듬이 앞 더듬이
설레설레하는
길 잃은 한 달팽이

지나치는 개미 불러

신(信), 언(言), 행(行) 아침 단상

오메 여기가 어디니? 물어보려니
쪼만한 녀석들이 너무 빨리 달아난다

얘들아 뭘 그리 바쁘게 사니?
슬~로우 & 슬로~우 라이프!

이발소에서 2016.7.4.

동네 미장원은 아주머니들에게, 동네 이발소는 아저씨들에게 격의 없는 얘기가 오고가는 정감 있는 삶의 한자리입니다. 엊그제 이발하러 동네 이발소에 갔다가 겪었던 일입니다.

이발사가 제 머리를 손보고 있는데 한 분이 이발소 문을 열고 들어서자마자 화장실이 어디에 있냐고 물었습니다. 제 머리를 깎고 있던 이발소 사장은 남자화장실은 1층에 있고 여자화장실은 2층에 있는데 그냥 2층 화장실에 가라고 했습니다.

그랬더니 그 남자분이 "괜찮을까요?" 하고 되물었습니다. 이발소 주인이 말했습니다. "여자화장실을 쓰는 옆 가게가 오늘 휴업이니 맘 놓고 다녀오세요. 거긴 그 집밖에 안 씁니다." 화장실을 다녀온 그분이 들어서며 말했습니다. "어휴……. 불안해서 간신히 용변을 봤습니다. 요새 남자들이 화장실에서 변태 행위를 한다는 뉴스가 많아서……. 갑자기 들어왔던 여자가 깜짝 놀라 신고라도 한다면 꼼짝없이 당하잖아요."

순서를 기다리던 다른 한 분이 거들었습니다. "그래요 세상이 참……. 그런 사람들은 비정상이지요. 병적이지요. 자신의 본능적 욕구를 억제하지 못하는 중독에 걸린 거지요. 마약 중독, 게임 중독, 알콜 중독……. 담배도 마찬가지구요. 자신을 컨트롤하지 못하는 사람이 많습니다."

이 말을 들은 육십 넘어 보이는 이발소 주인이 껴들며 말했습니다. "부자도 돈에 중독된 분이 많습니다. 1억만 있으면, 했다가 1억 생기니 10억 만들고 싶고 10억 모으니 100억 챙기고 싶고 욕망이 끝이 없는 것입니다. 이런 부자는 돈에 중독된 것입니다."

이 말을 듣고 있던 맨 처음 말을 꺼냈던 분이 의기가 양양하여 맞장구를 쳤습니다. "맞아요. 그러니까 성경에도 아흔아홉 마리 양을 가진 부자가 있었는데 백 마리를 채우려고 이웃집 한 마리를 탐한다고 했잖아요."

"……."

이 말을 듣고 있던 오지랖 넓은 저는 "그게 아니구요……."라고 참견하지 않았습니다. 그 이유는 두 가지였습니다.

첫째는 말하는 사람의 의도에 경청하고 공감하고 싶었습니다. 끼어들어 입바른 소리 했다면 분위기가 싸해졌을 겁니다. 둘째로는 성경에 나오는 내용과 다르지만 얘기하고자 하는 골자가 나름 지당하다고 느껴졌기 때문입니다. 그래서 빵 웃고 말았습니다. 이 아침 엊그제 생각을 하며 웃음으로 시작합니다.

> 너희 생각에는 어떠하냐.
> 만일 어떤 사람이 양 백 마리가 있는데 그중의 하나가 길을 잃었으면
> 그 아흔아홉 마리를 산에 두고 가서 길 잃은 양을 찾지 않겠느냐.
> 진실로 너희에게 이르노니
> 만일 찾으면 길을 잃지 아니한 아흔아홉 마리보다
> 이것을 더 기뻐하리라.
> 이와 같이 이 작은 자 중의 하나라도 잃는 것은
> 하늘에 계신 너희 아버지의 뜻이 아니니라. (마태복음 18장 12절)

예화

2016. 7. 5.

엊그제 주일에 일이 생겨 부득이 방문했던 곳에서 가까운 한 교회에서 예배를 드렸습니다. 그날 설교는 '바라보면 살리라'는 제목으로 성경본문은 민수기 21장 4절부터 9절이었습니다.

이 성경본문의 요지는 이렇습니다. 모세는 에돔 왕에게 두 차례나 그들의 땅을 통과하게 해 달라 간청했습니다. 그러나 에돔 왕은 도리어 이스라엘을 공격하겠다고 위협했습니다. 결국 모세는 백성을 이끌고 에돔 땅을 둘러 가야만 했습니다. 백성들은 참지 못하고 낙심하였

습니다. 그래서 하나님과 모세를 원망했습니다.

그러자 하나님께서는 그들 가운데에 불뱀들을 보내셨습니다. 불뱀에 물린 많은 사람들이 죽게 되었습니다. 그러자 백성들은 자신들의 죄를 고백하고 모세에게 그들을 위해 기도해달라고 요청했습니다.

모세는 그들의 죄를 다시 한 번 용서해 주시길 간구했습니다. 하나님은 모세에게 놋뱀을 만들어 장대 위에 달라고 하셨습니다. 그것을 바라보는 자마다 살리라고 하셨습니다. 뱀에 물렸지만 말씀대로 한 사람들은 모두 살았습니다.

이 설교를 하는 가운데 설교자는 한 예화를 들었습니다. 출산 때가 거의 된 임산부가 한 병원에 입원을 했습니다. 그 병원의 병실마다 예수님의 모습이 액자에 담겨 걸려있었습니다. 입원한 임산부는 그 사진이 마음에 걸려 간호사를 불러 "저는 교회를 다니지 않고 저 사진을 보고 싶지 않으니 떼어 달라."고 했습니다. 간호사는 모든 병실에 있는 사진인데 함부로 떼어낼 수 없다고 했습니다. 그 임산부는 더 높은 사람을 불러 달라 했고 관리자가 왔습니다. "제발 사진을 떼어주세요. 태어나는 우리 아기에게 저 사진을 보여줄 수 없습니다." 관리자도 그렇게 할 수 없다고 돌아갔습니다. 이틀 후 아이가 태어났습니다. 그 아이는 눈을 뜨지 못한 채로 태어났습니다.

설교자는 이와 같이 원망하는 자는 하나님을 볼 수 없게 된다고 역설했습니다. 저는 깜짝 놀랐습니다. 어떻게 저런 예화를 함부로 사용

신(信), 언(言), 행(行) 아침 단상

할 수 있을까. 하나님은 그렇게 편협하고 옹졸하신 분이 아니신데. 아기 엄마가 잘못했다고 태어나는 아기의 눈을 막으셨다고? 말씀을 설교자의 생각 안에 가두어 놓고 자신의 욕구와 설교 취향에 맞게 각색하고 있다니.

어제의 글이 생각났습니다. 아흔아홉 마리의 양을 가진 부자가 한 마리를 더 가져 백 마리를 채우고 싶어 한다는 것이 성경에 있지 아니하냐고 반문했던 어떤 한 분이 생각났습니다. 이 설교자도 그분과 크게 다르지 않구나 싶었습니다. 이 아침 복음을 전하는 분들의 영성이 배나 더 하기를 간구합니다.

하나님의 말씀을 혼잡하게 하지 아니하고
오직 진리를 나타냄으로 하나님 앞에서 각 사람의 양심에 대하여
스스로 추천하노라. (고린도후서 4장 2절)

상황과 정서 2016. 7. 9.

이해하기 쉬운 시와 다소 어려운 시와 아주 난해한 시가 있습니다. 저에게 쉬운 시란 시를 통해 시인이 시구를 생각했을 때의 상황과 정서를 바로 알아차릴 수 있는 시를 말합니다. 시를 이해한다는 것은 시에 녹아있는 상황과 시인의 정서를 이해한다는 것입니다.

상담은 시를 이해하는 것과 비슷합니다. 내담자의 정서와 그 정서에 기인한 상황을 파악하는 것이 그렇습니다. 상황은 삶의 자리에서 일어난 어떤 일이나 현상 따위가 이루어지거나 처해있는 일정한 때의 모습이나 형편을 말합니다. 정서는 그 특별한 상황에서 일어나는 여러 가지 감정을 말합니다.

그런데 상황은 동일하지만 그 상황을 바라보는 각 사람의 느끼는 정서는 동일하지 않습니다. 이러한 사람간의 다른 정서로 인해 개인적으로는 물론 사회적으로 문제가 되고 있습니다.

동일한 상황에서 며느리와 시어머니가 느끼는 정서는 다릅니다. 남편과 아내가 다릅니다. 사장과 직원이 다릅니다. 파는 사람과 사는 사람이 다릅니다. 여와 야가 다릅니다. 좌와 우가 다릅니다. 보수와 진보가 다릅니다. 불교와 기독교가 다릅니다. 그래서 질시와 반목과 다툼과 분리와 파벌이 생겨납니다.

상담에서는 정서를 다루지만 그 정서가 촉발된 상황을 놓치면 성공적인 상담을 할 수 없습니다. 마치 이렇습니다. 운동장에서 캐치볼을 하다가 교실 유리창을 깨서 얼차려를 받은 아들이 집에 와서 가방을 집어 던지며 식식댑니다. 집에 있던 엄마는 영문도 모르고 "왜 그러냐?"라고 묻습니다. 아들은 "몰라도 돼."라고 대꾸합니다. 아들이 겪은 상황을 모르면 아들의 감정을 절대 이해할 수도 공감할 수도 없습니다.

신(信), 언(言), 행(行) 아침 단상

난해한 시가 아니라 쉬운 시처럼 상황도 정서도 쉽게 파악할 수 있는 그런 관계가 그립습니다. "당신 지금 오늘도 내가 늦게 와서 기분 상한 거지요? 그래, 미안해요. 오늘도 늦었네요. 노력해볼게요. 맘 풀어요."

상황은 정서를 만들어냅니다. 상황 없는 정서는 없습니다. 감정을 바로 이해하고 공감하려면 내 기준이 아닌 시인과 내담자의 입장에서 상황을 바로 이해해야 합니다.

사람들이 한 중풍병자를 네 사람에게 메워 가지고 예수께로 올새
무리들 때문에 예수께 데려갈 수 없으므로
그 계신 곳의 지붕을 뜯어 구멍을 내고
중풍병자가 누운 상을 달아내리니
예수께서 그들의 믿음을 보시고 중풍병자에게 이르시되
작은 자야 네 죄 사함을 받았느니라. (마가복음 2장 3~5절)

칠월의 고향   2016. 7. 10.

뒷동산 뻐꾹 소리 기상 시간 울려대고
앞동산 산비둘기 구룩구룩 화창하네

노송 위의 큰 백로는 아직 자나 미동 없고

이 새소리 저 새소리 아침이 분주하다

옛 여물통 수조 삼아 띄워놓은 부레옥잠
두 뿌리가 금세 번져 수조 가득 풍성하고

잎새들 윤기 나니 머잖아 꽃피겠네
정갈한 긴 풀 속에 연보라 꽃 맥문동

금계국 지고 나니 메리 골드 꽃피우고
흰색 분홍 연분홍 꽃 배롱나무 가득하다

진분홍 분꽃 앞엔 키 작은 장미봉선
잎 넓은 비비추와 꺽다리 겹삼잎국

너른 논에 자란 볏잎 바람 따라 넘실대고
올 따라 풀섶엔 방아깨비 가득하니

가을이면 풍년 되어 방아 찧을 일 많아질 듯
옥수수 수염색이 불그레 주눅 드니

토실하게 영근 놈들 비틀어 떼어내서
감자 함께 넣어 삶아 새참 하니 별미로고.

엄니 요양원 가는 날

2016. 7. 11.

어머니를 돌보는 요양보호사께서 며칠 전 어머니 불안증세가 더 깊어지셨으니 주말에 와서 살펴보라고 문자를 보내왔습니다. 급기야 어머님을 찾아뵙고 누나, 동생에게 요양원으로 모시겠다고 알려주었습니다. 엄니께 말씀드렸더니 집 떠나는 것이 몹시도 서러운가 봅니다.

방에서 말없이 옷가지를 챙기던 엄니에게 다가가 "엄니 요양원 간다니 불안하고 걱정되시죠?" 말을 했더니 그제서 참았던 울음을 터뜨리셨습니다. 엄니를 부둥켜안고 저도 함께 울었습니다. 제가 "내가 엄마를 얼마나 사랑하는지 알아요?" 하면서 우니 엄니는 더 크게 우셨습니다. 거쳐야 할 과정이려니 마음대로 우시라고 자리를 떠서 생각하니 제가 거짓을 말하고 거짓으로 울었다는 생각이 들어 마음으로 더 크게 울었습니다. 밤새 울었습니다. 그 울음이 이 아침에도 그치질 않습니다. 마음이 퉁퉁 부었습니다. 몇 동이 눈물을 더 흘려야 하나봅니다.

어제 새벽에 엄니 방에서 큰 소리로 기도하시며 한 자도 틀림없이 암송하시는 시편이 이 아침에 귀에 쟁쟁합니다.

복 있는 사람은 악인들의 꾀를 따르지 아니하며
죄인들의 길에 서지 아니하며 오만한 자들의 자리에 앉지 아니하고
오직 여호와의 율법을 즐거워하여
그의 율법을 주야로 묵상하는도다.
그는 시냇가에 심은 나무가 철을 따라 열매를 맺으며

그 잎사귀가 마르지 아니함 같으니

그가 하는 모든 일이 다 형통하리로다.

악인들은 그렇지 아니함이여 오직 바람에 나는 겨와 같도다.

그러므로 악인들은 심판을 견디지 못하며

죄인들이 의인들의 모임에 들지 못하리로다.

무릇 의인들의 길은 여호와께서 인정하시나

악인들의 길은 망하리로다. *(시편 1편 1절~3절)* 아멘.

명장(名匠)을 만나다

2016. 7. 12.

어제는 참 좋은 분을 만났습니다. 우리나라에서 인정받는 명장 중의
한 분이십니다. 1989년에 청계천에서 에어컨 수리 등으로 사업을 시
작해 지금은 버젓한 중소기업의 대표이신 분이십니다. 이분은 2011년
에 공조냉동 기계 부분 대한민국 명장에 선정되셨습니다.

오늘 우연찮게 이분의 회사를 방문하였습니다. 업무 차 방문했지만
이런저런 이야기를 들으면서 그의 인생역전을 들었습니다. 나이 열다
섯 되던 중학교 2학년 때 1학기를 중퇴하고 냉동설비공장에 들어가 일
을 배웠습니다. 위로 형제들이 있지만 가장 노릇을 하며 살아오셨습
니다.

한 시간여 이분의 이야기를 들으며 과연 명장답구나 싶었습니다. 어

신(信), 언(言), 행(行) 아침 단상

려운 여건 속에서도 굽히지 않고 남들 자는 시간에도 혼자 남아 궁리하고 만들고 하는 일을 밥 먹듯 하셨습니다. 생각나는 아이디어가 있으면, 좋은 교훈이나 충고를 받으면, 책을 읽다가 좋은 글을 만나면 받아 적어 놓는 좋은 습관을 가지셨습니다. 스마트 폰에 메모해 둔 어제 들은 목사님 설교 내용도 보여주었습니다. 살아오면서 그 동안 적은 메모장이 열권이 넘는답니다.

저녁이 되어 회사 식당에서 식사를 나누게 되었습니다. 100명 정도의 회사에 식당 직원이 세 명이 일하고 있습니다. 아침, 점심, 저녁을 모두 제공합니다. 반찬이 내가 가본 그 어느 대기업보다 훌륭했습니다. 식사 중에 이분은 우스갯소리 같지만 뼈 있는 얘기를 하셨습니다. "먹자고 하는 거잖아요. 직원들에게 먹는 것을 충분히 맛있게 해주라고 합니다."

더 감동적인 이야기를 들었습니다. "우리 회사는 일주일에 두 끼는 외부에서 배달식을 시켜 먹습니다. 나눔이지요. 우리 식당에서 할 수 있지만, 우리가 더 싸게 만들어 먹을 수 있지만. 지역 경제를 위한 나눔과 배려이지요." 코끝이 찡했습니다. 삶도 명장이신 분을 만났습니다.
제가 먹어본 것 중 가장 훌륭한 회사식을 먹었습니다. 가장 훌륭한 식담을 들었습니다. 모든 기업인들이 이런 마음을 가지고 살아간다면 얼마나 멋진 세상이 될까 생각해보았습니다. 좋은 사람을 만나는 일은 기분 좋고 행복한 일입니다. 이 아침 오늘은 또 어떤 분을 만나게 될지 기대가 됩니다.

너희가 허탄한 자랑을 하니 그러한 자랑은 다 악한 것이라.
그러므로 사람이 선을 행할 줄 알고도 행하지 아니하면 죄니라.
(야고보서 4장 16절)

긍정과 부정 2016. 7. 14.

작금의 교회에서는 소위 긍정 긍정, 하면서 부정을 무조건 싫어하고 부정하는 분들이 적지 않습니다. 좋은 게 좋다고 싫어하는 것은 부정하는 것이라고 터부시하고 말도 못 꺼내게 하는 분들도 많습니다. 부정을 말하면 믿음이 없다고 치부해버리는 경우가 많습니다. 순종하는 것은 긍정이고, 순종하지 않는 것은 무조건 부정이라고 몰아세우는 경우도 적지 않습니다. 비판하지 말라는 말씀을 들어 아예 입을 열지도 못하게 합니다.

가나안을 정탐했던 열두 명의 예를 들어 교회 내에서 부정적인 사람들은 믿음 없는 사람으로 낙인을 찍는 경우가 많습니다. 심지어 잃은 양 한 마리를 찾아 기뻐하시며 안고 계시는 예수님을, 말썽 많은 양 한 마리를 양 무리 가운데 (부정의 결과의) 본이 되게 하려고 예수님이 다리를 몽땅 잘라 걸을 수 없게 된 양을 안고 계신다고 거침없이 설교하는 분도 계신다고 합니다.

성경의 모세오경에 나오는 계명은 모두 613가지인데 이를 나누어 보

신(信), 언(言), 행(行) 아침 단상

면 긍정적으로 '하라'는 명령은 248개이고 나머지 365가지는 '하지 말라'는 부정적인 명령이라고 합니다. 진정한 긍정은 부정 자체를 부정하는 것이 아니라 오히려 부정이 긍정을 긍정이 되게 하는 방편으로 여기는 것입니다.

같은 크리스천으로부터 이렇게 말하는 것을 들은 지 10여 년쯤 된 것 같습니다. "현재 한국교회는 종교개혁 이전보다 더 부패합니다." 그리고 실제로 많은 것을 목도해왔습니다. 얼마 전 식당에서 옆 테이블에 앉아 있던 분들이 하는 이야기를 우연찮게 들은 적이 있습니다. "교회 다니는 사람이나 세상 사람이나 똑같아졌습니다."

날이 갈수록 차량 소유가 늘어나 대부분의 교회가 협소한 주차장으로 인해 교인들의 니즈를 만족시키지 못하는 경우가 많습니다. 늦게 교회에 들어서는 분들은 주차장에 차를 댈 수 없어 교회 인근에 '함부로' 차를 세웁니다.

교회 차량이 보도를 침범해서 버젓이 주차되어 있고, 분명 예배에 참석한 분들의 차량이 횡단보도에 버젓이 세워져 있고 교회에 인접한 도로 2개 차선을 교회 차량과 예배 참석자들의 차들이 병렬 주차하여 일반 차량의 통행이 불편한 경우도 있습니다. 지나치는 사람마다 손가락질하면서 "간단한 도덕 질서도 못 지키면서 그 힘든 성경말씀은 어떻게 지키려나." 하고 말할 것만 같습니다. 그래도 '우리 선량한 교인들에 대한 핍박' 정도로 여기고 도외시하는 도덕불감증에 걸린 분들이 의외로 많은 것이 현실입니다.

자신의 실존에는 눈을 감아 버리고 무조건 긍정적 사고만이 믿음이라고 가르친다면 그것은 분명 다른 복음입니다. 철저한 자기 부정 없이 교회가 설 자리는 점점 줄어들 것입니다. 이 아침에 주일에는 목회자들부터 차를 두고 대중교통을 이용하는 본을 보이는 것은 그리 어려운 일일까 생각해봅니다.

너희는 세상의 소금이니 소금이 만일 그 맛을 잃으면

무엇으로 짜게 하리요

후에는 아무 쓸데없어 다만 밖에 버려져 사람에게 밟힐 뿐이니라.

너희는 세상의 빛이라.

산 위에 있는 동네가 숨겨지지 못할 것이요

사람이 등불을 켜서 말 아래에 두지 아니하고 등경 위에 두나니

이러므로 집 안 모든 사람에게 비치느니라.

이같이 너희 빛이 사람 앞에 비치게 하여

그들로 너희 착한 행실을 보고

하늘에 계신 너희 아버지께 영광을 돌리게 하라. *(마태복음 5장 13~16절)*

여름날

2016. 7. 15.

청순한 금낭화 잎 노래져갈 무렵엔

요염한 양귀비 빨강 노랑 꽃피우고

신(信), 언(言), 행(行) 아침 단상

보랏빛 물망초 씨방이 맺혀가니
산나리 긴 봉오리 자신만만 되바라져

수염 마른 옥수수 비틀어 따고 나니
해바라기 돼지감자 키 재기 바쁘네요

순백색 순보라색 순정의 도라지 꽃
개망초가 끝물 되니 달맞이가 바통 받고
호두 알 굵어져서 검버섯 늘어날 즘
들깻대 콩 자루가 하루하루 튼실해져

까마중 까만 열매 조롱조롱 달려가면
쥐똥나무 녹색 열매 좀 지나야 까매질 듯

매일 아침 굿모닝 나팔꽃 환한 모습
그 옆엔 천사 나팔 며칠 후면 팡파르

비 뿌린 하늘이 개고 나니 가을 하늘
뿌우연 내 마음도 덕분에 청명하고

가을인 듯 강아지풀 바람에 살랑이고
몇 개 편대 꽃잠자리 수학여행 가나 봐요.

차별성 있는 섬김

이런 회사가 있습니다. 대부분의 공산품들의 무상 보증 기간은 1년입니다. 1년 동안 소비자 과실로 인한 하자가 아닌 하자가 발생하면 제조사는 무상으로 수리를 해줍니다. 이 회사도 마찬가지인데 다른 점이 있었습니다. 무상기간이 종료되기 한 달 전, 즉 납품 후 11개월이 될 때, 즉 무상보증 기간 종료 1개월을 남겨두고 자발적으로 고객을 방문해서 종합적인 점검을 해주고 향후 1년 이내에 우려가 되는 부품을 미리 교체해준다는 것입니다.

다른 동종 제품에는 한 개만 부착되는 센서를 두 개를 사용하여 한 개의 센서가 고장이 나면 자동적으로 다른 한 개의 센서가 작동되도록 하여 납품한 제품을 사용하지 못하는 불편을 없앴습니다. 부품 값은 더 들었지만 만약의 경우를 대비한 차별성 있는 설계로 고객의 신뢰를 쌓아가게 되었답니다.

이런 교회가 있습니다. 10년 전 쯤 들은 이야기입니다. 이 교회는 담임목사께 드리는 사례비보다 강도사에게 드리는 사례비가 더 많습니다. 새로 부임하신 목사님께서 연간 예산을 심의하는 자리에서 말하셨답니다. "저는 아이들이 다 커서 생활비가 많이 들어가지 않습니다. 강도사님은 자녀들 키우랴 학비 내시랴, 책 사보시랴 더 많은 생활비가 들어갑니다. 제 사례비를 내리시고 대신 강도사님 사례비를 올려주세요."

교회 주보에 당회장 목사, 부목사라는 표기가 없습니다. 다만 담임목사만 구분 표기하고 나머지 분들은 가, 나, 다 순으로 섬기는 목사님들 이름이 적혀있습니다. 장로들 이름도 마찬가지입니다.

이런 교회도 있습니다. 지난주 토요일에 방문했던 한 요양원 원장이 다니는 교회 주보를 받아보았습니다. 주보에는 이 교회의 지난 6월의 교회 재정 수입 지출 내역을 실어 놓았습니다. 수입 얼마, 지출 얼마, 잔액 얼마만 적은 것이 아니라 항목별로 구체적으로 인쇄되어 있었습니다. 이런 주보는 처음 보았습니다. 투명한 교회입니다, 3, 4년 만에 10배 이상 성장했다고 합니다.

차별성 있는 섬김이 감동을 줍니다. 이 아침 바른 섬김으로 그리스도의 향기를 드러나는 삶을 생각해봅니다.

우리로 말미암아 각처에서 그리스도를 아는
냄새를 나타내시는 하나님께 감사하노라.
우리는 구원 얻는 자들에게나 망하는 자들에게나
하나님 앞에서 그리스도의 향기니 (고린도후서 2장 14절)

체통과 심통   2016. 7. 19.

지식이나 지혜로 알 수 없는 것이 있습니다. 다른 사람이 겪는 고통입니다. 체통(體痛)과 심통(心痛)입니다.

엊그제 주일은 제가 태어나 두 번째로 참을 수 없는 통증을 체험한 날입니다. 제가 겪은 첫 번째 통증은 25년 전에 겪은 허리 통증이었습니다. 같은 교회 출석하는 교우 집에 방문했다가 갑자기 허리가 끊어지는 듯 아픈 통증을 느껴 옴짝달싹도 못하고 119 구조대에 실려 병원 응급실로 향했던 기억이 있습니다.

그리고 엊그제 주일 오후에 참을 수 없는 치통을 경험했습니다. 벌레 먹은 사랑니로 인해 이는 물론 혀, 목구멍까지 통증이 오더니 머리까지 아파져 얼굴에는 진땀이 맺혔습니다. 아내가 가지고 있던 시중 약국에서 파는 진통제를 먹었는데도 차도가 없었습니다. 할 수 없이 가까운 종합병원 응급실로 갔더니 치과가 없으니 다른 병원으로 가라고 합니다.

하는 수 없이 약국을 찾다가 휴일인데도 문을 열어 놓은 약국에서 권해주는 세 가지 약을 한 움큼 입에 털어 넣었습니다. 그렇게 한 지 한 시간쯤 지나니 통증이 웬만큼 가라앉았습니다. 그러다 세 시간여 지나니 또 통증이 도졌습니다. 결국 약 힘에 의존하다 더 이상 참을 수 없어 어제 치과에 가서 이를 뽑았습니다. 그렇게 시원할 수가 없었습니다. 그래서 앓던 이가 빠진 것처럼 시원하다고들 하나 봅니다.

심한 치통을 겪으며 충치로 고생하던 교우의 두 아들의 어릴 적 옛 모습이 생각났습니다. 새까맣게 썩은 이들을 드러내며 교회에서 엄마를 좇으며 칭얼대던 모습들을 이제야 이해하게 되었습니다. "출산하는 고통은 이보다 더 할까?" 하는 생각이 들었습니다. 의인 욥이 겪었던 고통이 생각났습니다.

매일 기상 기도에 이름을 부르는 동료직원이 있습니다. 3차 신경통으로 인한 머리의 통증으로 1년이 넘게 고생하고 있습니다. 가끔 참을 수 없는 고통을 호소합니다. 대신 아파줄 수 없는 체통입니다. 그 고통의 정도를 알 수도 느낄 수도 없습니다. 그저 "그렇게 아파요?" 하는 정도입니다. 신체의 고통이 있는가 하면 마음의 고통이 있습니다. 금이야 옥이야 키운 자식을 잃은 세월호 피해 학생들 부모들의 마음의 고통을 헤아리기 힘듭니다. 같이 울어주고 위로해준들 그 고통을 실감할 수 없습니다. 두 아이를 남겨두고 진화작업을 하다 순직한 소방관 부인의 고통을 어찌 다 안다 할 수 있겠습니까.

남이 겪는 신체의 고통과 마음의 고통은 내 지식과 지혜로 가늠할 수 없습니다. 자신이 느껴본 정도만큼만 느낄 수 있을 뿐입니다. 그래서 이렇게 위로해 줄 수밖에 없습니다. "고통을 줄여 주십사 기도할 일 외에 저는 겪어보지 못해 어떻게 위로 드려야 할지 모르겠습니다."

휴식　　　　　　　　　　　　　　　　　2016. 7. 21.

휴가는 휴식을 취하는 때입니다. 매년 무더운 날씨가 기승을 부리는 7월말에서 8월초면 으레 여름휴가를 가집니다. 휴가에 무엇을 할 거냐고 물으면 어디 어디를 가겠다는 것이 대부분입니다. 물론 방콕하겠다는 분들도 있습니다. 그 어디에 가서 무엇을 하겠다는 걸까요? 물론 나름대로의 휴식을 취하는 것이겠지요.

휴식은 한자로 우리나라, 중국 그리고 일본 모두 동일하게 休息이라고 쓰입니다. 휴(休)자는 '쉬다', '그치다', '그만두다'라는 뜻을, 식(息)은 '숨 쉬다', '쉬다'라는 뜻을 가지고 있습니다.

제 나름대로 한자를 풀이해 보았습니다. 휴(休)자는 사람(人)이 나무(木)에 기대고 있는 것을 그려볼 수 있습니다. 더운 여름날 밭농사를 하다 잎이 무성한 느티나무에 기대어 쉬고 있는 농부를 연상해 볼 수 있습니다. 식(息)자는 스스로(自)의 마음(心)을 추스르는 것을 연상해 볼 수 있습니다. 그래서 일상에서 벗어나 복잡한 마음을 혹은 지친 몸을 추스르는 것이 휴식입니다.

마가복음 6장 31, 32절에는 예수께서 음식 먹을 겨를도 없던 제자들에게 하신 말씀이 기록되어 있습니다. "너희는 따로 한적한 곳에 가서 잠깐 쉬어라 하시니 이는 오고 가는 사람이 많아 음식 먹을 겨를도 없음이라. 이에 배를 타고 따로 한적한 곳에 갈새."

여기서 '쉬다'라고 번역된 헬라어 ἀναπαύω(아나파우오)는 '어떤 일을 마치다'라는 뜻을 가진 접두어 ἀνα(ana)와 '그치다(영어로 pause)'라는 뜻을 가진 동사(παύω, paúō)가 합쳐진 단어로 필요한 일을 마친 후에 쉼을 가지는 것을 의미합니다.

일본어 사전을 찾아보니 휴식과 같은 의미로 '骨休め(ほねやすめ)'라는 단어가 있었습니다. 문자 그대로라면 휴식은 뼈(骨)를 쉬(休)게 해주는 것이 아닐까요. 아무튼 휴식의 근간은 그치고, 멈추는 것입니다.

같은 마가복음에서 예수님께서는 쉴 장소에 대해서도 언급하셨습니다. '한적한 곳'입니다. '한적한'이라고 번역된 헬라어 ἔρημον(에레몬)은 '사람이 거주하지 않는', '방해를 받지 않고 자유롭게 고요함을 느낄 수 있는'이라는 의미를 지니고 있습니다.

여름휴가 다녀와서 오히려 지치는 분들이 많습니다. 교회도 여름 행사로 지치는 분들이 많습니다. 따로 한적한 곳에 가서 쉬시며 마음을 추슬러보시기 바랍니다. 이 아침 "흰 구름 뭉게뭉게 피는 하늘에……" 하고 노래 부르며 동네 교회로 향하던 50여 년 전 여름성경학교가 그립습니다.

민음의 꽃향기   2016. 7. 23.

엊그제 제가 졸업한 철도고등학교 1회 선배님께서 한 믿음의 동문들 31명을 양평에 있는 댁으로 초대했습니다. 저는 사정이 여의치 않아 참석치 못했지만 여러 SNS 매체를 통해 참석했던 만큼의 감흥을 누리고 감동을 받았습니다.

자신의 집으로 사람을 초대해 대접하는 것은 쉬운 일이 아닙니다. 아마 목회자분들 중에서도 31명을 집으로 초대해서 친히 점심 저녁을 대접하신 분이 있을는지 모르겠습니다. 누구나 할 수 있을 것 같지만 아무나 할 수 없는 것이 집으로 초대하여 대접하는 것입니다. 대접하는 것은 정말 귀하고 복된 은사입니다. 어린아이 한 명에게 대접한 것을 기억하시는 주께서 친히 말씀하셨습니다. 주는 것이 받는 것보다 복되다고.

신약성경 디도서 1장 8절에서는 장로의 자격으로, 디모데전서 3장 2절에서는 감독(목사)이 되기 위한 자격으로 '손님(나그네) 대접'을 필수 항목의 하나로 제시하고 있습니다. 신약성경에 '대접하다'로 번역된 헬라어는 필로넥시아(philoneksía)인데 이 단어는 친구를 뜻하는 단어(phílos)와 낯선 사람, 찾아온 사람을 뜻하는 단어(xenos)가 합쳐져 만들어진 말입니다. 즉 대접이란 말은 찾아온 사람을 친구처럼 따뜻하게 대하는 것을 의미합니다. 혹자는 자진해서 자신의 집에 초대해서 식사를 베푸는 것이라고 설명합니다.

이 아침 자랑스러운 철도고등학교 졸업 1회 정구현 선배님과 사모님께 아낌없는 존경과 감사를 마음에 실어 보냅니다.

각처에서 그리스도를 아는 향기를 드러나게 하시는
하나님께 감사하노라. (고린도후서 2장 14절)

에어컨 고장   2016. 7. 24.

그제와 어제는 대서 더위답게 무척 더웠습니다. 얼마 전 회사에서

신(信), 언(言), 행(行) 아침 단상

사용하는 한 대형 에어컨이 고장 났습니다. AS센터에서 와서 냉매가스가 샜다고 나름 수리를 하고 돌아갔습니다. 그런데 이틀도 안 돼서 다시 같은 고장이 났습니다. 수리했던 분이 오셔서 살펴보더니 이번에는 증발기 배관에서 가스가 샌다고 했습니다. 견적을 달리하니 작업이 복잡해서 80만 원이라고 견적서를 보내왔습니다.

너무 비싸다 싶어 10여 년 전에 알고 지내던 분이 생각나서 전화를 했습니다. 이 분은 대형냉장고 제조회사에서 오랫동안 일하셨던 분입니다. 이분이 오셔서 말짱하게 수리하고 30만 원을 요구해서 두말하지 않고 받아들였습니다. 미리 다른 몇 군데 전화했더니 45~60만 원을 요청했습니다.

같은 고장 증상을 보고 해결하는 방법과 요구하는 대가가 이처럼 다릅니다. 먼저 왔던 사람은 AS만 몇 년 해왔고 뒤에 왔던 분은 에어컨을 수없이 제조해본 사람입니다. 만들어봤던 사람은 더 잘 압니다. 어디서 문제가 생겼고 무엇이 어디 달렸고 어떻게 뜯어서 분해해야 하는지를 압니다. 그래서 정확하고 진단하고 빠르게 고칩니다.

우리네 삶의 여정에서 닥쳐오는 여러 문제들도 마찬가지다 싶었습니다. 결국은 친히 만드신 분이 제일 잘 아십니다. 이 아침 간암 투병 중인 박종호 장로가 스스로 부른 '나를 지으신 이가 하나님'을 들으며 쾌복하기를 소망합니다.

야곱의 집이여 이스라엘 집에 남은 모든 자여 내게 들을지어다.

배에서 태어남으로부터 내게 안겼고 태에서 남으로부터

내게 업힌 너희여 너희가 노년에 이르기까지 내가 그리하겠고

백발이 되기까지 내가 너희를 품을 것이라.

내가 지었은즉 내가 업을 것이요

내가 품고 구하여 내리라. *(이사야 46장 3~4절)*

지적재산권

바늘 잃어버린 사람이 잃어버린 바늘을 찾지 않는다고 바늘 훔친 사람이 도둑이 아닌 것은 아닙니다. 페이스북에 수천 명의 친구를 둔 한 분이 있습니다. 저도 작년 10월에 그분의 친구가 되었습니다. 거의 매일 다정다감한 글을 올려 많은 분들의 공감을 받습니다. 저는 맑고 투명한 이분의 글을 좋아합니다.

이분이 몇 개월 전에 어느 날에 글과 함께 멋진 사진을 올렸습니다. 그리고 그 사진이 누가 찍은 것인지 토를 달아놓았습니다. 산뜻한 감동을 댓글로 적었더니 글 쓴 분이 자신은 법을 전공한 사람이라고 했습니다. 법을 알기 때문에 남의 지적 재산권을 마음대로 사용하면 법에 저촉된다는 것을 안다는 뜻일 수 있습니다. 그러나 저는 그가 법을 떠나 그렇게 하는 것이 마땅한 도리라고 생각하고 실천하는 것이라 믿습니다.

저는 중국을 많이 다닌 적이 있습니다. 원가 절감을 위해 좋은 기업

을 찾기 위해서였습니다. 똑같은 외형의 제품을 여러 업체에서 만듭니다. 어느 업체가 진짜 그 제품을 디자인한 업체인지 모릅니다. 서로 자기 회사가 원조라고 합니다.

많은 글이, 많은 자료가, 많은 콘텐츠가 인터넷을 통해, SNS를 통해서 범람합니다. 마치 자기 글인 양 블로그에, 카페에 올립니다. 어떨 때는 일주일 새 같은 글을 여러 사람이 올려댑니다. 본 것을 또 보게 됩니다. 도무지 누가 쓴 글인지 알 수가 없습니다.

"뭐 그렇게 살면 되지. 시시콜콜 따지냐?"고 할 수 있습니다. 오늘 얘기하려는 화두는 정직입니다. 정직은 믿음을 재는 척도입니다. 믿음 있다 하면서 정직하지 않으면 믿음 없는 것입니다.

어느 날 한 전자메일을 받았습니다. 그는 자신을 졸업 논문 준비하고 있는 신학대학원생이라고 소개했습니다. 어느 포털사이트에서 찾은 제가 올린 글을 보고 자신의 논문에 인용하고 싶은데 제가 직접 쓴 것인지 물어왔습니다. 하도 여러 사람들이 같은 글을 퍼 날라서 궁금했다고 합니다. 저도 궁금해서 인터넷에 키워드를 입력해서 찾아보니 실로 그랬습니다. 제가 적은 글이 마치 자신의 글인 양 토씨 하나 틀림없이 올려놓은 블로그, 카페 등이 많았습니다. 표절이 난무하는 시대에 믿음을 지키려는 신대원 학생의 메일이 신선했습니다.

믿음은 정직이 생명입니다. 하나님께 대한 내 정직의 정도, 이웃에 대한 내 정직의 정도가 내 믿음의 정도입니다. 이 아침 제 입술과 마음과 표정과 행실이 정직한 하루를 살기를 다짐해봅니다.

나의 반석이시요 나의 구속자이신 여호와여 내 입의 말과
마음의 묵상이 주님 앞에 열납되기를 원하나이다. (시편 19편 14절)

친구의 기도 부탁 2016. 7. 27.

"병래 장로님! 내가 통증은 심하지 않은데, 후종인대골화증으로 낼 수술 받으러 병원에 왔다. 막상 목에 칼 댄다고 생각하니 약간 두렵구만~ 힘센 기도 부탁한다."

어제저녁에 43년 지기 고등학교 동기이자 동과 친구로부터 기도 지원 요청 문자를 받았습니다. 친구들에게도 이 사실을 알려 합심기도해주기를 요청했습니다.

몇 개월 전 저와 오랫동안 교분을 이어온 목사님 사모님도 같은 증세로 수술하셨습니다. 수술 후 수개월이 지난 지금은 댁에서 재활 중이십니다. 이 수술은 작은 수술이 아니고 대수술입니다. 대수술을 앞두고 조금도 두렵지 않다면 거짓말일 겁니다. 그러니 친구라고 제게 힘센 기도를 부탁한 것입니다.

세상에는 여러 이유로 행복한 사람들이 있습니다. 저는 이런 사람이 행복한 사람이라고 생각합니다. 나를 위해 기도해주는 사람이 있는 사람은 행복한 사람입니다. 그런 나는, 그런 여러분은 행복자입니다. 더 나아가 누구를 위해 기도해줄 수 있는 분은 더 행복자이십니다. 그런 저는 진정 행복자입니다.

위와 같이 성경에 분명 병든 자들은 장로들에게 요청해서 기도를 받고 서로 기도하라고 했습니다. 그래서 친구가 저에게 기도를 부탁한지는 모르겠습니다.

이 아침에 일어나 무릎을 꿇고 친구를 위해 기도드렸습니다. "하나님 아버지, 홍신기 친구가 오늘 큰 수술을 하게 되었습니다. 수술에 참여하는 모든 의사들과 간호사들의 마음길과 손길을 지켜주옵소서. 바르게 진단하고 바르게 수술할 수 있도록 집도하는 의사에게 지혜를 더하소서. 수술받는 친구가 마취에서 순연히 깨어나게 하시고 수술하면서 째고 꿰맨 살들이 바로 아물게 하소서. 후유증이 없게 하시고 이런 기회를 통해 가족들이 더욱 뜨겁게 사랑하게 하소서……."

친구가 "힘센 기도를 부탁한다." 하였으니 나름 친구가 수술하는 오늘 하루를 금식하며 마음으로 함께하며 기도하려 합니다. '화살기도'라도 함께 해주시겠습니까? 이 아침 기도하는 저와 여러분은 진정 행복자입니다.

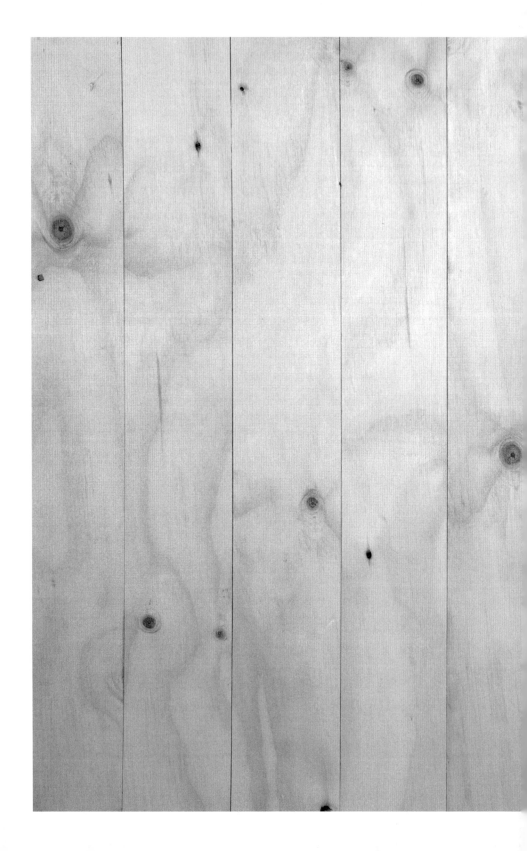

3.
소소(少小) 속의
다대(多大)

만남 1

지난 5일 동안 여름휴가를 잘 보내고 일상으로 돌아왔습니다. 상투적인 일과와의 한시적인 결별은 새로운 만남을 통해 제 마음 밭을 더 기름지게 해주었습니다. 스마트폰과 미디어를 떠나 육감(六感)으로 조우(遭遇)했습니다.

귀한 친구와의 만남을 가졌습니다. 중고등 시절 함께 신앙생활했던 40여년 지기가 제가 쉬는 곳을 찾아와 함께 옛날을 추억하며 담소했습니다. 엊그제 같던 우리들의 같은 추억들은 여전히 우리의 보물들입니다. 순수한 신앙을 갈구하는 고민을 함께 얘기했습니다.

황간역에서 역장으로 일하는 고등학교 동기생을 찾아가 만났습니다. 작은 시골 역을 시와 추억의 장(場)으로 만든 장본인입니다. 정년을 앞두고 그동안 잘 가꾼 꿈 터요 시 터를 누가 잘 보전해갈까 궁금해졌습니다. 아무나 할 수 있는 일인 것 같지만 아무나 할 수 없는 일이라 여겨졌기 때문입니다.

평생을 목회하며 살아온 친구를 찾아갔습니다. 요양원을 운영하는 사모의 무용담을 들었습니다. 포기하고 싶을 정도로 힘든 어르신을 붙들고 서로 솟는 땀으로 온몸이 흥건해지도록 한 시간이 넘도록 기도해서 승리한 간증을 들었습니다. 그 얼굴이 천사같이 빛나 보였습니다.

재작년 스물여덟 나이에 교회를 개척한 젊은 전도사를 만났습니다.

신학대학에 재학 중이면서 세차장을 운영하며 한 달에 버는 돈 200만 원 중 80만 원을 농사 빚을 진 동네 사람의 월부금으로 갚아주고 있습니다. 국을 끓여 들고 독거하시는 동네 어르신을 찾아뵙습니다. 충북 옥천군 안내면 인포리에 버젓이 세워진 더함교회 담임 김준영 전도사입니다. 마음으로 몸으로 믿음으로 삶으로 그리스도의 사랑을 함께 나누고 베풀며 누리는 젊음을 만났습니다. 그의 당찬 설교를 들으며 행복했습니다.

호텔 지배인 같은 요양원장을 만났습니다. 요양원은 호텔 같았습니다. 시설도 서비스도 우리나라 모든 요양원이 모두 이랬으면 좋겠다는 생각이 들었습니다. 크리스천으로서 작은 이익을 위해 비껴가지 않으려는 원장님의 원칙과 어르신들을 향한 진정한 섬김이 느껴졌습니다.

또 다른 만남들이 있었습니다. 자연과의 만남, 먹을 것과의 만남, 책과의 만남, 붓과 화선지와의 만남, 흙과 땀과의 만남……. 이렇게 올여름 휴가는 만남으로 행복했습니다.

내가 온 것은 양으로 생명을 얻게 하고
더 풍성히 얻게 하려는 것이라. (요한복음 10:10)

만남 2

지난 5일 동안 쉬면서 풀벌레들과 만났습니다. 방치된 잔디밭에서 아직은 날개가 다 자라지 않은 방아깨비를 많이 만났습니다. 방아질 할 일이 많아지려니 생각하니 이번 가을도 풍년일 것 같습니다. 방아 깨비만큼 자란 사마귀도 만났습니다. 방아깨비는 손으로 잡고 놀았지 만 사마귀는 발로 찼던 기억이 있습니다. 여치도 만났습니다. 밀짚이 나 보릿짚으로 여치 집을 만들어 여치를 넣고 걸어 놓았던 어린 시절 이 생각났습니다. 풀숲에는 귀뚜라미들이 모여 어두워지기를 기다립 니다. 숫귀뚜라미들의 세레나데로 한여름 밤은 농익어 갑니다. 그리 고 땀 내음 맡고 덤벼드는 모기들과 만났습니다. 만나기 싫었지만 들 이댔습니다. 결국 손목에 달갑잖은 자국들을 남겨 이 아침도 비벼대고 있습니다.

새 꽃들을 만났습니다. 익숙한 꽃들에게 미안했습니다. 가까이 있 어서 더 소중히 여겨야 할 꽃들인데 새롭고 더 예쁜 꽃을 만나면 마냥 좋아하는 저입니다. 때로 가까이 있는 가족들보다 남들에게 더 친절 하고 호의를 베푸는 것이 저의 모습인 것 같아 새 꽃을 볼 때마다 가책 을 느낍니다. 보랏빛 비비추, 맥문동, 상사화와 나리 닮은 범부채, 앙 증맞은 애기 범부채, 여러 색이 어우러진 꽃 란타나, 서양톱풀을 만났 습니다. 진분홍 풀협죽도, 초화화, 만데빌라, 연분홍 펜타스와 베고 니아 그리고 작은 연꽃 봉오리를 만났습니다. 새로운 꽃들과의 만남은 늘 마음을 설레게 합니다.

먹을 것과 만났습니다. 장날이면 으레 같은 곳에 자리를 펴고 오가는 손님을 맞는 묵국수를 파는 할머니가 계십니다. 수십 년째 장날이면 꼭 나오십니다. 아침 일찍부터 들통에 양념간장을 한가득 만들어 나오십니다. 집에서 직접 만든 도토리묵을 묵 자르는 틀에 넣어 잘라내어 묵사발에 시원한 물과 함께 담고 양념간장을 넣고 김 부스러기를 넣어 넘겨주십니다. 약국 골목에 목욕탕 의자에 걸터앉아 묵사발을 들고 친구랑 아내랑 먹는 맛이란……. 정말 좋은 간식입니다. 저는 장날마다 틈만 나면 사먹습니다.

제 고향 옥천은 올갱이국으로 유명합니다. 올갱이는 다슬기의 방언 중 하나입니다. 어릴 적에는 올뱅이라고 했는데 요즈음에는 올갱이라고들 부릅니다. 장날 할머니가 들고 나와 파는 올갱이를 한 사발 샀습니다. 박박 씻어낸 후에 된장 넣은 물에 넣고 한소끔 끓여내서 속살을 빼냈습니다. 옛날 기분 그대로 느껴보려고 탱자나무 가시를 잘라왔습니다. 찾아온 친구와 함께 지난 추억을 얘기하며 올갱이 속살을 빼냈습니다. 빼내는 데 노하우가 있습니다. 한 손으로는 탱자나무 가시로 속살을 찌르고 다른 손으로는 껍데기를 돌려대면 자연스레 속살이 끊어지지 않고 나옵니다.

빼낸 속살을 먼저 끓여낸 국 냄비에 넣고 아욱과 부추를 적당히 넣고 양념해서 다시 한소끔 끓여내면 제맛이 우러납니다. 씹히는 올갱이 속살에서 나는 쌉쌀한 뒷맛은 올갱이국을 다시 찾게 합니다. 친구와 함께 땀 흘리며 먹는 진국 올갱이국은 중복 더위에 더 없는 보양식이었습니다. 익숙한 것들과의 만남은 아스라한 추억들을 아름답게 승

화시킵니다. 새로운 것들과의 만남은 훗날에 회상될 또 다른 추억으로
남겨집니다.

> 옛날이 오늘보다 나은 것이 어찜이냐 하지 말라.
> 이렇게 묻는 것이 지혜가 아니니라. (전도서 7장 10절)

만남 3

지난 휴가 중 또 다른 만남이 있었습니다. 책과의 만남이었습니다.
이번에는 두 권의 책을 가지고 갔습니다. 『자기 깨어짐』(김남준, 2006),
『웃으면서 죽음을 이야기하는 방법』(줄리안 반스, 2008) 두 책입니다. 앞
에 적은 책에서 저자는 '자기'가 깨어져야 진정한 구원을 얻는다는 것
을 일깨웁니다. 하나님과 영원히 함께 살기 위해, 그분을 닮으려고 노
력하는 중에 이러한 '자기 깨어짐'의 진리를 깨닫고, 그 깨달음을 '거룩
한 삶의 토대'로 삼아 살아가는 것이 그리스도교인의 '참된 특권'이자
'참된 행복'이라고 역설합니다. '나'와 '자기(self)'가 우선시되는 세상에
서 복음이 제시하는 진정한 '자기 깨어짐'을 설명합니다.

뒤에 적은 책은 죽음에 대한 대(大)작가의 솔직 담백한 에세이입니
다. 외국 저서는 번역이 매끄럽지 않으면 도중에 읽다가 그만두는 적
이 적지 않은데 이 책은 주욱 쉽게 읽힙니다. 이 책에서 언급한 대로
저도 "죽음과 마주할 때 우리는 어느 때보다 책에 의지하게 된다."고

146   신(信), 언(言), 행(行) 아침 단상

한『홍당무』로 유명한 프랑스의 작가 쥘 르나르의 말에 공감하며 이 책을 구한 것 같습니다. 지은이는 해박하게 작가, 화가, 작곡가, 철학자, 의사 등이 남긴 죽음과 관련된 기록을 책에 담아갔습니다. 뿐만 아니라 자신의 조부모와 부모들의 죽음과 철학자인 친형과의 다른 의견을 부끄럼 없이 그려갔습니다. 이 책을 읽으며 저도 진정 웃으면서 죽음을 이야기하는 삶을 살기를 기도합니다.

오랜만에 문방삼우(文房三友)도 만났습니다. 전에는 문방사우(文房四友)였는데 둘이 멀어지고 다른 하나와 친해졌습니다. 예전에는 벼루에 먹을 갈아 썼는데 요즈음에는 질 좋은 먹물이 나와서 먹을 가는 일이 없어졌습니다. 화선지, 붓 그리고 먹물이 친구가 된 것입니다. 이번 휴가에는 일부러 붓들과 화선지를 챙겼습니다. 오랜만에 함께한 이들 친구들에게 미안했습니다.

아침에 해 오르기 전에 김매기로 땀 흘리고, 목욕재계(沐浴齋戒)하고 붓을 들었습니다. 옛날 저의 할아버지 한약 조제하실 때 나던 약향(藥香)처럼 묵향(墨香)은 정기(精氣)를 모읍니다. 내년 환갑을 기념하여 나름 60점의 소품을 써서 전시하려고 생각하고 있습니다. 전시 장소로는 시(詩)가 있는 황간역 작은 전시장을 생각하고 있습니다. "모든 삶에 연습은 없다."고 적으며 연서(練書)를 했습니다. "지혜 있는 자 같이 하여 세월을 아끼라"도 적어 보았습니다.

사이버 세상에 생겨난 갖은 문명의 이기(利器)로 정보가 난무하지만 활자로 적힌 마음과 묵향 담은 정심(正心)에 비할 수는 없습니다. 이 아침 남은 책장들을 넘겨봅니다.

지혜 있는 자같이 세월을 아끼라. (에베소서 5장 16절)

만남 4

2016. 8. 7.

　이번 여름휴가에서의 또 다른 만남. 잡풀들과의 만남이 있었습니다. 3주 전에 여섯 고랑에 심었던 감자를 캐낸 밭에 들깨 모종을 구해 심었습니다. 3주가 지나 찾은 밭은 그야말로 잡초 숲이 되었습니다. 심어 놓은 들깨는 잘 보이지도 않는 풀숲에서 자라고 있었습니다. 매일 아침 해 오르기 전, 해 질 무렵 땀을 쏟으며 잡풀들과 일전을 치렀습니다.

　게으른 농부에게 가장 귀찮은 존재 중 하나는 환삼덩굴입니다. 다른 잡풀들은 뽑고 자르면 되지만 이 녀석들은 그렇지 않습니다. 태생이 덩굴이라 촉순이 닿는 대로 휘감으며 번나갑니다. 방치되었던 화단과 밭을 가꾸려면 이놈들을 피해갈 수 없습니다. 한바탕 소탕작전을 벌여야 합니다. 혹 살갗에 스치면 그 자국이 오래갑니다.

　그런데 귀찮고 성가셔 해초(害草)려니 싶던 풀은 삼과 식물로 쓸모가 많은 풀입니다. 한문으로는 율초(葎草)라고도 불리고 중국 한자로는 납납등(拉拉藤)이라고도 씁니다. 풀 초 밑에 법칙 율(律) 자를 쓰거나 끌고 가거나 잡아간다는 뜻을 지난 랍(拉) 자가 이름에 들어있습니다. 나름 억지로 풀이하면 '법을 지키기 위해 끌고 가고 잡아가는 덩굴풀'인데 실상은 '황야의 무법자'입니다. 가까이하기엔 반갑지 않은 풀입니다.

　궁금해서 중국 사이트를 찾아보니 이 풀의 용도가 다양합니다. 가장 먼저 '가방지수토류실(可防止水土流失)'. 즉 수토가 유실되는 것을 막아줍니다. 그리고 약용으로 많이 쓰입니다. 해열 해독, 부기 내리기, 폐결핵, 장염, 이질, 감기, 소변 불리, 급성 신장염, 방광염, 기관지염, 비뇨기과 치료, 악성 종기, 부스럼, 습진, 독사에 물린 데 등 그 쓰임이 다양합니다. 중국 자료에는 없지만 우리나라 자료에서는 고혈압에 좋다고들 합니다.

식용으로도 쓰입니다. 어린잎을 쌈 싸먹고 데쳐 무쳐 먹고 절여 먹고 잎을 말려 분말로 먹고 우려서 차로 먹기도 합니다. 돼지와 토끼가 엄청 좋아한답니다. "고것 참!"입니다.

보잘것없고 오히려 귀찮은 대상이라고 여겼던 잡풀이지만 나름 좋은 면이 더 많은 것 같습니다. 살아오면서 이 풀처럼 까칠해 보이지만 알고 보니 더 없이 좋은 분들을 만났습니다. 서로 다른 것을 틀렸다고 못됐다고 판단하고 정죄하지 말고 이면의 진선미를 찾는 덕스런 삶을 생각해보는 아침입니다.

정죄하지 말라. (누가복음 6장 37절)

목표 2016. 8. 9.

올림픽에 참가한 선수들의 공통점이 있습니다. 목표가 있다는 것입니다. 어제 회사에 두 특성화 고등학교 3학년 재학생 다섯 명이 실습생으로 입사를 했습니다. 이들은 중소기업 인력확충을 위한 정부의 시책에 따라 회사에서 필요한 기본교육을 이수하고 관련 기능사 자격증을 취득하면 병역특례를 받으며 근무할 수 있습니다. 오늘 사회에 첫발을 내딛는 다섯 명을 앉혀놓고 나름 소양 교육을 했습니다.

먼저 목표를 가지라고 했습니다. 목표를 가진 것과 가지지 않는 것은 정말 큰 차이가 납니다. 지금 올림픽에 참가한 선수들과 코치, 감독들은 모두 공통점을 가지고 있습니다. 목표가 있다는 것입니다. 목표는 목표를 달성하게 하는 견인력입니다.

같은 시책에 따라 먼저 입사한 지 2년이 된 한 직원이 있습니다. 하루는 이 직원에게 앞으로 계속 이 일을 하고 싶은지에 대해 물었습니다. 그의 말은 단호했습니다. "죄송하지만 병역특례가 끝나면 바로 나가려고요. 제겐 목표가 있거든요. 매달 150만 원씩 저축하고 있습니다. 그때쯤 되면 8천만 원 정도 모아집니다. 그 돈으로 부모님 의존하지 않고 대학가서 전자공학을 공부하려고요. 그래서 제품을 개발하는 연구원이 되려고요." 저는 그 자리에서 박수를 쳐주었고 어깨를 두드려주었습니다. 그리고 오늘 후배들에게 그 직원에 대해 말을 해주었습니다. 당찬 포부를 가지고 있는 그 직원처럼 목표를 세워보라고 조언했습니다. 그리고 세운 목표를 여러 사람에게 공표하라고 했습니다. 부모든 친구든 동료든 가까운 사람들에게 밝히라고 했습니다. 어떤 목표를 달성하고자 하는 사람이 그 목표를 타인 앞에서 말로 내세우면 이룰 가능성이 높아집니다. 다른 사람 앞에서 무엇을 하겠다고 공언하면 쉽사리 물러설 수 없습니다. 가능한 방법을 찾아 목표를 향해 나아가게 됩니다. 저는 그 방법을 종종 사용해왔습니다.

또 시간을 유용하게 쓰라고 했습니다. 목표가 있는 사람은 시간을 헛되이 보내지 않습니다. 목표를 향해 정진해야 하기 때문입니다. 올림픽 시합에 나가서 메달을 따려는 목표를 가지고 있는 선수가 한눈을 팔 수 없습니다. 덜할 것을 줄이고 마땅히 해야 할 것을 더하려면 시간을 효율적으로 써야 합니다. 하루 24시간 누구에게나 주어진 공평한 선물을 어떻게 사용하느냐가 어떻게 사느냐를 결정합니다.

저는 문상하러 갈 때 거의 밤늦게 갑니다. 낮이나 출퇴근시간에는 움직이는 차량이 많아 오고가는 시간이 많이 소모됩니다. 대신에 밤 열 시나 열한 시에 출발해서 가면 길이 막힌 곳이 거의 없습니다. 상주들도 밤늦은 시간에 잊지 않고 찾아주었다고 더 좋아합니다. 그 시간에는 문상객들도 없어서 진득하게 상주와 대화를 나눌 수 있습니다.

마지막으로 틈틈이 독서할 것을 권했습니다. 대부분 또래들이 몇 개월만 지나면 수중에 돈이 생겨 스펙 좋은 게임용 PC를 구입해서 밤늦도록 게임에 매료됩니다. 안타까운 일입니다. 독서는 마음의 양식입니다. 독서는 인격이라는 나무를 배양하는 퇴비입니다. 독서는 많은 친구들과 좋은 멘토를 만나게 해줍니다. 독서는 공감과 배려를 알게 해주는 훈장입니다. 독서는 길을 잃고 헤매는 나그네에게 나침반입니다. 독서는 내 삶의 목표에 가치관을 불어넣어 줍니다. 이아침에는 어제 엄연히 사회에 첫발을 내딛은 다섯 명의 실습생들을 위해 축복하며 기도합니다.

형제들아 나는 아직 내가 잡은 줄로 여기지 아니하고
오직 한 일 즉 뒤에 있는 것은 잊어버리고 앞에 있는 것을 잡으려고
푯대를 향하여 그리스도 예수 안에서 하나님이 위에서 부르신
부름의 상을 위하여 달려가노라. *(빌립보서 3장 13~14절)*

리더다움 2016. 8. 12.

　저는 아침에 출근하면서 주로 클래식 FM 방송을 듣습니다. 집중해서 듣는 것은 아니지만 클래식 음악이 마음을 안온하게 해줍니다. 클래식 음악으로 정심(精心)하고 하루를 시작합니다. 그렇다고 클래식 마니아는 아닙니다.

　방송을 진행하는 분은 음악을 들려주기 전, 후에 제목 또는 작품번호와 작곡자, 작사자, 연주한 악단이나 연주자와 언제 연주된 것인지를 말해줍니다. 그리고 교향곡이나 합창의 경우, 반드시 지휘자를 말해줍니다. 지휘자는 교향악단이나 합창단의 리더입니다.
　단원들은 바뀌지 않았는데 지휘자가 바뀌는 경우가 종종 있습니다. 각 지휘자는 나름의 취향과 방식에 따라 자신의 개성을 가지고 맡은 악단이나 합창단을 이끌어갑니다. 단원들은 바뀐 지휘자의 존재를 수용하고 그의 인격과 리더십을 존중하고 협력해야 멋진 연주를 만들어낼 수 있습니다.

　　　　　　　　　　　신(信), 언(言), 행(行) 아침 단상

주요 정당의 리더들이 바뀌고 있습니다. 새로 바뀐 대표에 대해 이런저런 말들이 많습니다. 긍정적인 기대를 하는 분들이 있는가 하면 부정적인 우려를 하는 분들도 있습니다. 각자의 정서가 달라서 이래라 저래라 할 수는 없습니다. 그러나 아쉬운 것이 있습니다. 우리나라는 한때 백의종군하겠다고 장담하시던 분들이 입장이 바뀌면 뒷짐 지고 방관하는 경우가 많습니다.

리더십이 있는 분들이 마땅히 리더가 됩니다. 그런데 많은 분들이 리더십은 있어 보이는데 멤버십이나 팔로우십이 부족합니다. 이끄는 사람이 있으면 따르는 사람이 있습니다. 이끄는 사람 즉 리더에게 필요한 리더다움은 먼저 따르는 사람의 됨됨이를 갖추는 것입니다.

좋으나 싫으나 미우나 고우나 정해진 절차에 따라 정당하게 리더가 정해졌다면 그 리더의 지도 방식과 방향에 따라야 합니다. 마치 교향악단의 지휘자와 같습니다. 지휘자가 마음에 들지 않는다고 단원으로서 '삑사리'를 내는 것은 온당치 않습니다. 자신이 리더였을 때는 구성원들이 따라주지 않는 것을 아쉬워했던 리더들이 자신이 구성원이 되어 수수방관하는 것을 볼 때마다 정말 아쉽습니다.

"남을 따르는 법을 알지 못하는 자는 좋은 지도자가 될 수 없다."고 말한 그리스 철학자가 있습니다. 이끄는 자가 되기 이전에 따르는 자의 본분을 가르치고 배우고 실천해야 합니다. 이 아침 한때 장수였지만 백의종군하는 처지에서도 본분을 다했던 이순신 장군을 생각해봅니다.

· 너희 중에 큰 자는 너희를 섬기는 자가 되어야 하리라.

누구든지 자기를 높이는 자는 낮아지고

누구든지 자기를 낮추는 자는 높아지리라. (마태복음 23장 11~12절)

옌틀로운 2016. 8. 15.

1933년 덴마크 태생 노르웨이 작가 악셀 산데모스(Aksel Sandemose)는 자신이 태어난 고향을 모델로 얀테라는 마을을 배경으로 소설을 펴냅니다. 작가는 이 마을에서 지켜야 할 열 개의 부정의문문으로 된 규율을 만들어 냅니다. 이것을 얀테의 법칙(The Law of Jante)이라고 합니다. 우리나라에는 덴마크 발음으로 '옌틀로운(Janteloven)'이라고 소개되었습니다. 일반적으로 덴마크나 북유럽 국가에서 사용되는 개인의 개성과 성공을 꼬집는 사회학적 용어입니다. 즉 개인의 노력을 덜 중시하고 모든 것을 집단에 중심을 두고 강조합니다. 그래서 개인적인 성취자로 표출되는 것을 단념하게 합니다.

이 열 가지 법칙을 어기는 얀테 마을 사람은 의심을 받게 되고 마을 사람들과 반목하게 됩니다. 왜냐하면 그것은 공동체가 추구하는 조화와 사회적 안정성과 일치성을 거스르기 때문입니다.

작가가 소설에서 만든 명문화되지 않은 한 마을의 규율이지만 새겨볼 가치가 있습니다. 이해를 돕기 위해 얀테 마을의 열 가지 규칙을 영어와 함께 적어봅니다.

신(信), 언(言), 행(行) 아침 단상

1. You're not to think you are anything special.

   당신이 특별한 사람이라고 생각하지 말라.

2. You're not to think you are as good as we are.

   당신이 다른 사람보다 더 가치 있다고 생각하지 말라.

3. You're not to think you are smarter than we are.

   당신이 다른 사람보다 더 똑똑하다고 생각하지 말라.

4. You're not to convince yourself that you are better than we are.

   당신이 다른 사람보다 잘났다고 확신하지 말라

5. You're not to think you know more than we do.

   당신이 다른 사람보다 더 많이 안다고 생각하지 말라.

6. You're not to think you are more important than we are.

   당신이 다른 사람보다 중요하다고 생각하지 말라.

7. You're not to think you are good at anything.

   당신이 무엇을 잘한다고 생각하지 말라.

8. You're not to laugh at us.

   당신은 우리를 비웃지 말라.

9. You're not to think anyone cares about you.

   누가 혹시라도 당신에게 관심을 갖는다고 생각하지 말라.

10. You're not to think you can teach us anything.

    당신이 우리를 가르칠 수 있다고 생각하지 말라.

이 소설에는 열한 번째 규칙으로 다음과 같은 벌칙 조항을 두고 있습니다.

11. Perhaps you don't think we know a few things about you.

아마 당신은 우리가 당신에 대해 몇 가지를 알고 있다고 생각하지 않을 것이다.

이 아침, 광복의 날을 기념하는 아침에 얀테 마을의 열 가지 규칙을 살펴보며 마음을 조아려봅니다.

교만이 오면 욕도 오거니와
겸손한 자에게는 지혜가 있느니라. (잠언 11장 2절)

가지치기

2016. 8. 16.

나무를 키우는 분들이 하나같이 하는 일들이 있습니다. 가지치기입니다. 가지치기를 함으로 관상수의 겉모양을 고르게 해주고 웃자라는 것을 막아주어 보기 좋게 만들어 줍니다. 과일나무는 튼실하고 굵은 과일이 많이 열리게 해줍니다.

시골집 앞에 왕대추 나무를 수십 주 심어 놓은 어르신이 계십니다. 몸이 불편해서 올해는 직접 가지를 치지 못해 남에게 맡겼더니 열매가 부실하다고 울상이셨습니다. 어르신 말씀인즉 가지를 너무 많이 쳤다는 것입니다. 많이 쳤다는 것은 가지의 수와 가지 친 정도가 심하다는 것이었습니다.

신(信), 언(言), 행(行) 아침 단상

통상 겨울을 지나면서 죽은 가지를 잘라주므로 살아난 가지들에 영양을 모아주는 작업이 가지치기입니다. 포도나무는 그 해에 새로 자라난 가지에서만 열매를 맺는다고 합니다. 그래서 전년도에 자랐던 가지들은 잘라줌으로써 새 가지가 잘 자랄 수 있게 해주어야 합니다. 그렇게 하면 더욱 풍성한 포도 열매가 맺히게 됩니다. 이것이 가지치기를 하는 목적입니다.

때로 가지치기는 한 번 만에 이루어지는 것이 아닙니다. 싹이 나기 전에 가지를 칩니다. 가지가 자라 꽃봉오리가 맺히면 또 가지치기를 합니다. 성경에서도 이 점을 뚜렷이 밝히고 있습니다.

무릇 내게 붙어있어 열매를 맺지 아니하는 가지는
아버지께서 그것을 제거해 버리시고
무릇 열매를 맺는 가지는 더 열매를 맺게 하려 하여
그것을 깨끗하게 하시느니라. (요한복음 15장 2절)

열매를 맺지 못하는 가지를 먼저 제거하고 열매를 맺는 가지는 더 열매를 맺도록 가지치기를 한다는 것입니다.

가지치기는 우리의 삶에도 필요합니다. 자신을 돌아보려 한다면 '내 삶을 위해 과감히 쳐주어야 할 가지는 무엇인가'를 생각하고 실천하는 것입니다. 뚜렷한 목표를 이루려는 사람에게는 가지치기가 절실히 요구됩니다. 절박한 사람들에게는 더욱 필요합니다.

훌륭한 삶을 살다가거나 살고 있는 분들의 공통점 중의 하나는 가지치기를 잘한 것 같습니다. 내 삶에도 늘 가지치기가 필요합니다. 남은 삶의 시간이 짧아져 갈수록 더 그렇습니다. 이 아침 가지치기의 지혜를 구하며 기도합니다. 제할 것을 제하고 온전한 것을 키워가게 하소서.

준비하기 2016. 8. 18.

브라질 리우 올림픽에 출전하여 소망하던 메달을 거머쥔 선수들이 있습니다. 예상외로 복병을 만나 패배로 눈물지으며 메달의 꿈을 삼키고 귀국길에 오른 선수들도 있습니다. 이들 모두에게는 남모를 고통을 감수하며 훈련을 거듭하는 준비의 시간이 있었습니다.

목표를 향한 긴 준비가 있고 짧은 준비가 있습니다. 4년 동안의 긴 준비가 있습니다. 게임을 앞두고 승리를 다짐하는 짧은 마음의 준비가 있습니다. 출발선에 서기 전에 몸을 푸는 준비를 합니다. 큰 공연을 앞두고 수일간의 리허설을 합니다. 딸의 결혼을 앞둔 아버지는 딸과 손을 잡고 신부입장 연습을 하며 결혼식을 준비합니다. 신실한 목사는 준비한 설교원고를 머리와 마음에 담기 위해 연습을 반복하며 예배를 준비합니다.

오늘도 허락하신 하루를 멋지게 살게 해달라고 기도로 준비합니다. 일터에 나가 일과를 시작하기 전 청소로 준비합니다. 보이는 쓰레기만 아니라 마음의 쓰레기도 추려 버리며 하루를 준비합니다. 옹골진 준비가 하루도 옹골지게 합니다. 무슨 일을 하기 전에 먼저 해야 할 일들이

있습니다. 미국의 작가 중 영감 있는 글로 가장 많이 인용되는 윌리엄
A. 워드의 글입니다.

당신이 말을 하기 전에 들으세요. (Before you speak, listen.)
당신이 글을 쓰기 전에 생각하세요. (Before you write, think.)
당신이 돈을 쓰기 전에 벌어 놓으세요. (Before you spend, earn.)
당신이 투자하기 전에 조사하세요. (Before you invest, investigate.)
당신이 남을 비평하기 전에 기다리세요. (Before you criticize, wait.)
당신이 기도하기 전에 용서하세요. (Before you pray, forgive.)
당신이 그만두기 전에 시도해보세요. (Before you quit, try.)
당신이 은퇴하기 전에 저축해두세요. (Before you retire, save.)
당신이 죽기 전에 나누어 주세요. (Before you die, give.)

나름 두 가지를 추가해봅니다.
당신이 시작하기 전에 기도하세요. (Before you start, pray.)
당신이 화내기 전에 웃으세요. (Before you get angry, smile.)

＊ 윗글을 가만히 이렇게 읊조려 보세요. "당신이 ……세요."를 "나
는 ……합니다."로. 늘 명언은 당연한 말, 좋은 말, 하기 쉬운 말처럼
느껴집니다. 그래서 말처럼 쉽냐고들 합니다. 그래도 당장 어렵지 않
게 가능한 일도 있습니다. 준비해서 메달을 따는 선수들이 있습니다.
준비해도 메달을 따지 못하는 선수들도 있습니다. 준비하지 않으면 메
달을 딸 수 없습니다. 준비하지 않으면 시합에 나갈 수도 없습니다.
오늘도 하루의 레이스가 우리 앞에 기다리고 있습니다. 마음으로 표정

으로 입술로 옹골지게 채워 나름의 메달을 챙기는 하루 보내기를 축복합니다.

구하라⋯⋯. 찾으라⋯⋯. 문을 두드리라⋯⋯. (마태복음 7장 7절)

기쁨이의 양보   2016. 8. 19.

엊그제 고등학교 한참 선배께서 할아버지가 되셨습니다. 저는 일찍이 3년 전에 할아버지가 되었습니다. 지금은 손녀가 둘이나 되었습니다. 할아버지가 되었다는 것은 늙었다는 것을 의미하지만 인생 여정에 겪는 잊지 못할 행복한 일 중에 하나입니다. 제가 할아버지가 되기 전에 먼저 할아버지가 된 친구들이 손주들 자랑을 하면 '그리도 좋을까?' 생각했는데 정말 그리도 좋습니다. 자식들 키울 때 느끼지 못했던 깊고 두텁고 세밀한 사랑을 느낀다는 게 할배들의 중론입니다.

어제는 딸애가 스마트 폰으로 사진을 한 장 보내왔습니다. 어린이집에 다니고 있는 세 살 큰 외손녀 기쁨이가 받아온 알림장에 적힌 글입니다. 알림장에 선생님께서 이렇게 적어주셨습니다.

"우리 기쁨이 화장실에서 쉬 하려고 팬티까지 내리고 앉으려고 하는 찰나 친구가 못 참겠다고 하자 '먼저 해.'라고 말해서 칭찬 많이 해주었어요."

얼마나 기특한지요. 가만히 메모장에 써준 상황을 머릿속에 그려보았습니다. 나라면 절대 그런 상황에서 양보하지 못했을 것 같습니다. 서로 앞서가려고 밀치고 부딪히고 밟고 뛰어넘는 세상에 물들지 않고 자라나는 기쁨이가 있어 오늘이 행복합니다.

내친김에 생각해봅니다. 우리는 살아가며 어디까지 양보할 수 있습니까. 신약성경 마태복음 5장에는 "누구든지 너로 억지로 오 리를 가게 하거든 그 사람과 십 리를 동행하라."는 말씀이 있습니다. 까짓것 그 정도는 할 수 있을 것 같습니다.

구약 성경 창세기 13장에는 같이 살던 아브라함의 종들과 롯의 종들이 소유가 너무 많아져 서로 싸우게 되었습니다. 그러자 아브람은 조카인 롯에게 "우리는 친족인데 다투지 말고, 이제 우리에게 더 넓은 땅이 있으니까 갈라서자"고 제안했습니다. 그리고 조카에게 "네가 왼쪽 땅을 선택하면 나는 오른쪽 땅을, 네가 오른쪽 땅을 선택하면 나는 왼쪽 땅을 선택하겠다."라며 롯에게 우선 선택권을 양보했습니다. 이 정도 되면 양보하기 힘들겠지만 할 수는 있을 것 같습니다.

그런데……. 어제 우리 외손녀 기쁨이와 같은 처지가 되면……. 절대 양보할 수 없을 것 같습니다. 이성보다 본능이 앞설 것이기 때문입니다. 양보는 오래 참는 것으로 시작해 오래 견뎌내는 사랑이 만들어냅니다. 기쁨이는 친구를 사랑하는 마음을 가졌습니다. 사랑하면 양보합니다. 사랑하지 않으면 양보 안 합니다. 양보하지 않는 것은 사랑하지 않는 것입니다. 양보는 배려입니다. 부부를 생각해 보시기 바랍니다. 양보는 사양하고 뒤로 물러나는 것입니다. 양보는 겸손입니다. 삶의 현장에서 양보가 많은 곳은 사랑이 넘치는 곳입니다.

이 아침 손녀들이 어릴 때의 순전한 마음을 잘 지켜 하늘에 부끄럼 없이 별처럼 자라기를 할아버지가 기도합니다.

어머님의 탈출

2016. 8. 21.

여드레 전 울 엄니
요양병원에서 한 달 지내시다
도저히 못 견디겠다고 탈출하셔서
누이 집에 도착하여
늘어지게 주무시더니

이튿날부터 풀린 긴장 탓에
몸을 주체하지 못하셔서
계속 누워 대소변 받아내다
링거 맞고 섭식하여
기운은 차리셨지만

요양원에 모신다는 말에
누이에게 말하셨다네
"나 너희 집에 계속 있으면 안 되겠니?"

신(信), 언(름), 행(行) 아침 단상

몇 날을 대소변 받아내며
밤낮없이 엄니 수발하다
지쳐서 엄니와 함께 늙게 생긴
일흔 살 우리 누이
그 마음도 눈물겹다

죽어도 요양원에 안 가신다는
엄니를 설득하고 설득해서
요양원 입소하는 날 어제
누이 집 안방에 누워계신 엄니 얼굴
두 손으로 쓰다듬자니 마음이 울컥

도살장에 끌려가는 소의 눈망울처럼
울 엄니의 두 눈엔 말없이 눈물 가득
끝내 설움에 복받치셔 끄억끄억 우시니
나도 울컥울컥

요양원에서 휠체어 빌려 태워
2층 누이집 계단 계단 동생 함께 내리면서
또 마음 울컥

요양원 입소하기 전 근처 식당에서
마주 앉아 콩국수 드시는 엄니 표정을 보자 하니
또 마음 울컥

요양원 간호실에서 계약서를 작성하려니
휠체어 타고 오셔서 넌지시 던지시는 말씀
"짧게 계약하거라."
또 마음 울컥

수속 마치고 배정받은 엄니 숙소 들어서려니
막 기도하시는 엄니 목소리
"하나님 감사합니다. 또 다른 처소로 왔습니다…….."
그래서 또 마음 울컥

두 손 잡고 가볼게요 인사하니 하시는 말
"그래 애썼다 어여 가." 뒤돌아 나서려니
또 마음 울컥

불효막심한 마음에 천근만근 자책하며
뒤척이다 깊은 잠에 든 어젯밤이 야속하고
이 아침 단상 적으려니 또 마음이 울컥하네.

1등보다 더 빛난 꼴찌 2016. 8. 23.

17일간의 열전을 벌였던 브라질 리우 올림픽이 끝났습니다. 모두
306개의 금메달 중에 아홉 개를 가져온 우리나라는 8위를 차지했습니

다. 환희와 아쉬움이 함께한 중에 잊을 수 없는 미행(美行)을 적어두고 싶어졌습니다.

지난 8월 16일 육상 여자 5,000m 예선전이 있었습니다. 결승점을 2,000m 정도 남긴 지점에서 뉴질랜드 선수 니키 햄블린이 트랙에 넘어졌습니다. 바로 뒤에 오던 미국 선수 애비 다고스티노와 발이 엉켜 넘어진 것입니다.

함께 넘어진 다고스티노가 일어나 햄블린의 어깨에 손을 올리며 "일어나, 끝까지 달려야지."라고 말했습니다. 두 사람은 다시 레이스를 시작했지만 얼마 가지 못했습니다. 이번에는 다고스티노가 주저앉았습니다.

넘어져 다친 무릎 통증으로 다고스티노는 햄블린에게 먼저 가라고 말했습니다. 그러나 햄블린은 그를 일으켜 세우고 함께 출발할 수 있을 때까지 기다렸습니다. 결국 두 사람은 경기를 포기하지 않고 힘겹게 결승점에 당도했습니다.

모든 관중들이 일어나 두 사람에게 박수를 보내주었습니다. 햄블린은 다고스티노가 결승점을 통과하자 다가가 껴안았습니다. 햄블린은 "모두가 이겨서 메달을 따기만을 바라지만 누군가 20년 뒤 리우에서 무슨 일이 있었는지를 묻는다면 이 이야기를 꼭 들려줄 것"이라고 말했습니다. 다고스티노는 "내 행동은 순간 본능적으로 이뤄졌다."며 "레이스에서 거둘 수 있는 기록보다 내 행동이 더 바람직했다."고 말했습니다.

근대올림픽을 만든 쿠베르탱은 "올림픽의 의의는 승리하는 데 있는 게 아니라 참가에 있으며 인간에게 중요한 건 성공보다 노력하는 것"이라고 했습니다.

"어떤 사람이 여리고로 가다가 강도를 만났는데 가진 것을 다 빼앗기고 심하게 맞아서 죽어가고 있었습니다. 마침 한 제사장이 지나가다 그를 보았지만 도와주지 않고 그냥 가버렸습니다. 잠시 후 한 레위인도 지나가다 그를 보았지만 역시 도와주지 않았습니다. 그런데 어떤 사마리아인이 그를 발견하고 불쌍히 여겨 기름과 포도주를 상처에 붓고 싸맨 후 주막으로 데려가 치료해주었습니다."

신약성경 누가복음에 나오는 사마리아인의 이야기가 생각나는 아침입니다. 1등보다 더 빛난 꼴찌로 사는 사람들이 있어 세상은 삭막하지 않습니다.

가서 너도 이와 같이 하라! (누가복음 10장 37절)

소소(少小) 속의 다대(多大)　　　　2016. 8. 26

2009년 한 어르신을 상담했던 기억이 납니다.

"어제 무슨 좋은 일이 있으셨는지 들려주실 수 있나요?"
"예, 일곱 살 먹은 손자가 자꾸 숙제를 나한테 하라고 하고 저는 나

　　　　　　　　　　　　　　신(信), 언(言), 행(行) 아침 단상

가서 놀아요."

"예? 무슨 얘기인지 궁금하네요."

"손자가 일곱 살인데 유치원 학습지 'ㅇㅇㅇ 1학년 따라잡기' 문제를 풀다가 나보고 '나머지는 할아버지가 해주세요.' 하고 던져놓고 나가서 놉니다."

"그래서요?"

"글씨를 모를 때는 관심이 없었는데 글씨를 읽고 쓸 줄 아니 할 만하고 아주 재미있더라구요. 은근히 내가 해보고 싶고……."

"그랬군요……."

"며늘아이가 알면 손자가 혼나요……. 하 하 하."

행복은 무엇인가를 생각해봅니다. 칠십 평생을 까막눈으로 살아오다 광명을 찾으신 분들의 삶을 통해 소소(少小) 속의 다대(多大)한 행복을 발견합니다.

행하는 삶 2016. 8. 27.

한때 어릴 때 이런 생각을 한 적이 있습니다. 왜 교회 예배당 첨탑 위의 십자가에 피뢰침을 달아 놓았을까? 친히 우주만물을 지으시고 섭리하시는 하나님께서 왜 예배당을 지키시지 않으실까.

이런 생각도 해보았습니다. 우리나라 전국에는 개신교 교회가 5만여 개, 천주교 성당이 1,700여 개, 사찰이 만 개 가까이 있습니다. 우리나라 고아들은 다 해봐야 이들 숫자 합의 반도 안 됩니다. 사랑과 자비와 평화를 늘 부르짖는 이들 교회와 성당 그리고 사찰에서 고아 한 명씩만 보듬어도 우리나라에 고아원이 필요 없고 해외 입양 보낼 필요도 없을 텐데…….

제 바람이 전부 이루어지지 않고 있지만 그렇게 사는 분들이 계십니다. 그의 삶이 '베이비 박스'라는 영화로 만들어진 주사랑공동체교회 이종락 목사님. 그분은 2009년 이래 베이비 박스에 버려진 아기 900여 명을 보듬었습니다.

제가 아는 또 한 분의 목사님이 계십니다. 다니던 좋은 직장을 그만두고 목회 길로 들어서 힘든 여정을 가고 있지만 귀한 분이십니다. 두 아들을 낳았지만 한 여자아이를 입양하여 키워오고 있습니다. 그 아이가 지금은 대학생입니다. 여의치 않은 생활에도 잘 키워왔습니다.

성경 말씀을 더 자세히 알고 배우고 싶다는 친구가 있습니다. 그래서 저는 건방지게 이렇게 말했습니다. "더 알고 더 배우는 것도 좋지만 지금까지 듣고 보고 읽어 알고 있는 것만이라도 바로 행하는 것이 중요하다."

한때 베스트셀러로 읽히던 『내가 정말 알아야 할 모든 것은 유치원에서 배웠다』라는 책이 있습니다. 우리는 이 책 이름처럼 우리가 어떻게 살아야 할지에 대해 이미 모든 것을 알고 있으면서도 새로운 무언가를 추구하고 있는 것입니다. 아는 것 따로 믿는 것 따로 행하는 것

따로입니다.

오늘 이 아침에도 "가서 너도 그렇게 하여라." 하고 명하시는 말씀이 귀에 쟁쟁합니다. 그동안 읽고 듣고 보고 배운 말씀 중 작은 것부터 '행하는' 삶을 살아가야 하겠습니다.

가을이 오는 고향 2016. 8. 28.

며칠 새 바뀐 날씨 그지없이 기분 좋아
지난 밤 모처럼 늘어지게 잠을 잤네

구름 한 점 볼 수 없는 맑은 초갈 하늘
널어놓은 빨간 고추 콧가를 간질이고

세워놓은 참깻단들 도리깨질 기다리고
꽃피운 박주가리 진한 향 들이 쉬니

내 질소냐 으아리 은은하게 발향하고
장닭 벼슬인 양 빨간 맨드라미

그리 많지 않은 연보라 개쑥부쟁이
감을 줄만 알았는데 진보라 색 꽃피운 칡

나비 앉아 춤추는 듯 하얀 비누풀 꽃
범도 꽃범이 있더냐 연분홍 꽃범의 꼬리

오늘 처음 만난 보라색 구기자 꽃
신라 금관 장식인가 주홍색 옥 방울방울

한 번 피면 적어도 백일은 피워야지
오색 백일홍에 호랑나비 넘나들고…….
저 맑은 하늘에 시 한 수 띄어 보네

어허야 가는 세월 밀다 떠밀지 말고
어혀야 오는 세월 곱다 너무 반겨 마소
어허야 미운 정도 정이고 고운 정도 정이라니
어허야 가고 오며 쌓이는 정 가슴 컨컨 추억되니
어허야 돌아보니 모두 모두 은혜로다 감사로다.

행복 1 2016. 8. 31.

예전에 영국의 런던타임스에서 '행복한 사람에 대한 정의'를 공모한
적이 있었다고 합니다. 그래서 나온 결과가 이렇습니다.

1위는 바닷가에서 모래성을 막 완성한 한 어린이였습니다. 2위는 자

신의 아기를 막 목욕시키고 난 엄마였습니다. 3위는 자신이 만들던 세밀한 공예품을 막 완성하고 만족스러운 표정으로 휘파람을 부는 목공이었습니다. 그리고 4위는 막 어려운 수술을 통해 한 생명을 구한 의사였습니다. 이 행복한 사람들의 공통점은 이제 '막' 했다는 것과 '성취'입니다.

그리스의 철학자 에피쿠로스는 행복을 '마음에 동요와 갈등이 없는 고요한 상태'라고 했습니다. 그는 '행복 = 성취/욕구'로 설명했습니다. 욕구가 무한하면 아무리 성취해도 그 값은 0이 되어 행복을 느끼지 못한다는 것입니다. 그러므로 행복을 향하는 지름길은 욕망을 줄이는 것이라고 합니다.

플라톤의 견해도 비슷합니다. 그가 내세웠던 행복하기 위한 다섯 가지 조건이 있습니다. 재산은 먹고 살기에 '조금 부족하고', 외모는 사람들이 칭찬하기에 '약간 떨어지고', 명예는 자기가 생각하는 것보다 '절반밖에 인정받지 못하고', 체력은 다른 이와 겨루어 '한 사람에게는 이길 만하고 두 사람에게는 질 정도'이고, 말솜씨는 자신이 말할 때 '반 정도의 사람이 박수칠 정도'입니다. 이 다섯 가지의 공통점은 넉넉함이 아니라 '부족함'입니다.

시인 박목월은 그의 수필집 『행복의 얼굴』에 "삶, 그것을 자각하고 인식하고 깨닫고 느낄 때, 이미 행복은 그것과 함께 존재하는 것이다."라고 썼습니다. 이해인 수녀도 공감 가는 같은 제목의 시를 썼습니다.

사는 게 힘들다고
말한다고 해서
내가 행복하지 않다는 뜻은
아닙니다.
내가 지금 행복하다고
말한다고 해서
나에게 고통이 없다는 뜻은
정말 아닙니다.

마음의 문
활짝 열면
행복은
천 개의 얼굴로
아니 무한대로
오는 것을
날마다 새롭게 경험합니다.
어디에 숨어 있다
고운 날개 달고
살짝 나타날지 모르는
나의 행복
행복과 숨바꼭질하는
설렘의 기쁨으로 사는 것이
오늘도 행복합니다.

신(信), 언(言), 행(行) 아침 단상

행복 2

2016. 9. 3.

벌초하러 고향 옥천에 왔습니다.
음지말 장닭이 걸직하게 새 아침을 알립니다.

까치들 다정스레 모여 아침 사랑 노래하고
구룩구룩 산비둘기 아직도 짝을 찾고

꾀꼬리 못잖은 이름 모를 저 새는
초가을 아침을 노래합니다.

너른 논 샛길은 풀벌레 소리로 가득합니다.
한시도 아까운 매미는 지칠 줄 모릅니다.

아침을 기다리는
새끼 고양이 소리가 애처롭게 들려납니다.

졸졸 흐르는 개울가 밤나무에 밤송이 넉넉하고
건너편 감나무엔 감이 노래져 갑니다.

왕대추 나무에 아기 주먹만 한 대추가 주렁주렁
아주까리 열매도 튼실하게 달렸습니다.

보름달만 한 호박도

주인 올 날을 동그마니 기다립니다.

흰색 분홍 앙증맞은 애기나팔꽃
더 작은 하얀 꽃 쥐손이풀 돌콩

누가 이름 지었을까 요리도 예쁜 꽃들
흰 색에 분홍 물 머금은 며느리밑씻개
아직도 노란 애기똥풀

그리고
선개불주머니 짚신나물 광대싸리
갈퀴나물 분홍 물봉선
손녀딸 기쁨이 따다 주면
'정말 예쁘다' 눈이 동그래질 겁니다.

상추밭에 핀 하얀 부추 꽃
탱자나무 아래에는 늘 그 자리 분홍 봉숭아

길옆에 핀 달개비 꽃 왕고들빼기 꽃
오갈피나무 꽃 결명자 꽃들이

한결 반겨주는 고향의 아침은
늘 행복합니다.

신(信), 언(言), 행(行) 아침 단상

행복 3

2016. 9. 4.

옛말에 '뒷간과 사돈집은 멀수록 좋다.'는 말이 있습니다. 옛날 뒷간은 항상 개방돼 있어서 냄새를 맡지 않도록 멀리 있어야 좋았습니다. 서로 예의 갖추어 좋은 모습과 밝은 표정만 보여주던 사돈지간에 볼 것 못 볼 것 보여주면 좋을 것 없다는 의미에서 나온 말입니다. 그만큼 어려운 사이라는 뜻입니다.

그런 사둔댁을 어제 방문했습니다. 고향 옥천에서 벌초를 마치고 아들, 며느리와 함께 같은 옥천에 있는 며느리 친정을 찾았습니다. 앞이 탁 트인 테라스에 모여 앉아 안사둔께서 직접 차리신 저녁식사를 나누었습니다. 입에 맞는 맛 난 것을 먹는 호사를 누렸습니다.

딸로부터 시아버지가 나물을 좋아한다는 말을 듣고 배려한 안사둔이 차려낸 밥상이 제 구미를 자극했습니다. 저는 맛 난 나물을 만나면 기분이 그만입니다. 뽕나무 나물을 맛나게 무쳐 올렸습니다. 봄에 딴 뽕나무 순을 삶아 무친 것입니다. 무척 고소한 게 제 젓가락을 자꾸 당겼습니다.

오갈피 나물도 처음 먹어봅니다. 봄에 딴 오갈피나무 순을 삶아 무친 것입니다. 뒷맛이 꽤 쓰지만 묘하게 당기는 맛이 있었습니다. 요즈음에 시골에서 보기 힘든 게 박입니다. 어릴 때는 초가집 집집마다 지붕 위에서 하얀 꽃을 피워냈습니다. 열린 박은 바가지를 만들어 썼었습니다. 요즈음 찾아볼 수 있는 바가지는 아내들 긁는 바가지 밖에 없습니다^^. 그 박으로 박나물을 무쳐냈습니다. 처음 먹어 보았는데 호박나물보다 맛났습니다. 박을 썰어 넣은 국도 일품이었습니다.

그리고 속 넣은 가지튀김, 고추전 그리고 입에 맞는 물김치가 입을 즐겁게 했습니다. 물론 같이 식탁에 올라온 등갈비와 불고기, 다시마나물, 황태무조림, 고추볶음도 맛났습니다. 올봄에 며느리가 직접 차려준 제 생일상이 생각났습니다. 몇 날을 친정 엄마에게 전화해서 만들어 낸 작품이었답니다. 그 엄마에 그 딸입니다.

식사 후에 직접 담근 오미자 주스를 마시며 담소를 나누었습니다. 캄캄해진 옆 동산에 반딧불이가 날았습니다. 귀촌해서 시골에 사는 호불호 일화를 들었습니다. 말벌에 쏘여 심하게 부은 이야기, 심심찮게 만나는 뱀들, 어느 날 찾아왔던 멧돼지 이야기 등 시간 가는 줄 모르고 들었습니다.

이제는 예전처럼 뒷간이 멀리 떨어져 있지 않고 집안에 있고 안방에 붙어 있습니다. 가까워진 뒷간만큼 사둔과도 가까우면 좋겠다 싶었습니다. 지워지지 않을 기분 좋은 미각의 추억을 남긴 하루였습니다. 다가가니 반겨주는 사둔이 있어 정말 행복했습니다. 행복은 다가가는 마음과 안아주는 마음의 합작품입니다.

＊ '사돈'보다 '사둔'이 구수합니다. 알고 보니 '사둔'은 남편의 처가나 아내의 시가를 이르는 만주말로 우리말이 되었는데 사돈이라고 더 많이 쓰인답니다. 그래도 저는 '사둔'이라고 쓰렵니다.

신(信), 언(言), 행(行) 아침 단상

행복 4

엊그제 벌초를 마치고 집안 친척들이 함께 식사를 나누고 모여 사진을 찍고 면사무소 앞에 있는 정자에 앉아 지난 얘기를 나누었습니다. 정자에서 바로 앞에 보이는 초등학교를 보며 옛날 얘기들을 늘어놓았습니다.

"내가 다닐 때로부터, 육십 년이 더 지났네. 전교생이 600명이었는데 지금은 2백 명도 채 안된다니 안타깝네."

"학교까지 걸어오려면 솔고개를 넘어야 했지. 가끔 누군가 지나는 길에 가로질러 풀을 묶어 놓아 발이 걸려 넘어지곤 했지."

"맞아 대체 누가 그랬는지 몰라. 뒤에 오는 사람 뻔히 넘어질 줄 알면서……."

"그건 약과였지. 짓궂은 친구가 먼저 솔고개를 넘어가면서 길옆 벌집을 쑤셔 놓아 뒤따라 넘다가 벌에 쏘여 눈퉁이가 밤퉁이가 된 적도 있었지."

"요즘 같이 냇물에 다리도 없이 징검돌만 몇 개 놓였던 때, 학교 수업 마치고 집에 가려면 물이 불어난 냇물을 어찌 건넌 줄 알아? 책 젖지 말라고 책보를 머리 위에 싸매고 치마를 허리까지 올려 매고 건넜구만. 그때 난 학교 앞에 살던 친구가 제일 부러웠어."

"학교에서 기성회비 안 냈다고 집에 돌려보낸 적 있었지. 집에 가서 달라고 졸라본들 안 줄 것 뻔해서 함께 개울가서 가재 잡고 놀았지. 그

날 저녁 아버지께서 '오늘 학교에서 공부 안 하고 뭐했냐?'고 다그치셔
서 그런 적 없다고 했다가 엄청 혼난 적이 있지. 가재 잡는 걸 큰형님
이 보고 아버님께 말한 모양이더라구."

"지금처럼 다리가 하나도 없고 도로도 포장이 안 되었던 그때 중학
교까지 가려면 무려 개울을 다섯 개나 건너야 했었는데. 그 먼 거리를
어떻게 매일 다녔는지 몰라."

"나는 만화를 좋아해 만화 빌리러 읍까지 걸어간 적도 있어."
"세 시간도 더 걸렸겠네요?"
"세 시간이 뭐야 다섯 시간도 더 걸렸을 걸……. 어떡해. 우리 면에
는 만화방이 없었으니……."
"힘은 들었지만 그때가 좋았던 것 같아."

이제는 오십, 육십, 칠십이 넘은 사람들의 옛이야기입니다. 추억은
언제나 아름답습니다. 추억의 창고에 켜켜이 먼지처럼 쌓여있던, 힘
들었던 일들을 풀어놓고 이야기하고 귀 기울여 듣고 웃으며 맞장구치
는 시간이 행복했습니다.

정직 2016. 9 6.

추석이 다가옵니다. 엊그제 사과 두 박스를 샀습니다. 맛보기로 잘

　　　　　　　　　　　　신(信), 언(言), 행(行) 아침 단상

라먹은 사과 맛을 보고 샀습니다. 집에 가서 열어보니 내용물이 달랐습니다. 맛난 사과도 들었고 그렇지 않은 것도 섞여 있었습니다.

종종 명절 선물을 사면서 겪어봤을 겁니다. 과일도 그렇고 생선도 다른 것도 그렇습니다. 겉과 속이 다릅니다. 겉에는 큼직한 것들이 놓였지만 막상 속에 것을 열어보면 겉에 것보다 작습니다.

육류도 그렇습니다. 수입산 소고기를 버젓이 한우라고 포장해서 팔다 적발되는 경우는 아직도 그치지 않고 있습니다. 같은 고장 증세를 가진 승용차를 여러 정비센터에 가서 견적을 내보니 배 이상 차이가 나더라는 방송을 몇 해 전에 보았는데 얼마 전에 같은 내용의 방송을 보았습니다.

모 종편 방송에서 내보내는 '먹거리 X파일'이라는 방송 프로그램이 있습니다. 전국을 다니며 정직한 식당을 찾아 '착한 식당'으로 지정해 주는 사회정화 프로그램입니다. 정상적인 '착한 식당'이 대부분이어서 '덜 착한 식당'을 찾아 나서는 프로그램이 생겨나야 정상인데 여전히 '착한 식당' 찾기가 쉽지 않은 것을 보면 정말 안타깝습니다.

저는 직장생활을 하면서 업무상 여러 나라 사람들과 때로는 짧게 때로는 길게 접촉하고 사귀고 교류했습니다. 외국인들과 허물없게 지내는 것은 그리 쉽지 않습니다. 특히 중국 사람들과는 더욱 그랬습니다. 2, 3년 사귀어 형 아우하며 지내는 중국 사람이 두 사람 있습니다. 한 사람은 아우로 한 사람은 형님으로 지내고 있습니다.

이들과 친해지다 보니 어쩌다 한국사람들에 대한 중국사람들의 인식이 궁금해서 물은 적이 있습니다. 똑같은 대답이 나왔는데 그것은 '겉 다르고 속 다르다'는 것이었습니다. '정직하지 않은 것 같다'라는 것이었습니다. 그래서 오래 사귀지 못한다고 했습니다. 저를 빤히 보면서 말해서 부끄러워 얼굴이 화끈했습니다.

형 아우하며 지내는 미국 사람도 한 분 있습니다. 이 분은 중국과 거래하면서 중국 제품과 중국 사람을 믿을 수 없어 거래할 수 없다고 '조금 덜한 한국'과 거래하게 되었다고 했습니다. 그렇다고 제가 한국이 중국보다 정직하고 중국이 한국보다 덜 정직하다는 것을 내세우려는 것은 아닙니다. 사람도 사람 나름일 것입니다.

돈을 더 벌기 위해 겉과 속이 다른 물건을 담아 파는 사람은 분명 겉과 속이 다른 사람입니다. 고객을 속이기에 앞서 자신을 속이는 사람입니다. 사회적으로는 엄격히 말해 사기꾼입니다. 돈이 자신의 양심을 지배하지 않는 사람들이 사는 대한민국을 기대합니다.

베스트셀러였던 『죽기 전 가장 많이 하는 후회 다섯 가지』 중 그 첫째는 "난 내 자신에게 정직하지 못했다."라는 사실을 상기하는 것입니다. 요즘 세간에 불미스런 일로 오르내리는 사회 저명인사들 대부분 교회에서는 중직자라고 합니다. 저는 예수를 믿는 사람이라고 하는 분들만이라도 이번 추석에는 정직하게 '겉과 속이 같은' 상품을 버젓이 내놓기를 기대합니다.

이같이 너희 빛이 사람 앞에 비치게 하여
그들로 너희 착한 행실을 보고
하늘에 계신 너희 아버지께 영광을 돌리게 하라. (마태복음 5장 16절)

신(信), 언(言), 행(行) 아침 단상

행복 5

추석이 다가옵니다. 명절이 가까워지면 항상 저보다 일찍 선물을 보내주시는 분이 계십니다. 저희 부부가 신혼 초에 월세로 살던 집에 전세방을 살던 이웃사촌입니다. 지금은 전북 장수에 사시지만 변함없이 아름다운 교제를 나누고 있습니다. 저희 형제들 알면 서운하겠지만 피 섞인 형제보다 더 아껴주고 사랑합니다. 올해도 변함없이 큰 박스에 담긴 장수 사과를 보내주셨습니다.

며칠 전 명사가 된 김준영 전도사께서 섬기는 교회 성도가 작년에 만들어놓은 곶감을 팔아드리려고 반짝 한정 세일 광고를 올렸습니다. 광팬이 된 저는 서슴없이 특상품 다섯 개를 주문했습니다. 성도의 짐을 나누려는 마음에 함께하고 싶었습니다. 주문한 곶감은 또 다른 나눔으로 형제들에게 전해질 것입니다.

우리 딸 아들이 어릴 때부터 명절에 나눔을 가르치고 싶었습니다. 그래서 추석과 설날에는 빠짐없이 아파트 경비원 선물을 두 개씩 준비했습니다. 경비원은 교대근무를 하기에 두 개를 준비해서 딸 손에 쥐어주고 아들 손에 쥐여 주어 경비실에 계신 경비원께 "고맙습니다." 하고 전해주도록 했습니다.

이렇게 자란 딸 아들은 둘 다 사회복지사가 되어 만족하며 살고 있습니다. 아름다운 가통(家統)은 이번 추석에도 이어질 것입니다. 외손녀 기쁨이가 준비된 선물을 손에 들고 경비원 할아버지께 갈 것입니다. 그리고 쭈뼛거리다가 시킨 대로 들릴 듯 말 듯하게 "고맙습니다." 하고는 막 돌아 나올 것입니다. 기쁨이는 엄마처럼 주는 기쁨 나누는 기쁨을 배워가며 자라날 것입니다.

나눔은 신기합니다. 나눠주는 사람도 기쁘고 받는 사람도 기쁩니다. 받는 사람의 기뻐하는 모습을 생각하며 나누니 주는 사람도 기쁩니다. 사도 바울은 예수께서 "주는 것이 받은 것보다 더 복되다."라고 하셨다고 증언했습니다. 여기서 '복되다'고 번역된 헬라어는 '마카리온'인데 이 단어는 길어지고, 커진다는(become long, large) 뜻에서 파생되었습니다.

명절에 선물을 받는 것은 기쁘고 좋은 일입니다. 그런데 선물을 주는 일은 받는 일보다 '더' 복된 것입니다. 마음에 더 길게 오래가고 더 큰 기쁨이 되는 것입니다. 선물(gift)은 주는(give) 것입니다. 대가를 바라지 않고 주는 것입니다. 대가를 바라는 것은 뇌물입니다. 줄 줄 모르면 참 행복을 모릅니다. 진정한 행복은 주고, 나눔에 있습니다. 감사를 드리는 추석입니다. 진정한 감사(thanks)를 드리는(giving) 절기가 되길 소망합니다. 두 말씀이 생각나는 아침입니다.

주라. 그리하면 너희에게 줄 것이니…….
너희의 헤아리는 그 헤아림으로
너희도 헤아림을 도로 받을 것이니라. (누가복음 6장 38절)

신(信), 언(言), 행(行) 아침 단상

행복 6

때로 즐거운 상상은 우리를 행복하게 합니다. 추석을 앞두고 몇 가지 행복한 상상을 해보며 있을 법한 가상의 뉴스로 만들어 보았습니다.

1. 첫 소식입니다. 경찰청에서는 이번 추석 명절을 맞아 전국의 244 개 경찰서장들이 추석 휴가를 반납하기로 했다고 합니다. 경찰서 장들은 이 기간 동안 관내 가장 취약한 지구대의 당직 근무자가 되고 교통 밀집 지역의 교통정리를 하게 될 것이라고 합니다. 이렇게 함으로써 244명의 일선의 말단 경관들이 이번 추석 명절을 가족들과 편히 보낼 수 있게 되었습니다.

2. 이번에는 한 지역의 목사님들이 연합하여 추석 휴무기간 중 목사와 사모들이 자신들 사례비의 십일조를 갹출하여 송편을 만들고 음식을 만들고 선물을 사들고 지역 내 어렵게 사시는 독거노인을 찾아가기로 했다는 훈훈한 소식입니다. 목사님들은 따뜻한 물에 노인들의 발을 씻겨주며 이야기를 들어주고 사모님들은 주방과 화장실 청소를 해주기로 했다고 합니다. 낮은 곳에 임하셨던 '체험 예수의 삶'입니다.

3. 서울 금천구의 16개 초·중·고등학교에서는 9월14일~18일 5일간 지역주민의 주차 편의를 위해 학교 운동장 및 주차장을 무료로 개방한다고 이미 밝힌 바 있습니다(실제 뉴스). 서울의 모든 교회들도

추석휴가 기간 중 교회주차장을 무료로 개방하기로 했습니다. 내로라 하는 큰 교회들은 아예 장로들이 순번을 정해 이 기간 동안 주차질서를 담당하기로 했다고 합니다. 오랜만에 교회가 좋은 일 하는 것 같아 흐뭇합니다.

4. 전국 시어머니 연합회에서도 흐뭇한 뉴스가 나왔습니다. 며느리들의 명절 부담을 덜어주기 위해 결의한 내용인데 장안의 화제가 되기에 충분합니다. 내용인즉 며느리들이 매년 설 명절이나 추석 명절을 번갈아 가며, 한번은 시댁에 지내고 한번은 친정에서 오붓하게 보내기로 결의했다는 것입니다. (사실은 저의 집에서 제가 만든 규칙입니다. 그래서 이번 추석에 며느리는 친정에 갑니다.)

5. 막 들어온 뉴스입니다. 20대 여야 국회의원 300명 전원이 지난 한 달 동안 한 일이 없다고 자숙하고 세비전액 34억5천만 원을 모아서 '더불어 함께 장학회'를 만들었다고 합니다. 매년 1개월씩 세비를 모아 3년 동안 100억 원의 장학금을 만들어 미래 한국의 지도자를 발굴하는 데 쓰기로 했다는 소식입니다. 이래서 오래 살고 볼입니다.

이상은 추석을 앞두고 해본 행복한 상상 뉴스였습니다.

그리스도를 섬기는 자는 하나님께 기뻐하심을 받으며
사람에게도 칭찬을 받느니라. (로마서 14장 18절)

신(信), 언(言), 행(行) 아침 단상

마오일륙 교회

저는 별로 사과를 좋아하지 않았습니다. 그런데 올해 홍로라는 사과를 먹어보고 생각이 달라졌습니다. 잘 익은 사과를 한 입 먹는 것은 가을을 한 입 먹는 것입니다. 이곳저곳에 사과장수들이 눈에 뜨입니다. 갑자기 사과장수가 생각나 2001년 3월 30일에 메모장에 옮겨두었던 글을 여기에 다시 옮겨 적어봅니다.

한 사과장수가 있었다. 동네 교인들이 숱하게 전도하려 애썼지만 난 공불락의 고집 앞에 물러서곤 했다. 그랬던 그 사과장수 아주머니가 어느 날 옷을 말쑥하게 차려입고 교회에 나왔다. 놀란 교인들이 어떻게 나오게 되었는지 묻자 이렇게 대답했다.

"우리 가게에 일주일에 세 번 들르는 신사분이 있는데 그분은 늘 덜 싱싱하고 흠집 난 사과만 골라 가십니다. 미안해서 몇 개 더 집어드릴라치면 그분은 손사래를 치면서 당장 먹을 것이니 괜찮습니다 하시면서 대신 다른 손님들에게 싱싱한 사과를 주세요, 하셨지요. 그러던 어느 날 그분이 예수님을 믿으라 하였습니다. 그런 분이 믿는 예수님은 분명히 좋은 분이라 생각되더군요. 그래서 교회에 나오게 되었습니다."〈그들은 왜 교회를 떠났을까, 152쪽〉

언젠가 제 오랜 교회 친구와 이런 말을 나눈 적이 있습니다.
"내가 교회를 개척한다면 교회 이름을 '마오일륙'이라고 짓고 싶어."
"마오일육? 그게 무슨 뜻인데?"

"마태복음 5장 16절 말씀을 줄인 말."

"아……. 그 말씀이 뭐지?"

"이같이 너희 빛을 사람 앞에 비취게 하여 저희로 너희 착한 행실을 보고 하늘에 계신 너희 아버지께 영광을 돌리게 하라."

빛으로 사는 삶은 착한 행실이 따르는 삶입니다. 착한 행실은 하나님을 기쁘시게 합니다.

오직 선을 행함과 서로 나누어주기를 잊지 말라.
하나님은 이 같은 제사를 기뻐하시느니라. (히브리서 13장 16절)

장로교 신앙의 근본을 요약한 웨스트민스터 요리문답의 제1문항은 '인간의 제일 되는 목적이 무엇인가?'입니다. 이에 대한 대답은 "인간의 제일 되는 목적은 하나님께 영광을 돌리고, 그분을 영원토록 즐겁게 해드리는 것이다."입니다. 위 두 말씀이 정답을 대변합니다.

삶이 하나님을 기쁘시게 하는 예배가 되는 것이 사람이 제일 되는 목적(the chief end)입니다. '오직 믿음'이라지만 교리적이고 사변적이고 신념적인 믿음은 하나님을 기쁘시게 할 수 없습니다. 그래서 주님은 친절하시게 '착한 사마리아인'을 이야기하셨습니다.

이번 추석 명절에 모두 착한 사마리아인이 되어보시겠습니까. 마음의 곳간을 열어보자구요. 주님이 기뻐하시는 제사인 '선행과 나눔'을 드려보자구요. 오늘도 행복한 아침입니다.

가서, 너도, 이와 같이, 하라. (누가복음 10장 37절)

신(信), 언(言), 행(行) 아침 단상

초가을 아침 산책길

2016. 9. 11.

1.

오랜만에 오른 동네 둘레길
오르며 내리며 만나는 얼굴들
오만 근심들 품었는지…….

그래도 "좋은 아침입니다."
모자 벗고 인사하면
화들짝 놀란 표정에
어떤 이는 "아, 예……."
어떤 이는 "안녕하세요."
미간 펴지고 입 꼬리 올라가고

2.

1악장만 반복되는 풀벌레들의 교향곡
4분의 4박자 비트 박스

산비둘기 구애 소리는 구구 구구구
가끔 나는 삑사리 장끼의 구애소리는 꺼이꺼이

밤나무 밑 부지런한 새끼 다람쥐는
다가오는 추석날
부모 봉양 준비하려 분주하고

녹색 얼룩 거미 어제 쳐놓은 그물에
걸린 잠자리로 아침을 포식하고

얼룩 산모기는 가는 대로 날 따르며
너 좋아라 떠날 줄 모르네

3.
어린 것은 쥐 새끼도 예쁘더니
아까 본 새끼 다람쥐

소나무 탄 애기 담쟁이
두 밤송이 달린 애기 밤나무
늦싹 난 어린 아카시아 앙증맞다

4.
세 날 지나 추석이면 며느리들 고생인데
오늘 만난 친구들 며느리 자 들어가네

며느리 배꼽 며느리 밑싸개
꽃며느리 밥풀

5.
밤나무 밑 기웃거려 알밤 몇 톨 줍고
떡갈나무 보숭 열매 몇 알 까서 챙기고

도토리도 몇 알 줍고 산초 열매 맛도 보고

오던 길에 주운 열매 꺼내
새끼 다람쥐 길에 놓아두고

6.
꼬리박각시나방 호랑나비 제비나비 흰나비
온갖 나비들 춤추며 즐겨 앉는 배향초
오늘 새로 만나 통성명한 친구들

꼭두서니 청미래덩쿨 망초 도깨비바늘 큰낭아초 노린재나무
큰기름새 산오이풀 가시상추꽃 누리장나무 나무수국
이 중
누리장나무에게 헌정하는 시 따로

7.
누리장나무

다섯 잎 하얀 꽃잎만도 이리도 예쁘건만
꽃잎 지고 생겨나는 보라색 오각 작은 등

작은 등 펼쳐지면 다섯 꽃받침에
살포시 드러내는 영롱한 감청 진주알

8.

하산하며 길 옆 한편에

쓰러져 누인 고목을 보자 하니

'비목'이 읊조려지네.

"초연이 쓸고 간 깊은 계곡……."

9.

아, 청랑한

초가을 아침이어라.

추석을 앞두고 2016. 9. 14.

지난날을 되돌아봅니다. 오십여 년 전 이맘때를 생각해봅니다. 오늘같이 추석 전날에 시장 다음으로 붐비는 곳이 이발소였습니다. 동네 조그만 이발소에는 순서를 기다리는 아이들이 가득했습니다. 그 시절 이발소 사장님들은 그림을 볼 줄 아셨나 봅니다. 대부분 이발소에는 밀레의 '만종'이 액자에 걸려있었습니다. 서예에도 일가견이 있으셨나 봅니다. 어지간한 이발소에는 '家和萬事成'(가화만사성)이 적힌 액자가 걸려있었습니다. 자기 순서를 어른 아이 할 것 없이 기다리며 독서를 즐겼습니다. 그때 모두가 즐겨보던 보던 책은 표지가 떨어져 나간 손때 묻은 「선데이 서울」이 대부분이었습니다.

신(信), 언(言), 행(行) 아침 단상

그 시절에는 이발소 주인이 부러웠습니다. 한 사람 머리 깎아주고 아이들은 30원을 받았습니다. '하루 종일 깎으면 연탄 백 장도 넘게 사겠다' 싶었습니다. 이발은 집에서 할 수 없었지만 형편이 안되어 목욕은 집에서 했습니다. 큰 솥에 물을 끓여 큰 고무다라이에 부어 찬물을 섞어 목욕을 했습니다. 그것도 다 큰아들 자식 밀린 때를 엄마가 닦아주셨습니다. 이때쯤 '이태리 타올'이 생겨나서 한국국민의 찌든 때를 벗기는 데 큰 역할을 했습니다. 이 때밀이 수건은 부산에서 직물공장을 운영하던 분이 만들었습니다. 이 이름이 생겨난 것은 만드는 기계가 이탈리아에서 만든 것이었기 때문이랍니다.

명절이 기다려지던 때였습니다. 용돈을 받으면 만화방에 가서 5원 주면 하루 종일 만화도 볼 수 있고 TV도 볼 수 있기 때문이었습니다. 오랜만에 맛난 음식을 배부르게 먹을 수 있었기 때문입니다. 이때 우리 집의 주 수입은 우리 누이가 공장 다니며 타 오던 월급이 전부였습니다. 당시 누이만 생각하면 눈물이 멈추질 않습니다. 우리 누이가 있어 명절에라도 쌀밥을 먹을 수 있었습니다. 이 아침 지난날을 생각하다 우리 누이를 생각하니 하염없이 흘러내리는 눈물에 더 이상 글을 잇지 못하겠습니다. 우리 세대의 모든 누이들은 가족들을 위해 희생한 열사들이었습니다.

헌 옷 모으기　　　　　　　　　　　2016. 9. 18.

오늘은 중고등부 시절 같은 교회에 출석했던 친구들을 만나 함께 출석했던 그 교회에서 예배를 드리기로 했습니다. 올 때 그냥 오지 말고 추석 연휴에 짬을 내서 옷장을 정리하고 안 입는 옷을 챙겨 가지고 오기로 했습니다. 그랬더니 어제 한 친구는 친척이 하던 문방구를 리모델링하면서 챙겨준 문구들도 가져오겠다고 했습니다. 이렇게 모인 것들을 한때 함께 공부했던 남아프리카 공화국에서 섬기는 선교사와 필리핀 선교를 돕는 목사님께 보내드릴 것입니다.

우리집 베란다에는 그동안 모인 헌 옷들이 많아졌습니다. 오늘 친구들이 가져올 것과 우리 집 것까지 챙기면 라면 박스로 20개는 족히 될 것입니다.

제가 초등학교 5학년 때, 우리는 여전히 가난하게 살고 있을 때였습니다. 돌아가신 아버님 친구 중 '강현우 박사'라고 기억하고 있는 분이 새 옷 같은 헌 옷을 보따리로 챙겨왔기에 친구들에게 자랑하며 입고 다녔던 것을 떠올려봅니다. 아마 이 옷들을 받아 입을 사람들도 그럴 수 있겠다 싶습니다.

이번에 모은 헌 옷을 보며, 꼬리표도 떼지 않은 여러 옷들을 보니 그분이 생각났습니다. 내 어릴 때 헌 옷뿐 아니라 새 옷까지 넣어주었던 그분의 마음씨가 내 마음에 남아 있기 때문입니다.

헌 옷 하나로 새 마음을 선물할 수 있다면 이 또한 기쁜 일이 되겠지요. 어느 노래 가사처럼 우리 만남은 우연이 아닙니다. 그것은 주님의 작은 바람입니다. 주님의 작은 바람이 우리의 바람으로 녹아질 때 진정한 사랑으로 승화될 것입니다.

주변에 작은 교회 보면 마음껏 축복해주세요.

가끔 예배에 참석해서 헌금도 넉넉하게 해주세요.

본교회보다 더 하셔도 좋습니다.

그 교회에 가보니 도울 일이 있고 하실 일이 있으면

그 교회에 출석하셔도 됩니다.

지난 주 어느 큰 교회 목사님 설교 중에 들은 내용입니다. 오늘도 이런 설교가 곳곳의 교회에서 이 아침에 풍겨나는 가을의 국화 향과 같이 풍겨나기를 기도합니다.

내가 진실로 너희에게 말한다. 무엇이든 너희가
여기 있는 내 형제들 중 가장 보잘것없는 사람에게 한 것이
곧 내게 한 것이다. (마태복음 25장 40절)

화이불류(和以不流)   2016. 9. 22.

얼마 전 한 지인으로부터 "크리스천으로서 직장생활을 하면서 겪게 되는 술자리 회식에 참석을 하는 것에 대해서 어떻게 생각하느냐?"라는 질문을 받았습니다. 그래서 저는 생각을 정리해서 이렇게 얘기해주었습니다.

제가 젊을 때 같은 교회에서 학생부 성가대 지휘로 섬기던 신심이 깊던 한 분이 그랬습니다. 어느 날부터 직장의 상사가 토요일만 되면 주일에 나와서 일할 거리를 주며 해놓으라고 했습니다. 그때 그는 정말 괴로웠습니다. 그래서 고민 끝에 선물을 사 들고 그 상사 집을 찾아가 사정을 말했습니다. "주일에 시키실 일이 있으면 금요일이나 토요일 아침에 시켜주시면 얼마든지 다 해놓겠습니다. 그러니 주일만은 시키지 말아주시기를 간곡히 부탁드립니다."

그랬더니 그 상사가 "개인적으로 자네가 미워서 그런 것은 아닐세. 나는 교회에 다니지 않지만 나름 교회 다니는 사람의 편의를 봐주려고 했지. 그런데 다른 직원들이 내게 와서 자네는 수요일, 금요일, 토요일에 정시 퇴근하는데 왜 자신들에게는 일요일에도 일을 하게 하느냐. 그리고 자네는 술 못 마신다는 핑계로 회식자리에도 꼭 빠지고……." 라고 말했습니다.

그 소리를 들은 그 사람은 뒤통수를 한 대 얻어맞은 듯했습니다. 집에 돌아와 자신의 신앙생활을 돌아보았습니다. 자신의 직장생활 방식으로는 하나님만 욕을 듣게 하겠구나 싶었습니다. 그 이후로 그는 가능한 한 부서 전체 회식에 적극 참여했습니다. 술을 마시지 않았지만 동료들의 이야기를 들어주었습니다. 회식이 끝나면 앉았던 자리를 돌아보며 놓고 가는 물건은 없는지 챙겨주었습니다. 자가용차가 많지 않던 시절이라 음취한 상사들을 위해 택시를 불러 태워 귀가시켜 주었습니다.

처음에는 아주 어색했지만 점점 비(非)크리스천들의 삶의 양태를 이해하고 그들의 애환을 나눌 수 있었습니다. 어느 누구도 그에게 강제

신(信), 언(言), 행(行) 아침 단상

로 술잔을 권하지 않게 되었습니다. 직장생활을 오래하면서 크리스천인 동료들을 보고 "저 사람처럼 살고 싶다."라고 말하는 경우를 들어본 적이 거의 없습니다. 오히려 비(非)크리스천들이 크리스천들을 볼때 기회주의적이고 이기적이라는 소리를 자주 들었습니다.

저는 한때 『사서삼경』 중 『중용』과 『논어』에 나오는 네 글자로 된 한문으로 "어울리되 휩쓸리지 않는다."는 뜻의 화이불류(和而不流)라는 말과 "어울리되 같아지지는 않는다."는 뜻을 가진 화이부동(和而不同)을 붓으로 즐겨 썼습니다. 내 삶이 나의 신앙입니다. 직장에서 맨투맨 전도를 하지 않아도 내 삶에 녹아든 신앙을 보고 내가 믿는 하나님을 믿고싶어지는 것입니다.

너희는 세상의 빛이라 산 위에 있는 동네가 숨기우지 못할 것이요
사람이 등불을 켜서 말 아래 두지 아니하고 등경 위에 두나니
이러므로 집안 모든 사람에게 비취느니라. (마태복음 5장 14~15절)

기쁨이 친구 배롱나무 2016. 9. 25.

보름 전쯤 어린이집 가던 길에 멈춰선 기쁨이가 작은 분홍 꽃나무 앞에 앉아 할머니께 물었습니다.
"할머니 이 꽃 이름은 뭐예요?"
할머니는 얼른 사진을 찍어 이 할배에게 문자와 함께 보냈습니다.

"요 꽃 이름이 뭐예요?"

"배롱나무꽃"

기쁨이는 그곳을 지날 적마다 "배롱나무 안녕?" 하며 손을 흔들고 지난답니다.

엊그제 어린이집을 다녀온 기쁨이의 알림장을 펼쳐 보니 "어린이집 아이들과 그 길을 지나는데 기쁨이가 선생님께 분홍 꽃나무 이름을 알려주었습니다."라고 적혀있었습니다.

기쁨이는 올 여름에 두 친구를 알게 되었습니다.

능소화

배롱나무꽃

내년에는 기쁨이가 더 많은 꽃 친구를 사귀게 되길 소망합니다. 기쁨이는 지금 어제 제가 만난 구기자 꽃보다 훨 예쁜 보라색 꽃입니다.

꽃보다 예쁜 기쁨이는 이 할배의 기쁨입니다.

문학의 밤   2016. 9. 29.

지금은 보기 힘들어졌지만 40여 년 전 이맘때면 각 교회에서는 중·고등부에서 '문학의 밤'을 준비하느라 분주합니다. 당시 문학의 밤은 일 년에 한 번씩 하는 일종의 지역 청소년 문화축제이자 전도축제였습니다. 이 축제에는 연극과 합창, 중창, 독창, 싱어롱, 악기 연주, 콩트, 시 낭송, 행운권 추첨 등 다양한 순서가 포함되어 있었습니다.

이 축제를 준비하기 위해 토요일마다 방과 후에 교회에 모여 순서를 짜고 연습을 하던 생각이 납니다. 제가 다니던 교회의 문학의 밤은 저희 때부터 '갈밤'이란 차별화된 명칭을 가지기로 했습니다. '가을 밤'이란 의미를 담고 있었습니다. 가을 벌판에 바람에 흔들리는 갈대는 한창 감수성이 예민한 시대에 있던 우리들이었습니다. 갈대들이 만드는 문학의 밤이란 의미를 담고 있었습니다.

몇 주 전 중·고등부 시절 다니던 교회에 같이 했던 친구들 넷이 만나 그때를 얘기했습니다. 한 친구가 내년에 흩어진 친구들과 교사들을 모아 '고등학교 졸업 40주년 기념 홈 커밍 갈밤'을 제의했습니다. 결론이 난 것은 없지만 지난날을 더욱 생각나게 했습니다.

제가 한 해의 '갈밤'에서 사회를 보았는데 그때 함께 사회를 보던 약간은 까무잡잡했던 여학생은 동갑나기 교회 친구와 결혼했지만 이제는 이 세상 사람이 아닙니다. 그녀와 얼굴을 마주하며 연습하던 시절이 생각납니다. 평소 화장지 티슈에 작은 글씨로 시를 옮겨 적어 이 남학생 저 남학생에게 건네주던 한 여학생은 '갈밤'에서 애드가 앨런 포의 「애너벨 리」를 낭송했습니다. 지금은 어디서 무얼 하는지 궁금합니다.

이 시절 교회의 '문학의 밤'은 자발적이고 창의적인 순수 예술의 한마당이었습니다. 이웃 교회를 초청하여 교류하는 축제의 장(場)이었습니다. 포스터를 만들어 교파를 막론하고 이웃한 교회를 돌며 나누어주었습니다. 어느 교회에서 순서에 참여해줄 것을 요청했습니다. 시(詩) 낭송이나 독창, 중창, 악기 연주 등의 초대 순서가 있었는데 참가하였습니다. 아름다운 교회간의 교류였습니다.

어느 교회에서 하는 문학의 밤이든, 순서의 차이는 있었지만 내용은 비슷했습니다. 이 문학의 밤에 빠지지 않은 순서는 시 낭송이었습니다. 자작시든 타인이 지은 시든 배경 음악과 조명에 맞추어 시의 운율에 맞게 낭송하는 것이었습니다. 이 아침, 밤은 아니지만 그때를 생각하며 자주 읊조리던 구르몽의 시「낙엽」을 되뇌어 읊조려봅니다.

요철(凹凸) 같은 입장 2016. 10. 5.

같은 상황에서 사람마다 느끼고 반응하는 것이 다릅니다. 각자의 입장이 있습니다. 엊그제 시골에 갔다가 방아깨비, 메뚜기, 여치를 봤습니다. 어릴 때 밀짚으로 여치 집을 만들어 여치를 넣어둔 적이 있습니다. 여치를 만든 집은 잡아넣고 바라보며 즐기는 사람에게는 여치를 위한 멋진 집이 될 수 있지만 여치에게는 감옥일 따름입니다.

엊그제 시골집에 심어놓은 고구마와 땅콩을 캐러 가면서 아내에게 말했습니다. "이왕이면 기쁨이와 다애도 같이 가면 애들이 아주 좋아할 텐데……. 전화해서 오라고 할까?" 아내가 정색하며 대꾸했습니다. "5일 동안 애들과 씨름했는데……. 나도 주말에는 애들로부터 벗어나고 싶어요." 저는 딸집에서 두 외손녀를 돌봐주는 아내의 입장을

신(信), 언(言), 행(行) 아침 단상

고려하지 못하고 제 생각만 했던 것입니다.

지금도 덕수궁 돌담길에 은행나무가 즐비한지 궁금합니다. 이맘때면 노란 은행나무가 길을 덮을 정도로 떨어지던 시절이 있었습니다. 떨어진 샛노란 은행잎을 밟으며 가을의 정취에 잠긴 연인들에게는 더없이 좋은 도시속의 가을 길이었습니다. 제가 10여 년 전 어느 날 그 길을 지나려니 청소원이 쌓인 은행잎을 큰 부대에 쓸어 담고 마구 은행나무를 흔들어 대고 있었습니다. 나뭇잎이 빨리 다 떨어져 청소 일거리가 줄었으면 하는 바람의 발로였습니다. 누구에게는 힐링이 되는 힘이 될 수 있는 일이 누구에게는 늘어난 일거리로 짐이 될 수 있습니다.

집근처 운동장이 있는 공원에 아내와 산책을 나간 적이 있습니다. 어떤 교회에서 야외 예배로 모였나 봅니다. 예배 후 공원 안에 있는 정자를 독차지하고 누워있는 교인들은 은혜로운 교제를 나누고 있었습니다. 하지만 모처럼 조용히 산책하러 왔다가 앉아 쉬었다 가려는 주민들의 인상은 그리 달갑지 않아 보였습니다.

그런가 하면 공원에 개를 데리고 나와 줄을 풀어주고 살판나게 뛰어다니는 개를 보고 즐겨하는 사람도 있었습니다. 개라면 작든 크든 가까이 오는 것을 질겁하며 무서워하는 사람들도 보였습니다.

매사에 때에 따라 배려해야 할 것들이 있는 것입니다. 도와줄 때는 받을 사람의 자존감을 생각해야 하고 받을 때는 주는 사람의 도움에 모자라지 않는 감사를 표해야 합니다. 팔 때는 사는 사람의 마음을 감동시켜야 하고 살 때는 파는 사람의 기분을 상하지 않게 해야 합니다.

곧지 않은 인생행로에 요철 같은 삶의 길을 가며 만나는 사람을 볼 때마다 숨표와 쉼표를 찍어가며 생각해봐야겠습니다. 내가 대접받고 싶은 대로 이 사람을 대접하려면 어떻게 해야 되는가?

그러므로 무엇이든지 남에게 대접을 받고자 하는 대로
너희도 남을 대접하라. (마태복음 7장 12절)

비눗갑 2016. 10. 8.

저는 아침마다 회사 화장실을 청소하면서 세면대에 있는 비눗갑을 꼭 닦습니다. 비눗갑에 놓인 비누는 손이나 얼굴 피부를 깨끗하게 해줍니다. 그런데 정작 비누를 담아주는 통은 때가 껴 더럽게 보일 때가 있습니다. 그게 제 마음에 걸려 비눗갑을 깨끗이 닦아놓습니다.

수시로 수없이 많은 설교들이 말해지고 들려지고 보이고 있습니다. 우리나라에 개신교 교회만 5만여 개가 넘으니 주일 아침예배 설교만 쳐도 한 주에 5만여 편의 설교가 만들어지고 선포되는 셈입니다. 통상 주일 오후 예배에도, 수요예배에도, 금요예배에도, 새벽예배에도 거의 설교가 빠지지 않습니다. 그러니 한 주 동안 적어도 25만여 편의 설교가 생겨나고 전해지는 셈입니다.

저는 신학을 공부하면서 조그만 교회의 전도사로서 설교를 준비해

보았습니다. 학생부예배 설교와 목사님을 대신하여 매주 월요일 새벽 예배 설교를 준비해서 했습니다. 그때 경험해서 알게 된 것이 있습니다. 설교 중 가장 어려운 설교는 저는 그렇게 살지 못하면서 듣는 이들로 하여금 말씀대로 살아야 한다고 힘주어 강조하는 설교입니다. 반면에 가장 쉬운 설교는 "제가 말씀대로 이렇게 저렇게 사니 항상 기쁘고 범사에 감사하며 살맛나게 살게 됩니다. 여러분도 그렇게 사시길 권고합니다." 하는 설교입니다.

사도 바울은 고린도 교인들에게 편지글로 그런 설교를 했습니다. 고린도전서 4장 16절에는 "그러므로 내가 너희에게 권하노니 너희는 나를 본받는 자 되라." 했고 같은 서신 11장 1절에도 "내가 그리스도를 본받는 자 된 것같이 너희는 나를 본받는 자 되라."고 설교하고 있습니다. 경험해보지 못한 것을 믿음으로 전하는 일. 쉬운 일이 아닙니다. 자기 자식 이삭을 바치려 했던 아브라함, 이집트의 총리가 된 요셉, 물고기 뱃속의 요나, 고난의 역경을 이겨낸 욥, 사자 굴에 던져져서도 꿋꿋했던 다니엘, 돌에 맞아 죽은 스데반 집사, 죽음을 무릅쓴 회심한 바울의 선교 역정 등 많은 믿음의 선진 들이 설교에 등장합니다. 설교자도 이들처럼 살지 못하는데 설교를 듣는 교인들에게 그들처럼 그렇게 살아야 한다고 외쳐야 하는 모순이 과연 믿음인가하는 생각이 들 때가 있습니다. 어떤 설교자는 매주 설교마다 다른 사람이 한 말이나 다른 사람의 삶의 언저리를 이야기합니다. 자신은 그렇게 살지 못하지만 그렇게 사는 사람이 있으니 그렇게 살자는 것입니다. 거기에서 설교자의 삶은 찾아보기 힘듭니다. 그래서 이런 말까지 생겨났습니다.

예수께서 오늘날 목회자들이 전하는 것과

동일한 메시지를 설교하셨다면

절대 십자가에 못 박히시지 않았을 것이다.

If Jesus pre(s)ached the same message ministers preach today,

He would never have been crucified.

– 레오나드 레이븐힐(*Leonard Ravenhill*)

때 낀 비눗갑처럼 나 자신은 깨끗해지지 않고 남에게만 그리 살자고
주창하는 것은 아닌지 되돌아보는 아침입니다.

너는 네 눈 속에 있는 들보를 보지 못하면서 어찌하여

형제에게 말하기를 형제여 나로 네 눈 속에 있는 티를

빼게 하라 할 수 있느냐.

외식하는 자여 먼저 네 눈 속에서 들보를 빼라.

그 후에야 네가 밝히 보고 형제의 눈 속에 있는 티를 빼리라.

(누가복음 6장 42절)

거치는 자 2016. 10. 9.

어제 우연하게 틀어놓은 TV를 보게 되었습니다. 웬만하면 다 알 수
있는 여자 배우가 40년 동안 교분을 나누고 있는 알 만한 한복 디자이
너와 나와서 그동안의 우정을 이야기하는 프로였습니다.

신(信), 언(言), 행(行) 아침 단상

프로 중간에 언뜻 보게 된 내용에 여자 배우가 자신은 기독교 신자인 반면에 함께 나온 분은 독실한 불교 신자라고 했습니다. 그 배우는 매년 불교 행사 때마다 자신의 이름을 적은 등을 절에 걸어 놓는다는 함께 나온 분이 권고해서 큰 절에 함께 간 적이 있다고 했습니다.

저는 일정이 있어 잠깐 보던 TV를 끄고 나오면서 나름 생각해보았습니다. 종교가 다르지만 40년 동안 좋은 우정을 유지해온 데는 이유가 있었을 것입니다.

신앙은 다르지만 서로의 것을 강요하지 않으면서 자신의 삶을 통해 자신 안에 있는(신앙적) 소망에 대하여 이유를 듣고자 하는 각 사람에게 언제든지 준비 두었던 답변을 해줄 수 있으면 좋겠습니다. (베드로전서 3장 15절)

사도 바울은 고린도 교인들에게 보낸 첫 번째 편지에 이렇게 적었습니다.

유대인에게나 헬라인에게나 하나님의 교회에나
거치는 자가 되지 말고 나와 같이
모든 일에 모든 사람을 기쁘게 하여
자신의 유익을 구하지 아니하고 많은 사람의 유익을 구하여
그들로 구원을 받게 하라. (고린도전서 10장 32절)

여기서 '거치는 자가 되지 말고'라고 번역된 헬라어 단어는 아프로스코포이(ἀπρόσκοποι)인데 어떤 의미의 부정을 나타내거나, 영어로 without이란 뜻을 담은 전치사 '아'(ά)를 빼내면 그 뜻은 '~을 향해 돌

진하다', '부딪히다', '실족하다', '~에게 성내다'는 뜻을 지니게 됩니다. 영어로 번역된 단어는 stumble인데 '돌부리에 걸리다'라는 의미입니다.

내가 다른 사람을 실족케 하는 돌부리가 되어 오히려 내 소망이 다른 분들에게 절망이 되게 하지는 않는지 돌아보는 아침입니다. 아침 기온이 10도입니다. 어깨에 바람 들지 않도록 옷 챙기셔야겠습니다. 샬롬.

오역(誤譯)

2016. 10. 11.

어제 아침에 쓴 글에 언급한 영국의 극작가 버나드 쇼가 스스로 생전에 지었다는 묘비명이 오역이었다는 친구의 지적이 있었습니다. 관련된 글의 소스 정보도 보내주었습니다.

묘비명의 영어 원문은 "I knew if I stayed around long enough. Something like this would happen."으로, 언제부터인가 "우물쭈물하다가 내 이럴 줄 알았다."로 번역되어 통용되고 있습니다. 그런데 이것이 잘못된 번역이라는 것입니다.

저도 큰 생각 없이 인용한 것인데 친구가 보내준 자료를 보니 오역임에 분명한 것 같았습니다. 바른 번역은 "나는 알았지. 주변에 머물 만큼 오래 머물다 보면 이렇게 무덤에 들어갈 줄을"쯤 된다고들 합니다. 하지만 저는 친구의 글 밑에 이렇게 댓글을 달았습니다. "오역이지만 오역 자체가 암시하는 교훈이 더 크다고 생각 되네. 땡뀨^^"

경상도에서는 여전히 "쌀 사러 간다."는 말을 "살 팔러 간다."고 말을 하는 분들이 계십니다. 옛날에 쌀을 파는 일은 천한 사람들이 하던 일로 양반의 입장에서 쌀을 팔러 가도 사러 간다고 말했다는 설이 지배적입니다. 누가 쌀 사러 가면서 쌀 팔러 간다고 하는 사람에게 대들 사람은 없습니다. 자장면이 표준어이지만 대개가 짜장면이라고 말한다고 뭐라는 사람이 없습니다. 도긴 개긴 입니다.

오역도 오역이지만 오해도 있습니다. 구약 성경 욥기 8장 7절에 나오는 구절이 그렇습니다. 가정이나 회사, 사업장에 액자나 목재 전각 걸이로 많이 걸려 있습니다. "네 시작은 미약하였으나 나중은 심히 창대하리라." 성경 구절입니다. 이 구절은 성경에 나오는 구절이니 하나님의 말씀처럼 여겨지나 실은 아닙니다. 욥이 당하는 고난을 보고 그의 친구 빌닷이 했던 말입니다.

목사님들이 가장 많이 인용하는 성경 구절 중 하나는 "너희는 먼저 그의 나라와 그의 의를 구하라. 그리하면 이 모든 것을 너희에게 더하시리라."(마태복음 6장 33절)입니다. 이 말씀을 빌려 "하나님 잘 믿으면 모든 것을 다 주신다."고 치부하는 말씀입니다.

이 구절을 영문 성경(NIV)으로 보면 But seek first his kingdom and his righteousness, and all these things will be given to you as well입니다. 여기서 "이 모든 것"으로 번역된 영어 구절은 "all these things"인데 여

기서 this의 복수인 these가 가리키는 것은 무엇인가를 바로 새겨보아야 합니다. 앞의 두 구절에서 이 모든 것에 대한 해답이 있습니다.

"그러므로 염려하여 이르기를 무엇을 먹을까 무엇을 마실까 무엇을 입을까 하지 말라" 즉 먹을 것, 마실 것, 입을 것입니다. 하나님은 다 주실 수 있지만 다 주시지 않으십니다.

저는 목사님들이나 선교사님들이 이 말씀을 절감할 것이라고 생각합니다. 이분들에게 먹을 것 마실 것 입을 것이 염려의 대상이 되지 않는 것은 이 절대 약속을 믿기 때문인 것입니다. 하나님의 일을 한다고 모든 것을 주신다고 약속하지 않으셨습니다. 이 말씀의 진리를 믿으니 저 또한 먹고, 마시고, 입을 것에서 자유함을 고백할 수 있는 좋은 아침입니다.

포기   2016. 10. 14.

삼성전자가 국내외에서 잇따라 발생한 발화 사고의 여파를 진화하기 위해 공들여 내놓은 신제품 스마트폰 갤럭시 노트7의 생산 및 판매를 중단하고 단종하기로 결정했습니다. 지난 주말 미국의 4대 이동통신사들과 베스트바이 등 주요 유통사들이 자체적으로 판매 중단을 한 이후에 나온 결정입니다.

언론매체를 통해 알려진 이 삼성 제품의 발화 사례는 미국 여섯 건, 한국 한 건, 중국 한 건, 대만 한 건 등에 불과합니다. 그렇지만 삼성

전자는 수조 원의 손실을 무릅쓰고 이 제품을 포기했습니다. 저는 나름대로 삼성전자의 발 빠른 판단과 결정에 응원을 보냅니다.

포기도 하나의 결정입니다. 모든 것을 포기해야 할 때가 있고 부분적으로 포기해야 할 때가 있습니다. 모든 포기는 더 나은 선택을 위한 결정입니다. 이번 삼성의 포기도 '두 발 앞서가기 위해 한 발을 후퇴'하는 결정입니다. 그렇지만 분명 포기하지 말아야 할 것이 있습니다. 그것은 스스로 자기 생명을 포기하는 것입니다.

며칠 전 저의 한 친구도 8개월 동안 밤낮없이 개발하던 의료장비를 포기하고 새로 개발하기로 했습니다. 고집을 피우지 않고 고객이 원하는 데 초점을 맞추기로 했습니다. 더 나은 것이 보이기 때문에 포기하는 것입니다. 모든 중요한 결정에는 포기가 따릅니다.

예수님을 따르기로 결정한 열두 제자들은 하던 생업과 가족을 포기했습니다. 사도 바울은 자기의 학식과 신분과 명예를 포기했습니다. 자기가 알고 있던 모든 지식과 전통이나 가치를 다 쓰레기로 여겼습니다. 진리를 만나고 나서 삶의 가치 기준이 달라지니 포기할 것이 생겨난 것입니다.

곰곰이 생각해보니 진정한 믿음은 내 것을 포기하는 것입니다. 진정한 사랑도 내 것을 포기하는 것입니다. 진정한 소망도 내 것을 포기하는 것입니다. 움켜쥐었던 마음의 주먹을 펴고 움츠렸던 마음의 팔을 펴고 기지개를 펴봅니다. 이 아침 더 큰 포기를 위해 작은 포기를 솎아낸 삼성전자를 위해 기도합니다.

많은 것을 포기하고 조국과 가족을 등지고 복음전파를 위해 순례하는 수많은 선교사님들과 그 가족들을 위해 기도합니다.

누구든지 나를 따르려면 자기를 부인하고
날마다 자기 십자가를 지고 따라야 한다. *(누가복음 9장 23절)*

가을 고향길   2016. 10. 16.

너른 논에 처져있는 누런 볏목을 보며
가지가지에 달린 홍시들을 보며

까마잡잡한 씨방이 품어내는 들깨 향을 맡으며
외손녀 기쁨이 주먹만 한 왕대추를 따 먹으며

제철 가시박 꽃에 몰려든 벌 날갯짓
공진 소리를 들으며

잔잔한 강물 위를 낮게 날아가는 큰 새를 보며
까마중보다 넉넉한 오갈피 열매를 보며

노랗게 변한 콩잎에 가린 잘 익은 콩들을 보며
여우꼬리 닮은 보드란 수크령 틸꽃을 만져보며

         신(信), 언(言), 행(行) 아침 단상

여전한 참새들의 수다소리를 들으며
아직은 먹을 만한 호박잎 순을 몇 잎 따며

낙엽송이 가려 뵈지 않는 아버님 누워계신
앞산을 바라보며

참 샘에서 흘러내리는 냇물 소리를 들으며
피라미들의 날쌘 몸짓을 보며

유유자적하는 소금장수를 보며
아침 나들이하는 올갱이들이 그려내는
물속 길 자국을 보며

자연 순환의 과정을
생각해봅니다.

씨
뿌리
줄기
가지
잎
꽃
열매
씨

인생을 초목으로 따지면
지금은 열매를 내고 씨가 맺혀야 할 때

생각을 다지며 걷는 고향의 아침 길은
오늘도 안온하기만 합니다.

더 더 나은 곳 2016. 10. 17.

저는 고향 옥천을 자주 갑니다. 볼만한 경치가 있거나 반겨주는 사람이 있어서가 아닙니다. 그렇다고 큰 농사를 짓기 때문도 아닙니다. 석 달 전에 서울에 있는 요양원으로 거처를 옮기시기 전에는 엄니를 뵈러 매주 가다가 지금은 텃밭에 심어놓은 것들을 돌보고 거두러 오갑니다.

엊그제 고향 마을에 집을 짓고 수시로 오가는 8촌 누이 집을 지나려니 제게 말을 붙였습니다. "동생 언제 왔어? 이것 좀 봐. 올해 농사를 지은 고구마야. 이건 대추고……. 여름 가뭄 땜에 올해는 버렸네. 농사짓는 건 아니지만……. 이곳 사람들 생각대로라면 사 먹고 말지. 서울서 여기까지 시간 들여 돈 들여 누가 오겠어?" 하면서 한두 관도 안 되는 고구마와 반말쯤 되어 보이는 대추알이 든 부대를 보여주었습니다.

지난여름 작물이 한창 성장해야 할 때 고향 마을에는 8주가 넘도록 비 한 방울 내리지 않았습니다. 그래서 올해는 고구마나 대추 열매가 부실하고 감나무에 감도 일찍 떨어지고 가지에 남은 건 까치밥 정도라 딸 게 없습니다.

그 누님 말처럼 마을 친척 어르신들이 종종 말씀들 하십니다. "여기 오가는 비용이면 몇 배나 더 좋은 것들을 사먹을 텐데 고향이라고 비싼 돈을 들여 찾아오느라고…… ."

갈 곳이 많지만 고향을 향해 가는 것은 수구지심(首丘之心)일는지요. 아직은 아니라고 잡아뗄 수 없는 나이가 되었습니다. 주말이나 휴일에 어느 곳을 가서 무엇을 할 것인가를 결정하는 기준은 '더 나은' 것을 선택하는 것입니다.

고향을 떠나와 타지에서 본향을 향해 가는 순례의 길을 갔던 믿음의 선진들이 있었습니다. 저는 고향으로 돌아가 하늘 본향을 향한 순례의 여정을 마무리하려고 생각하고 있습니다. 그래서 고향도 찾고 본향도 찾으렵니다. 이 아침에 고향을 떠나 부르시는 명에 따라 이국 타향 멀리에서 '더 나은' 본향을 찾아 순례하는 님들의 샬롬을 기도합니다. 원문 성경을 찾아보니 그곳은 '더 나은 곳'이 아니라 '더 더 나은 곳(δὲ κρείττονος)'입니다.

그들이 나온바 본향을 생각하였더라면 돌아갈 기회가
있었으려니와 그들이 이제는 더 나은 본향을 사모하니
곧 하늘에 있는 것이라. (히브리서 11장 15~16절)

심신(深信)

제가 SNS를 통해 친구 삼은 분들 중에는 저와 같이 기독교 신앙을 가진 분들이 대부분이지만 불자(佛子)들도 적지 않습니다. 비록 인터넷과 전파를 매체로 하는 사귐이지만 실제 친구같이 좋으신 분들이 계십니다. 다른 종교의 진리를 따르고 있지만 그 신심(信心)에 경의를 표하게 되는 분들이 있습니다. 심신(深信)에 이르면 여하한의 유혹으로부터 자유롭게 되나봅니다. 9월부터 친구 된 한 불자 시인께서 어제 올린 한 스님의 이야기가 있습니다.

낡은 차를 몰고 다니는 시골의 작은 암자에 한 스님이 있습니다. 어느 날 강남의 한 여사장 신도가 외제차 영업직원을 보내 새 외제차 한 대를 시주했답니다. 스님은 차키를 달라고 해서 절 주변의 고속도로를 한 바퀴 신나게 달리고 난 뒤 돌아와서 이런 말을 하면서 차키를 돌려주었답니다. "차 정말 시원하게 잘 굴러가던데. 그 사장님께 잘 탔다고 전하시게." 그 말을 들은 시인이 족히 1억 원이 넘는 차를 돌려보낸 것을 아쉬워하며 묻자, "이름도 모르는 여인이 주는 외제차를 덥석 받는 놈이 어디 있어. 그 차를 타고 다니다가 부처님이고 나발이고 수행은커녕, 내 명에 오래 중질하지 못해."

며칠 전에는 제 고향 옥천에서 개척교회를 세워 사역하는 올해로 세는 나이 삼십인 전도사님도 비슷한 글을 올렸습니다. 그는 그동안 차별성 있는 시골목회로 여러 방송을 통해 제법 알려진 명사가 되었습니다. 그러던 지난 달 어느 날 자동차회사 중역으로부터 교회에 새 중형

차 한 대를 기증하겠다는 통보를 받았습니다. 마침 차가 낡아서 교체할 시기가 되었던 참이었습니다. 그는 혼자, 연애할 때보다 더 설레는 맘으로 하루를 지내고 고민하며 스승 같은 어머니와 의견을 나누었습니다. 실은 어머니와 의견을 나누기도 전에 자꾸 기도할 때마다 마음이 무거워짐을 느꼈습니다. 부담감이 느껴졌습니다. 그리곤 여지없이 어머니와 나누다가, 욕심만 더 생기고, 허세만 늘 뿐 유익이 없을 것이라 판단하여 정중히 거절했습니다.

제가 스님이나 전도사님이었다면 감사하며 넙죽 받았을 것입니다. 대부분의 사람들은 자신에게 큰 호의를 베푸는 것을 은혜와 자비로 알고 받습니다. 교인이나 신도가 사준 최고급 외제차를 자랑하며 타고 다니는 목사들과 스님들을 보았습니다. 저도 그랬다면 십중팔구 자랑스레 나발 불고 다녔을 것입니다. 내 차 좀 보라고, 내가 이런 사람이라고……. 하나님의 은혜라고.

스님과 전도사님 같은 분들이 계셔서 여전히 세상은 살맛이 납니다. 저들은 이미 스스럼없이 자신은 받을 만한 가치가 있는 존재라고 믿는 한 그 신심(信心)은 망가지고 심신(深信)은 사라지는 것을 알고 있습니다.

진리가 내 안에 거주하며 날 자유롭게 하는 것은 혹(惑)이 혹 되어 한 방에 훅 가는 것을 알게 하기 때문입니다. 혹(惑)을 못 이겨 은전 삼십 개를 받고 따르던 진리를 팔았던 유다가 생각나는 아침입니다. 진리가 삶에 녹아드는 하루를 살고 싶습니다.

진리를 알지니 진리가 너희를 자유케 하리라. (요한복음 8장 32절)

세금내기

미국을 처음 가봤던 때가 30년이 되어갑니다. 한국전쟁이 끝나고 불기 시작한 아메리칸 드림을 꿈꾸며 많은 한국인들이 찾았던 곳 미국. 지금은 한국이 더 좋다고 유턴하는 역이민이 늘고 있다고 합니다. 미국을 처음 업무차 방문해서 여러 가지를 보고 놀랐는데 그중 가장 놀란 것은 초대형 쇼핑몰이었습니다. 지금은 한국에도 있는 이마트, 홈플러스, 롯데마트 같은 대형 판매점입니다. 그때에 우리나라에는 동네에 있는 약간 큰 슈퍼마켓이 전부였습니다.

당시에는 외국에 나갔다 귀국하면서 가족과 친지, 직장 상사나 동료들을 위해 선물을 사는 것이 관례처럼 행해졌습니다. 귀국 전날 저도 그 큰 쇼핑몰에 들러 이것저것 샀습니다. 아주 작은 일제 카메라도 기념으로 샀습니다. 나름대로 가지고 있는 달러를 고려해서 사고자 하는 물품값을 계산해가며 계산대로 가져갔습니다.

신용카드가 보편화되지 않던 때라 계산하려면 줄을 서서 한참을 기다려야 했습니다. 미국 사람들은 우리처럼 계산이 빠르지 않아 더 기다려야 했습니다. 미국 사람들의 계산법은 100달러는 내고 물품 대금 75달러를 계산해 25달러를 내주려면 우리처럼 '100빼기 75는 25'로 자동 암산이 되는 것이 아닙니다. 75달러에 100달러를 채울 때까지 10달러, 10달러, 5달러를 채워 나가는 식입니다.

그런데 내 차례가 되어 곤란을 겪게 되었습니다. 미국은 우리나라처럼 파는 물건값에 세금이 붙어 있는 것이 아니었습니다. 세금을 별도로 계산해야 했습니다. Sales Tax라는 것이었습니다. 귀국에 앞서 남

신(信), 언(言), 행(行) 아침 단상

은 돈에 맞추어 골라 샀는데 세금을 따로 내야 하니 할 수 없이 몇 개를 빼고 계산했습니다. 아깝고 억울한 것 같았지만 미국이 잘사는 이유인가 싶었습니다.

엊그제 카센터에서 차를 손보고 에어컨 필터를 갈고 나서 계산을 하게 되었습니다. 그 카센터에서도 여느 카센터와 같은 말을 했습니다. "계산을 어떻게 해드릴까요. 현금으로 하실 거예요? 카드로 하실 거예요?" 저도 같은 말을 했습니다. "카드는 10% 부가세를 내야 한다고요? 카드로 하겠습니다." 카센터에는 개업 때 주인이 출석하는 교회에서 걸어준 성경 구절이 적힌 액자가 걸려 있었습니다.

네가 들어와도 복을 받고 나가도 복을 받을 것이니라. (신명기 28:6.)

카센터 주인이든 비용을 지불해야 하는 사람이든 정해진 부가세를 내지 않는 것은 국가에 대한 횡령이자 도적질입니다. 그렇게 돈 벌고, 아껴서 출석하는 교회에 헌금하는 것은 기뻐 받으실 만한 향기로운 제물이 아니라고 생각됩니다. 오늘도 시간 시간이 향기로운 제물 되기를 소망합니다.

식사기도 2016. 10. 20.

얼마 전 회사 식당에서 점심식사를 들기 전에 기도를 하고 나니 옆에서 같이 앉아 식사하던 회사 직원이 제게 궁금한 게 있는데 물어도 되냐고 했습니다. 물어보라 했더니 제가 매번 식당에서 식판을 앞에 두고 고개를 숙이고 무슨 기도를 하는지 궁금하다는 것이었습니다.

일본의 사사키 후미오가 지은 책 『나는 단순히 살기로 했다』를 읽어 보면 선(禪)을 수행하는 사람들은 식사 전에 다섯 가지를 음미하고 기도한다고 합니다.

첫째는 자신의 눈앞에 있는 음식이 만들어지기까지의 내력을 생각합니다. 재료가 어떻게 재배하고 조리하는 음식인지, 어느 분의 어떤 수고를 거쳐 자신 앞에 놓인 음식인지 각 과정을 음미해봅니다. 둘째는 오늘 앞에 놓인 음식을 먹을 만큼 덕과 선을 행했는지를 자문해봅니다. 셋째는 음식을 탐하거나 욕심부리지 않으며 다른 것은 생각하지 않고 눈앞에 있는 식사에만 집중합니다. 넷째는 미식가의 기준으로 음식이 맛있는지 맛없는지를 판단하지 않고 생명을 유지하기 위해 먹습니다. 다섯째로 자신이 끝까지 해내고 싶은 목표를 위해서 놓인 음식을 먹습니다. 수저를 뜨기 전에 먼저 제게 질문한 직원에게 답을 말해주어야 했습니다. 그래서 저는 이렇게 대답을 했습니다.

첫째는 제게 수저를 뜰 수 있는 형편과 건강과 식욕을 주신 내가 믿는 하나님께 감사드리고, 둘째는 주방에서 조리하느라 수고하신 아주머니께 감사드리고 셋째는 마주 앉고 옆에 앉아 함께 식사하는 분들에게 은혜를 베풀어주시길 축복하고, 넷째는 이 땅 위에 먹을 수 없는 형편에 있는 사람들에게 은혜를 베풀어주시길 기도한다고 했습니다. 특별한 일이 없는 한 반복되는 저의 점심식사기도입니다.

> 너희 속에 있는 소망에 관한 이유를 묻는 자에게는 대답할 것을
> 항상 준비하되 온유와 두려움으로 하라. (베드로전서 3장 15절)

밥을 앞에 두고 부끄러워하지 않고 감사 기도드리는 것. 기도하는
자신에게는 물론 믿지 않는 분들에게 분별된 영향을 끼칩니다. 음식을
두고 감사하는 사람은 그렇지 않은 사람보다 분명 행복합니다. 일본의
한 작가도 자신의 책에 "감사하는 때야말로 행복하다."라고 적었습니
다. 감사하고 식사하는 사람에게 주어진 음식은 반찬이 소홀해도 그저
맛있을 수밖에 없습니다. 어떤 음식이 나와도 감사히 먹을 수 있습니
다. 그래서 오늘 아침도 감사함으로 대하게 됩니다.

> 모든 육체에게 식물(食物)을 주신 이에게 감사하라.
> 그 인자하심이 영원함이로다. (시편 136편 25절)

기쁨이의 성경 암송   2016. 10. 21.

어릴 적 매주 교회에 출석하면 주일학교에서 매주 외워야 하는 요절
이 있었습니다. 학창시절 교회 중고등부 수련회 가서는 식사할 때마다
요절을 외워야 밥을 먹을 수 있었습니다. 지금은 교회에 출석하지 않
고 있지만 어릴 때 친구 따라서 예배당에 갔던 사람들은 아마도 이 구

절을 기억하고 있을 것입니다. "하나님이 세상을 이처럼 사랑하사 독생자를 주셨으니 이는 저를 믿는 자마다 멸망치 않고 영생을 얻게 하려 하심이라. 요한복음 3장 16절 말씀."

기독교인이면 주기도문이나 사도신경처럼 누구나 암송하는 구절입니다. 성경에 있는 3만여 절의 말씀 중 이 구절은 '요약된 복음' 즉 '복음의 엑기스'가 되는 구절입니다. 이 구절은 기독교의 핵심주제를 요약한 것입니다.

엊그제 저녁 네 살짜리 외손녀 기쁨이가 할아버지와 영상통화를 하고 싶어 한다고 전화를 걸어왔습니다. 기쁨이가 할머니 스마트폰 카메라에 대고 "주 예수를 믿으라. 그리하면 너와 네 집이 구원을 얻으리라. 사도행전 십육 장 삼십일 절 말씀 아멘."하고 암송을 했습니다. 저는 기분이 너무 좋아 아낌없이 물개박수를 보내주었습니다. 너무 잘했다고 할아버지가 뭘 해줄까, 하니 기쁨이는 족발하고 초콜릿을 사달라고 합니다. 하하하. 암, 사주어야지요. 사주고말고요.

기쁨이가 태어나서 처음으로 성경을 암송한 것입니다. 이번 주일에 예배당에 가서 여러 사람 앞에서 암송하기 위해 연습을 시켜 외운 것이랍니다. 기쁨이가 암송하는 이 말씀은 신실하신 하나님의 약속입니다. 기쁨이가 하나님의 약속을 받았습니다. 흠이 없는 하나님의 자녀로 깨끗하고 순수한 삶을 살아 하늘의 빛나는 별처럼 빛나고(빌립보서 2장 15절) 많은 사람에게 구원받는 진리를 삶으로 전하는 기쁨이가 되기를 마음껏 축복하는 아침입니다.

주의 말씀은 내 발의 등이요 내 길의 빛이니이다. (시편 119편 105절)

신(信), 언(言), 행(行) 아침 단상

다문화시대

"타향도 정이 들면 정이 들면 고향이라고 그 누가 말했던가 말을 했던가……."로 시작되는 '고향이 좋아'라는 노래가 저희 젊을 때 유행했습니다. 고향에 사는 한 고향을 고향이라고 하는 것은 좀 그렇습니다. 타향에 살아야 고향을 생각하게 되고 그리워하기 마련입니다. 한 나라에 있는 고향을 떠나 타지에서 사는 사람도 고향이 그리운데 이역만리 땅 타국에서 와서 사는 사람들은 고향이 얼마나 그립겠나 싶습니다.

제가 몸담고 있는 회사에는 십여 명의 외국인 근로자들이 있습니다. 외국인 근로자들은 크게 두 부류로 나뉩니다. 하나는 우리나라 남자와 결혼해서 사는 사람과 다른 하나는 취업해서 돈을 벌기 위해 온 사람들입니다. 한국 남자와 결혼한 뒤 이혼하고 자식과 같이 사는 사람도 있습니다. 아주 행복한 결혼 생활을 하는 사람도 있습니다. 지난주에 베트남에서 와서 한국 남자와 결혼해 아들과 딸을 낳고 잘 살고 있는 한 여성 근로자가 달려와서 상기된 얼굴로 제게 말을 했습니다. "저 시험에 합격했어요. 축하해주세요." 이 여성은 늘 다른 사람보다 일찍 출근하고 성실하게 일을 합니다. 제가 무슨 시험을 치렀는데 그리 기뻐하냐고 물었습니다. 한국인 귀화시험을 치렀답니다.

어렵다고 하는 시험을 위해 석 달 동안 늦게 퇴근하여 밤 열두 시를 넘기며 공부했더니 90점을 맞았다고 자랑스레 말을 이어갔습니다. 눈 속에 눈물을 담은 그녀가 웃으면서 말했습니다. "저는 우리 아이들이 곧 유치원에 가고 학교에 가야 하는데 엄마가 베트남 사람이라고 놀림

당하지 않았으면 해요. 그래서 저도 당당히 한국인이 되고 싶어요." 저는 엄지를 들어 올리며 "잘했어요. 축하해요. 훌륭한 엄마가 될 거예요."라고 말해주었습니다. 동서고금 막론하고 여자는 약하지만 엄마는 강합니다.

2015년 통계에 따르면 타고 자란 조국 고향을 떠나 한국사람과 결혼해서 낳은 18세 이하 자녀가 20만 명이 넘습니다. 다문화시대에 사는 외국인 엄마들은 이중삼중으로 마음이 아픕니다. 능력 없는 남편을 만나 뒷바라지하랴 생김새가 다르다는 이유로 편견과 질시를 받으며 아이들을 키웁니다. 몇 번이고 자기 나라로 돌아가려던 마음을 접고 사는 사람들이 많이 있습니다. 그것은 자신이 낳은 아이들 때문입니다.

저는 사무실 직원들에게 외국인 직원들에게 함부로 반말하지 말라고 부탁을 한 적이 있습니다. 우리 사회는 외국인이라는 이유로 함부로 반말하고 홀대하고 무시하는 것부터 고쳐야 합니다. 말은, 하는 사람의 인격과 정서를 담습니다. 듣는 사람은 그 인격과 정서를 마음에 담습니다. 그들이 진정 한국의 토양과 문화에 젖어 살아갈 수 있도록 보듬어주고, 말부터 삼갔으면 좋겠습니다. 한국인 귀화시험에 합격해 자랑하는 여직원의 모습이 눈에 삼삼합니다. 절차에 따르면 6개월 뒤에 정식으로 한국인이 된다고 합니다. 오늘 아침에는 이 땅에 와서 자식 낳고 사는 외국출신 엄마들과 그 자녀들을 축복합니다.

네가 만일 그들을 해롭게 하므로 그들이 내게 부르짖으면
내가 반드시 그 부르짖음을 들으리라. (출애굽기 22장 23절)

신(信), 언(言), 행(行) 아침 단상

시(詩)   2016. 10. 25.

시(詩)는
말(言)이
머무르는
사찰(寺)입니다

작은(寸)
밭(土)에서
일구어가는
求道입니다

삶을 관조하는
절제입니다

집착을 벗겨내는
아픔 뒤에
드러나는

속살과
마주하는

작은
희열입니다.

급훈(級訓)

저는 어려서 한때
교사가 되고 싶었습니다.

담임선생이 되면 조금 길지만
이렇게 급훈을 적어
액자에 넣어 교실 칠판 위 한가운데
걸어두고 싶었습니다.

급훈

내가 있음으로 내 사는 곳이 더 환해지고
더 밝아지고 더 맑아지고 더 훈훈해지는
내가 되자

교사가 못 되어 담임선생도 못 되고
급훈을 적어 걸지도 못했지만

여전히 저는 그런 마음으로
살고 싶습니다.

법과 원칙

저는 26년 전 주일을 온전히 지키기 위해 직장을 옮겼습니다. 옮긴 직장에서 부서장이라고 책정된 급여 외에 판공비가 이십만 원씩 나왔습니다. 그때는 적지 않은 돈이었습니다. 저는 첫 달에 쓴 금액만큼 영수증을 모아서 나머지 금액을 경리과에 반납하라고 여직원에게 시켰습니다.

그랬더니 경리부장이 저를 찾아와서 "이제까지 어느 누구도 판공비를 반납하는 사람이 없었습니다. 남은 금액만큼 거짓 영수증이라도 만들어서 이십 만원을 채워주시고 돈은 알아서 쓰시면 됩니다."라고 말했습니다. 저는 "제게 주는 수당도 아닌데 제 맘대로 할 수 있나요. 좀 이상한데요. 알겠습니다." 하고 일단락을 졌습니다.

그리고 후에 부서장들이 "자기만 깨끗하다고 하면 우리는 뭐가 되는 거야." 하는 뒷 담화를 돌려 듣게 되었습니다. '뭐가 잘못된 것인가?' 하는 생각이 들었습니다. 저는 남은 금액을 가지고 부서비로 사용하도록 했습니다. 두어 달 지나고 나서 알고 보니 부서장에게 주는 판공비는 모두 'in-my-pocket' 되는 돈이었습니다. 회사에서 접대비, 회식비를 별도로 인정해주었기에 판공비는 실제적으로 본래의 목적상 그리 많이 사용되지 않았습니다.

판공비는 '업무추진비'라고도 불리는 비용의 명칭입니다. 노력이나 수고에 대한 대가나 보수, 급여가 아닙니다. 해당 직무를 수행함에 있어 필요한 경비에 충당하도록 책정된 금액입니다. 그래서 임의로 쓸

수 있는 돈이 아닙니다. 임의로 사용하면 횡령이 되는 것입니다. 그래서 저는 제가 아는 기준대로 쓰고 나머지는 부서비로 쓰도록 견지했습니다. 회사에서 부서장을 배려하는 차원에서 회계상 비용처리하고 선심으로 주는 것일 수도 있었지만 저는 나름대로 알고 있는 원칙을 고수하고 싶었습니다.

진정한 선진국은 '법과 원칙이 통하는 사회'로 이루어집니다. 세간의 이슈들은 원칙이 무시되고 법을 두려워하지 않는 결과들이라고 생각합니다. 기성세대의 한 사람으로 다음 세대에 물려줄 것이 없다는 생각을 하니 부끄럽기 짝이 없습니다. '나 하나쯤'이 '나 하나라도'로 바뀌어 나중에 '당신들이 한 게 뭐요'라고 물을 때 당당히 말해줄 답변을 만들어야겠습니다. '법과 원칙 앞에 부끄럽지 않게 살려고 노력했다.'라고. 이 아침에는 작금의 세태를 통해 지도자들이나 민초들을 교훈하시려는 하나님의 섭리를 새겨봅니다.

오직 공법을 물같이, 정의를 하수같이 흘릴지로다. (아모스 5장 24절)

올챙이 송   2016. 10. 28.

세계적인 소프라노가 멋들어지게
부르는 유명 가곡보다

신(信), 언(言), 행(行) 아침 단상

두 돌 앞둔 외손녀 다애가 어눌하게
부르는 '올챙이 송'이 훨씬 저를 기쁘게 합니다.

새로 개업한 35년 된 풍천장어 구이보다
새로 오신 구내식당 아주머니가 만들어 내놓은
생고등어조림이 훨씬 맛납니다

행복은 소소小小한 데서
소소笑笑하며 찾아옵니다.

살맛나는 가을 2016. 10. 29.

저만 아니라 대부분의 사람들이 가을이 되면 입맛이 돈다고 합니다.
입맛이 당긴다고 합니다. 가을에 입맛이 돌고 당기는 것은 과학적으로
증명된 사실입니다. 가을에는 기후가 선선해져 인체의 혈액순환이 원
활해지면서 위산분비와 위장운동이 활발해져서 공복감을 빨리 느끼게
됩니다. 그리고 여름에 비해 현저히 줄어드는 일조량의 변화로 세로토
닌 분비량이 줄어들어 식욕이 증가한다고 합니다.

가을이라는 이유 외에 저는 요즈음 입맛이 더 당기는 이유가 생겨났
습니다. 저는 평일 점심 저녁을 주로 직장의 구내식당에서 하는 편입
니다. 구내식당에서는 한 분의 아주머니께서 60여 명의 식사를 조리

하십니다. 몇 주 전에 4년 넘게 구내식당에서 일하던 아주머니께서 식당을 차린다고 그만두었습니다. 그리고 새로운 분이 들어오셨습니다.

새로운 변화가 생겨났습니다. 밥 대신에 컵라면을 먹던 젊은 직원들이 줄어들기 시작했습니다. 지난 며칠 전에는 외근을 다녀와 점심시간 끝 무렵이 되어 구내식당에 갔더니 밥이 떨어졌습니다. 하는 수 없이 컵라면을 달라고 하니 아주머니께서 "이상하네요. 밥을 많이 했는데도 모자라네요. 죄송해요." 하면서 컵라면을 건네주었습니다.

구내식당에서 조리하는 아주머니가 바뀌고 나서 불평보다 칭찬이 많아졌습니다. 밥맛도 달라졌고 서로들 반찬이 자기 입맛에 딱 맞는다고들 밥을 더 퍼가고 반찬을 더 챙겨갑니다. 잔반도 현저히 줄어들었습니다.

제가 새로 오신 아주머니를 채용하기 전에 부탁을 했습니다. "다른 것은 없습니다. '집에서 먹는 밥'과 같이 만들어 주세요." 제가 부탁해서 그런 것은 아니겠지만 모두들 집에서 먹는 것과 같이 식사를 즐깁니다. 새로 오신 분은 전에 일하시는 분에 비해 좋은 차별성을 지니고 계십니다. 늘 웃는 표정으로 즐겁게 일을 하십니다. '최소한의 노동'이 아닌 '최대한의 정성'으로 식사를 준비하십니다. 무슨 반찬을 할까 궁리하며 손이 많이 가는 번거로운 반찬도 만들어 내놓습니다. 남는 시간에도 식당 주변을 쓸고 닦느라 분주합니다. 직원들이 식반을 반납하면서 '잘 먹었습니다' 하는 소리가 늘어났습니다.

입맛이 나면 살맛이 납니다. 그래서 요즈음 살맛이 납니다. 한 분의 아주머니가 60여 명을 살맛나게 만들어 주십니다. 거기에는 비법으로 만들어진 조미료와 향신료가 들어있습니다. 최고의 미소(味素)는 미소(微笑)입니다. 그리고 자발적인 정성입니다. 마지못해 하는 일은 피곤한 노동입니다. 즐거움으로 정성을 쏟는 일은 예술이며 구도(求道)입니다. 그런 오늘을 살고 싶습니다. 오늘도 맛난 점심이 기대됩니다.

네가 진리의 말씀을 옳게 분변하며 부끄러울 것이 없는 일군으로 인정된 자로 자신을 하나님 앞에 드리기를 힘쓰라. (디모데후서 2장 15절)

다짐   2016. 10. 30.

덕지덕지 붙어있는
집착의 딱지들을
벗겨내고 떼어내야지

내 마음의 속살이 드러날 때까지
강산이 여섯 번 바뀔 동안 두르고 또 두른
가식의 포장들을 벗겨내야지

아가적 뽀얀 살 솜털이 보일 때까지
그리고 뚜벅뚜벅 걸어가야지
하늘이 나를 오라 부를 때까지.

알곡과 쭉정이

천사의 나팔 닮은 다투라
하와이 무궁화 닮은 접시꽃
새 각시 족두리 닮은 풍접초

한 계절을 풍미했던 꽃들은
뜨거웠던 정열의 추억을 남기고
죽은 듯 살아있는 생명을 품고
새 여름의 꿈을 담은 씨앗들을 남기고
사라져갑니다

오늘 마른 씨방들을 흔들어
꽃씨를 털었습니다.

지난주에는 들깨를 수확해서 털었습니다. 엄격히 말하면 들깨의 씨를 털었습니다. 씨를 고르기 위해서는 검불과 씨방 껍질 그리고 쭉정이를 걸러내야 합니다. 작은 양의 씨는 손으로 비벼 입으로 살살 불어내면 속 찬 씨앗만 남습니다. 예전 같으면 많은 양의 들깨는 도리깨질을 하고 나고 키질을 해서 알갱이를 골라냈습니다. 저는 여름에 쓰던 선풍기를 활용해서 까불렀습니다.

처음에는 선풍기 바람에 들깨 알들이 검불과 씨방 껍질과 함께 날아가는 것 같아 안타깝습니다. 그런데 날린 들깨 씨들을 확인해보니

228   신(信), 언(言), 행(行) 아침 단상

속이 차지 않은 쭉정이들이었습니다. 손가락으로 살짝만 눌러도 찌그러집니다. 제대로 알이 찬 들깨 알들은 쭉정이와 같지 않아 쉬 바람에 날리지 않았습니다.

씨나 깨나 알갱이는 쉽사리 바람에 날리지 않고 쭉정이는 검불과 함께 힘없이 날렸습니다. 추수 뒤에는 반드시 알곡과 쭉정이가 나눕니다. 보기에는 쭉정이가 알곡과 같아 보이지만 실제는 다릅니다. 그것은 바람에 나는 겨와 다를 바 없습니다. 꽃씨를 털고 들깨를 털어 까부르며 진리를 되새깁니다. 알곡 진 삶을 살고 있는지 쭉정이 진 삶을 살고 있는 돌아보는 아침입니다.

알곡은 모아 곳간에 들이고
쭉정이는 꺼지지 않는 불에 태우시리라. *(마태복음 3장 12절)*

어머님의 구순 생신

2016. 11. 18.

얼마 전 어머님 구순 생신이 되어 하루 근무를 쉬고 아내와 함께 엄니 계신 요양원에 갔습니다. 새벽에 일어나 어머님의 모습이 담긴 50여 매의 사진을 캡처해서 컬러로 프린트해서 큰 종이에 오려 붙여 가지고 갔습니다.

어머님의 시부모 즉, 저의 조부모 사진과 어머님의 남편 즉, 저의 아버님 사진 그리고 어머님의 자식들과 증손자, 증손녀들 사진과 어머님 얼굴이 나온 사진들입니다. 아내는 다른 어르신들의 소외감을 생각해서 적당히 하라고 합니다. 떡 대신 두 종류의 빵과 생일 축하 케이크와 연시, 귤, 바나나 그리고 요구르트 음료를 요양원에 계신 어르신과 직원들 수만큼 샀습니다.

생신 며칠을 앞두고 요양원에 계시는 엄니를 형님댁에 모셔 온 가족들이 모여 구순 생신상을 차려 축하해드렸습니다. 그리고 어머님 생신에 맞추어 날짜가 다른 어르신 두 분과 함께 요양원 활동실에서 11월 생신 어르신을 위한 축하 파티를 했습니다. 준비해 간 사진을 벽에 붙이고 음식을 차려놓고 모인 어르신들과 직원들이 다 함께 노래방 반주에 맞추어 생일축하 노래를 부르고 나서, 제가 자원해서 '어머님의 마음'을 부르다 목이 메고 눈물이 나와 노래를 다 부를 수가 없었습니다.

"진자리 마른자리 갈아 뉘시고⋯⋯."하는 가사에서 그만 울컥했습니다. 이제는 자식들이 엄니의 '진자리 마른자리'를 갈아 뉘어드려야 하는데 요양원에 모셔 죄스러운 마음에 감정이 복받쳤습니다. 엄니도 서럽게 우셨습니다. 두 팔로 어머님을 안아드리며 울먹이는 목소리로 "죄송해요, 어머니⋯⋯. 고마워요, 엄니⋯⋯."라고 말씀드리니 엄니께서 더 서럽게 우셨습니다. 준비해 간 케이크의 아홉 개 촛불을 끄고 커팅을 하고 나서 어르신들의 기분이 다운되었다고 여겼는지 요양원 원장이 마이크를 받아 말했습니다.

"울지 마세요. 좋은 날 울기는 왜 우세요. 자 다 같이 우리의 세 가지 구호를 해보겠습니다. 시작! 잘 먹자, 잘 싸자, 잘 자자!"

신(信), 언(言), 행(行) 아침 단상

웃자고 한 말인지 집중시키려고 한 말인지 모르겠지만 큰 돌덩이를 맞은 것 같아 마음이 더 아팠습니다. 요양원 어르신들에게 아주 현실적인 구호였지만 많은 것을 생각나게 했습니다. 내 뜻대로는 안 되겠지만 아무렴 건강하게 살았으면 하는 바람이 앞섰습니다.

마음은 늘 시골집에 가 있는 어머님께서 건강이 회복되어 시골집에 가셔서 사시다가 백수연을 하셨으면 하는 마음으로 기도했습니다. '진자리 마른자리 갈아 뉘시고……' 노랫말이 마음속에 맴도는 아침입니다.

네 부모를 즐겁게 하며 너 낳은 어미를 기쁘게 하라. (잠언 23장 25절)

그리움
2016. 11. 19.

오늘따라
너무 진하지 않은 들기름 내음처럼
뒷맛이 은은한 향내가 그립습니다.
아주 뜨거운 불가마보다
따끈한 아랫목 구들장이 그립습니다.

얼얼한 매운탕도 좋지만
구수한 우거지 된장국이 그립습니다.

침 튀며 세상 얘기하는 사람보다
묵묵히 들어주는 사람이 그립습니다.

살아갈 날을 걱정하는 사람보다
지금 삶의 자리를 감사하는 사람이 그립습니다.

더 많은 것을 챙기려 하지 않고
있는 것마저 나누어 비우려는 마음이 그립습니다.

장엄한 오케스트라의 연주도 좋지만
바이올린으로만 연주하는 타이스의 명상곡이 그립습니다.

내 하는 일 불평하지 않고
정성을 다하며 미소 짓는 모습이 그립습니다.

추수한 논을 볼 때마다
서로를 챙겨주려던 의좋은 형제가 그립습니다.

항상 "너는 어디에 서 있는지 돌아보라."고 역설하던
신본주의(神本主義)와 복음주의를 입에 달고 가르치시던
노교수가 그립습니다.

어릴 적 추운 날
밖에서 놀다 들어와 잠자리에 들라치면

신(信), 언(言), 행(行) 아침 단상

이불 속에 밀어 넣은 내 차가운 발을
끌어당겨 녹여주시던 아버지가 그립습니다

내 인생은 살 만한 가치가 있는 것일까?
하늘의 별을 마주하고 둑에 누워
밤을 지새우며 고뇌하던 시절이 그립습니다.

밤을 낮 삼아 열정을 불사르던
40대가 그립습니다.

딸 아들을 세발자전거에 태워
동네를 한 바퀴 돌던 때가 그립습니다.

쌀이 모자라던 시절
혼식 확인한다고 친구 도시락 열어
보리밥알을 옮겨 심던 시절이 그립습니다.

조개탄 난로 위에 켜켜이 올려놓은 도시락에서
냄새나던 교실과 급우들이 그립습니다.

오늘따라 그리운 게 많습니다.
찬연했던 계절이 지나며
잿빛 그리움과 함께 새 계절이 옵니다.

우리가 바벨론의 여러 강변 거기에 앉아서
시온을 기억하며 울었도다. (시편 137편 1절)

슬리퍼와의 이별　　　　　　　　　　　2016. 11. 20.

엊그제, 3년 6개월을 함께 했던 슬리퍼와 이별을 하게 되었습니다. 옆구리가 낡아서 해지고 터져 더 이상 신다가 낭패를 당할 것 같았습니다. 회사의 이름은 알 수 없지만 바닥을 보니 MADE IN KOREA가 양각으로 드러나는 것으로 보아 한국업체에서 만든 것으로 여겨졌습니다. 그래서 담당 직원에게 동일한 것을 구해달라고 해서 바꾸어 신게 되었습니다.

제가 슬리퍼를 신고 생활하는 시간이 하루 열 시간이 넘고 이동 거리도 2Km도 넘습니다. 그런데 3년 6개월 동안 신을 수 있었던 것은 제조회사에서 슬리퍼를 잘 만들었기 때문입니다. 그래서 그 품질을 신뢰해서 똑같은 것으로 다시 구매하게 된 것입니다.

얼마 전에는 집에서 쓰던 김치냉장고가 고장 났습니다. 그 김치 냉장고는 우리나라 최대 기업인 S사에서 만든 것입니다. 냉장이 안 되어 AS를 부르니 수리가 안 되는 고장이라고 새것을 사는 수밖에 없다고 했습니다. 인터넷을 검색해보니 동일 회사 동일 제품에 대한 소비자들의 불만이 적지 않았습니다. 그래서 고장 난 것은 버리고 이번에는 다른 회사 제품을 구입했습니다.

　　　　　　　　　　　　　　　신(信), 언(言), 행(行) 아침 단상

하찮게 여겨지는 슬리퍼가 인생의 훌륭한 교사입니다. 신뢰하게 되면 또 찾게 되는 것입니다. 고장 난 김치냉장고도 좋은 교훈이 되어줍니다. 믿을 수 없다면 교체하기 마련입니다. 물건의 품질이 쓰는 사람의 신뢰를 좌우합니다. 마찬가지로 사람의 품질(人品)이 신뢰를 가늠하게 하는 척도입니다.

'나는 슬리퍼만큼은 살고 있나?' 하는 생각이 들었습니다. 가장 낮은 바닥에 몸을 붙이고 주인의 몸무게를 지탱하며 묵묵히 평생을 살다 가는 슬리퍼의 삶을 생각해 보았습니다. 애착했던 대상과의 이별은 아쉽습니다. 때로 아프기까지 합니다. 3년 반 동안 함께 했던 슬리퍼도 그랬습니다. 그래도 슬리퍼는 웃으며 제게 성경 구절 하나를 선물로 주고 떠났습니다.

> 낮은 형제는 자기의 높음을 자랑하고
> 부한 형제는 자기의 낮아짐을 자랑할지니
> 이는 풀의 꽃과 같이 지나감이라. (야고보서 1장 9절)

나눔은 행복   2016. 11. 21.

누구나 마음이 따뜻한 사람들의 이야기를 들으면 자신의 마음도 훈훈해집니다. 잔잔한 감동이 있습니다. 공감의 울림이 있습니다. 엊그제 우연히 TV를 보는데 34년간 남들이 꺼리는 결핵 환자 병동을 찾아

환자들의 머리를 깎아주는 분이 계셨습니다. 아버지의 대를 이어 이발을 하게 된 아들도 아버지와 함께 마스크를 쓰고 결핵 환자들의 머리를 손질하는 모습을 보고 제 마음이 훈훈해졌습니다. 얼마 전 제 조카 사위가 올린 글을 옮겨 적어봅니다.

오늘은 소방의 날. 아침에 아내에게 소방관분들께 작은 감사의 표현을 하라는 미션을 주었다.

항상 열악한 환경에서 시민들의 안전을 최우선적으로 수고하시는 분들께 작은 마음의 표현을 하고 싶었고, 우리 아이도 항상 감사하는 마음을 갖고 보다 베풀 줄 아는 아이로 성장했으면 하는 마음으로 준비하였다. 간단히 얘기하였지만 센스 있게 더욱 멋지게 준비해주고 남편의 마음을 이해해주고 공감해준 아내에게 고맙다. 우리 서원이도 소방관분들처럼 멋진 사람으로 성장해주길 기도한다. 소방관들 항상 감사하고 수고 많으십니다. 정말 감사합니다.

Ps. 김영란법 때문에 고민? 하다 법률 다 찾아보고 괜찮음을 알고 안도의 한숨…….

올린 사진은 소방관들에게 전해주었던 조카 가족들의 마음의 선물입니다. 조카의 마음이 예쁘고 그 마음에 기꺼이 함께하는 조카사위의 마음이 자랑스럽습니다. 행복은 늘 우리 마음이 만들어가는 것입니다. 그 마음은 더 좋은 것을 더 주고 싶어 하는 마음입니다. 아무나 할 수 있는 일이지만 아무나 하지 않는 기분 좋은 일입니다.

아내에게 올해는 김장을 하지 말고 사서 먹자고 했더니 기어코 해야 된다며 어제하고 말았습니다. 그리고 여느 해처럼 20년이 넘도록 김

신(信), 언(言), 행(行) 아침 단상

치를 나누고 있는 집에 가져다주었습니다. 냉장고도 크지 않아 가져간 김치를 밖에 두고 먹어야 하는 집입니다. 김치를 받아 든 분이 우리가 언제 김장을 하는지 궁금했다고 합니다. 김치를 전해주고 오면서 아내의 얼굴이 환해졌습니다. 제 마음도 훈훈해졌습니다.

마하트마 간디가 했던 말이 있습니다. "수천 명의 사람들이 고개를 숙이고 기도를 하는 것보다는, 하나의 행동으로 한 명의 사람을 돕는 것이 낫다."

날씨가 추워질수록 따뜻하고 훈훈한 삶이 그립습니다. 이 아침에 이 용사 아버지와 아들과 조카 가족을 가득 차게 축복합니다. 작은 나눔이 작은 행복입니다. 나누면 커지는 것이 행복입니다.

범사에 여러분에게 모본을 보여준 바와 같이 수고하여
약한 사람들을 돕고 또 주 예수께서 친히 말씀하신 바
주는 것이 받는 것보다 복이 있다 하심을 기억하여야 할지니라.
(사도행전 20장 35절)

두리안

2016. 11. 24.

엊그제 태국을 방문 중인 분께서 과일 농장에서 무제한으로 두리안을 잡숫고 있다는 사진을 올리셨습니다. 늘 웃는 그분의 모습과 두리안을 처음 먹어 봤을 때의 제 인상이 잠시 교차되었습니다.

두리안은 말레이시아 말로 '뾰쪽하다'라는 뜻을 가졌는데 표피에 뾰쪽한 돌기가 덮고 있어서 그런 것 같습니다. 두리안은 열대 나라에 가면 만나는 과일입니다. 저는 10여 년 전 친구 찾아 베트남에 갔다가 친구의 권유로 처음 먹었습니다. 두리안은 열대 과일 중에 맛이 으뜸이라 해서 '열대 과일의 왕'이라고 불립니다. 그래서 비쌉니다. 국내에서 3kg짜리 한 개가 십여 만 원 합니다.

그런데 이 맛난 과일을 먹어 본 사람은 세 부류로 나뉩니다. 저처럼 "아, 그 맛난 두리안, 싱싱한 두리안 마구 먹고 싶다!" 하는 '친 두리안' 부류. 그리고 정반대로 "에이, 양파 썩는 냄새 같기도 하고 똥 냄새 같기도 한 고약한 냄새. 그걸 왜 좋다고 하는지. 죽어도 못 먹겠는데." 하는 '반 두리안' 부류. 그리고 "냄새가 심하긴 해도 아주 못 먹을 건 아니더라구. 과일의 왕 정도는 아니지만 먹어볼 만한데" 하는 '중도 두리안' 부류가 있습니다. 각 사람마다 자신의 입맛에 따라 호불호가 있는 음식이 있습니다. 마찬가지로 정치나 종교는 물론 모든 세상사에 대한 성향이 있습니다.

최근에 불거진 정치 소용돌이로 인해 민심이 갈라지고 있습니다. SNS상에서도 그 정도가 심해져 가고 있습니다. 자신이 쓴 글에 반대하는 성향의 댓글을 단 사람에게 무자비한 댓글을 올리는 등 감정이 격화된 글들이 올라옵니다. 평상시에는 '주 안에서 더없이 좋은 형제들' 같은 목사님들도 각자의 성향과 기질이 적나라하게 드러나고 있습니다. "목사로서 할 말은 아니네요."라는 댓글도 보입니다. 어떤 경우라도 자신의 느낌과 의견을 비폭력적으로 주장하거나 피력하는 것은 나무랄 수 없습니다. 그러나 상대를 무시하고 자신의 신념만을 옹골차게 주장하는 것은 바른 믿음, 바른 신앙이 아닙니다.

'다름'을 인정하는 데서 관계의 선순환이 이루어집니다. "그 맛없는 두리안을 왜 먹나?" 하거나 "그 맛난 것을 왜 못 먹나?"라고 할 수 없습니다. 이즈음과 같이 혼란스러운 세태를 두고 목회자들이 자신의 성향과 기질을 드러내 강단에서 강조하거나 강요하는 것은 아닌지 자못 걱정이 됩니다. 이 아침에 베드로후서 1장을 묵상하며 자신을 돌아봅니다. 진리는 늘 우리를 옭아매지 않고 자유롭게 해줍니다.

> 이러므로 너희가 더욱 힘써 너희 믿음에 덕을, 덕에 지식을,
> 지식에 절제를, 절제에 인내를, 인내에 경건을, 경건에 형제 우애를,
> 형제 우애에 사랑을 공급하라. 이런 것이 너희에게 있어 흡족한즉
> 너희로 우리 주 예수 그리스도를 알기에 게으르지 않고
> 열매 없는 자가 되지 않게 하려니와 이런 것이 없는 자는 맹인이라
> 멀리 보지 못하고 그의 옛 죄가 깨끗하게 된 것을 잊었느니라.
>
> (베드로후서 1장 5~9절)

헌 옷 보내기   2016. 11. 26.

어제는 그동안 지인들로부터 받아 모은 헌 옷들과 학용품을 잘 포장

하여 두 나라에서 섬기고 있는 두 분의 선교사에게 보냈습니다.

　　그동안 보내는 비용을 줄이기 위해 여러 방법을 조사해 보느라 보내는 것이 늦어졌습니다. 제일 저렴한 것이 우체국 선편 소포입니다. 항공편 택배는 빠르게 전달되는 대신 비용이 너무 비쌉니다. 라면 박스 크기 한 개를 보내는 데 20여만 원이나 듭니다. 우체국 선편 소포도 수량이 많으니 비용이 만만치 않았습니다. 남아프리카 공화국에서 섬기는 선교사에게 여섯 박스, 북인도에서 사역하시는 선교사에게 여섯 박스를 보냈습니다. 박스마다 붙일 운송장을 쓰는 데만 40분이 걸렸습니다. 3개월쯤 걸려 도착한다고 합니다.

　　남아공의 선교사는 형제 같은 사이지만 북인도에서 사역하는 선교사는 일면식도 없는 분입니다. 얼마 전에 인터넷 카페를 통해 헌 옷을 필요로 하시는 선교사가 있을까 해서 찾아보다 알게 되었습니다. 묻지도 따지지도 않고 보내기로 마음먹었습니다.

　　제 나이쯤 되어 보이는 우체국장이 소포를 접수해서 계산 처리하고 나서 웃으면서 말을 했습니다. "참 좋은 일 하시네요. 우리 같은 사람은 생각지도 못합니다." 저도 웃으면서 화답했습니다. "무슨 말씀을요. 지금부터라도 하시면 되지요. 우리에게는 보잘것없어도 받는 사람에게는 기쁨이 된답니다."

　　헌 옷을 수집해서 고르고 분류해서 담으면서 채 입지 않고 꼬리표가 그대로 달린 새 옷도 십여 개가 나왔습니다. 가능한 한 새 옷 같은 헌 옷만을 추려냈습니다. 혹 받아 입는 사람의 마음에 조금이라도 "못 입으니까 보냈구나." 하는 생각이 들지 않도록 정선했습니다.

이 일을 하면서 쉬운 거는 없구나 하는 생각을 했습니다. 그렇지만 내 작은 수고가 먼 나라에서 이름 없이 빛도 없이 사역하는 선교사님들에게 힘이 되고 받는 이들에게 기쁨이 된다면 이 또한 행복이지 싶었습니다.

이 행복을 같이 누리고 싶은 분은 언제든지 제게 헌 옷을 보내 주시기 바랍니다. 잘 받아 모아서 대신 전달해드리겠습니다. 먼저 이번 나눔에 함께 참여한 분들께 이 아침에 소소한 기쁨과 행복을 나눕니다.

너는 네 식물을 물 위에 던지라
여러 날 후에 도로 찾으리라. (전도서 11장 1절)

관용

몇 해 전 독일 하노버에 갔을 때의 일입니다. 한 승용차가 주차가 금지된 곳에 주차하는 것을 보았습니다. 그 차량 가까운 곳에서는 경찰이 교통정리를 하는 모습이 보였습니다. 제가 다소 의아해서 같이 있던 독일에 살고 있는 한국사람에게 물었습니다. "질서가 바르다는 독일에서 주차금지가 표시되어 있는 곳에, 그것도 경찰이 가까이 있는 곳에 주차를 할 수 있을까요."

그분의 대답이 제 고개를 끄떡이게 했습니다. "모르긴 몰라도 저 승용차는 불법 주차할 수밖에 없는 무슨 급한 일이 생겼을 겁니다. 경찰도 그렇다고 믿고 용인해 줄 겁니다. 독일은 어린 시절부터 약속된 기본 질서를 잘 지키는데 그렇지 않다면 무슨 긴급한 일이 생겼다고 용납해주는 것입니다."

엊그제 제가 왕복 2차선 도로를 운전하다 신호로 인해 삼거리에 정차했습니다. 제 차 앞에는 다른 차 한 대가 저와 같이 신호를 기다렸습니다. 직진 신호가 켜지고 직진하던 앞차가 횡단보도를 지나자마자 갑자기 경고등을 켜고 중앙선을 침범해 좌회전을 하려고 멈춰 섰습니다.

앞에 가는 차를 바로 좇아가던 저는 당황했습니다. "1차선밖에 없는 도로에서 가다말고 갑자기 차를 세우고 좌회전을 하려고 하다니……." 앞차 운전자의 무례한 행위에 어이가 없었습니다.

그때 옆 차선에서 마주오던 경찰차가 멈춰 서고 좌회전하려던 차를 향해 손짓을 했습니다. "요거 직방에 걸렸구나." 싶었습니다. 경찰차가 앞차를 한쪽에 서게 해서 딱지를 뗄 것이 분명해졌습니다.

그런데……. 경찰차는 앞차를 보내주고 나서 가던 길을 갔습니다. 이 모습을 보고 독일에서 있었던 일을 생각하며 이런 생각이 들었습니다. "우리나라에 선진 의식을 가진 멋진 경찰이 있구나……." 법보다 양심이 앞섭니다. 법질서는 지켜져야 하지만 때로는 융통성 있는 관용이 세상을 더 살맛나게 해줍니다.

우리는 율법대로 하면 모두 죽을 수밖에 없습니다. 복음이 우리를 다시 살게 했습니다. 복음은 사랑입니다. 사랑은 관용입니다. 관용 없는 사랑은 없습니다. 사랑은 법을 무색케 하는 융통성입니다. 간음을 한 여인에게 말씀하시던 예수님이 생각납니다.

나도 너를 정죄하지 아니하노니 가서
다시는 죄를 범하지 말라 하시니라. (요한복음 8장 11절)

인천 공항 2016. 11. 30.

어젯밤에 3박 4일 동안의 여행을 마치고 돌아왔습니다. 인천공항에서 '10+1 11년간 연속 세계 1위'라고 쓰여 있는 걸개그림을 보았습니다. 알고 보니 인천공항이 국제공항협의회가 주관하는 세계 공항서비스평가에서 11년간 연속 1위를 차지한 것입니다. 국민의 한 사람으로 가슴 뿌듯하고 기분 좋은 일이 아닐 수 없습니다.

돌이켜 보면 인천공항이 자리 잡기 전에 많은 반대가 있었던 것을 기억하게 됩니다. 1992년 6월에 정부에서 '수도권 신공항 건설 계획'을 내놓자 들불처럼 반대하는 여론이 일어났었습니다. 여러 환경단체와 대학교수들이 결사적으로 건설 반대 운동에 앞장섰습니다. 서울대 환경대학원의 모 교수는 공항 대부분이 갯벌을 매립해 만들어지므로 지반이 침하되고 생태계가 파괴될 것이 분명하다며 공항 건설계획 백지화를 요구했습니다.

부산 모 대학의 한 경제학 교수는 철새들이 참사하게 될 것이고 세계 공항 가운데 해일의 위험에 노출된 공항은 영종도에 세울 공항이 유일하다는 주장을 내세우며 반대했습니다. 또 당시 환경 분쟁연구소장은 준설 과정에서 납이 떠올라 물결을 타고 확산될 경우 엄청난 생태계 파괴가 우려된다는 주장을 펴기도 했습니다.

여러 주장들이 설득력 있게 받아들여지지 않자 나중에는 북한과의 거리가 짧아 국가안보에 위협이 될 것이라는 둥, 한국의 공항이 동아시아 허브 공항으로 발전할 가능성이 없으므로 예산 낭비라는 주장을 내세우기도 했던 것을 기억합니다.

그랬는데 인천공항은 2001년 개항 이래 많은 사람들이 대안 없이 내세우던 반대 주장을 무색케 해왔습니다. 시간이 흐를수록 반대하던 사람들이 내세웠던 주장들이 사실과 거리가 멀다는 점이 드러났습니다. 오히려 준공 4년 뒤부터 줄곧 부동의 세계 1위 공항을 지켜오고 있습니다.

비슷한 사례는 여러 가지가 있습니다. 삭막하던 여의도를 숨 쉬게 만들어 준 여의도 공원, 청계천 고가도로를 철거하고 시민들이 찾는 휴식 공간으로 복원한 것이 당장 생각납니다. 이런 것들을 볼 때마다 분명한 것 두 가지가 있습니다. 하나는 그때 반대했던 사람들이 자신의 실수를 인정하고 겸손히 축하해주는 모습을 볼 수 없다는 것입니다. 또 다른 하나는 그렇게 반대하는 사람들이 있어 그들이 주장하는 것들을 설계 전에 검토하고 충분히 반영했을 것이라는 점입니다.

종종 우리는 출구가 없는 반대를 위한 반대를 하는 데 적지 않은 국력을 낭비합니다. 그렇지만 반대급부적인 효용성을 누리는 것도 사실입니다. 그러니 무조건 반대만 할 것이 아니고 반대한다고 무조건 무시하거나 도외시하는 것도 바람직하지 않습니다. 섣불리 판단하면 교각살우(矯角殺牛)의 우를 범하기 쉽습니다. 대안 없이 일방적인 주장만이 옳다고 밀어붙이는 것보다 타협해서 취사선택하는 지혜가 필요할 때입니다.

비판을 받지 아니하려거든 비판하지 말라. (마태복음 7장 1절)

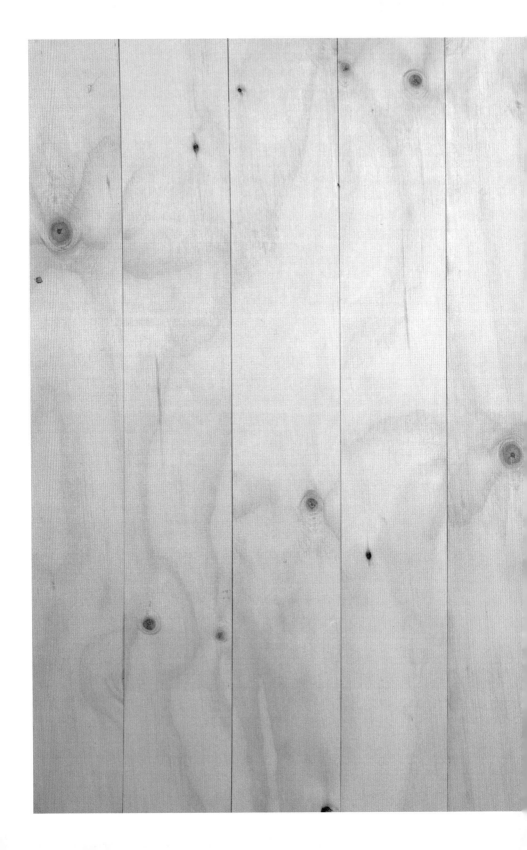

4.
신(信), 언(言), 행(行)

목격

며칠 전 집을 나서려고 집 앞에 차를 세우고 깜박이 등을 켜고 아내를 기다리고 있었습니다. 제 차 앞쪽에서 오던 차가 주차를 하려다가 미리 주차되어 있던 차의 모서리를 받았습니다. 박은 차는 헌차였고 박힌 차는 새 차였습니다.

차에서 70대쯤 되어 보이는 부부가 내렸습니다. 부인으로 보이는 분이 먼저 내려받힌 차를 보며 남편으로 보이는 분께 무슨 말을 합니다. 아마 "자국이 남았는데 이 차 주인에게 연락해야 되지 않나요?"라고 말하는 것 같았습니다. 남자가 허리를 굽혀 받힌 곳을 살펴보더니 주위를 둘러봅니다. 그러더니 두 사람은 타고 온 차에 올라타 차를 뺐습니다. 조금 있다가 두 사람은 저희가 사는 아파트 같은 열의 현관으로 들어갔습니다.

저는 10여 년 전에 회사에서 제공하는 중형차를 타고 출퇴근을 했습니다. 사업주가 저를 배려해서 구입한 지 얼마 안 되는 차였습니다. 몇 날 동안 해외출장을 다녀와 출근하려고 주차장에 가서 보니 차 우측 전·후문이 많이 패이고 긁혔습니다.

일단 출근했다가 퇴근한 후에 경비실에 가서 CCTV를 살펴보았습니다. 당시에는 VTR 방식이라 녹화된 테이프를 몇 개나 돌려봐야 했습니다. 결국 같은 아파트 다른 동에 사는 사람이 운전하던 1톤 트럭이 주차하려고 후진하다가 저지른 소행임을 밝혀냈습니다. 조사하면 다 나오는데 자신은 몰랐다고 합니다. 제 차를 긁고 나서 내려서 보고 다시 차를 몰고 다른 곳에 주차하는 모습이 녹화되어 있었는데도 거짓말을 했습니다.

경찰에 신고하면 손해 차량에게 사전에 통보하지 않았기 때문에 '뺑소니 차량'으로 형사 입건되는 걸 알고 있었습니다. 그렇지만 같은 아파트에 살고 있는 사람과 얼굴을 붉히지 않으려고 보험처리해서 고쳤습니다.

그때를 생각하며 잠시 이런 생각이 들었습니다. "내가 저 차 번호를 알고 있으니 경비실에 가서 말해줄까?" 차창을 내리고 보니 받힌 차의 범퍼 모서리에 약간의 스친 자국이 보였습니다.

"내가 저 차 주인이라면?" 하고 생각해 보았습니다. "저 정도면 사과 한마디면 넘어갈 텐데……." 싶었습니다. 그래서 묻어두기로 했습니다. 어쩌면 방조 방관한 셈이 될 수도 있습니다.

한편으로 이런 생각을 했습니다. "내가 차를 받은 사람이라면?" 당연히 받힌 차 주인에게 전화하거나 메모를 남겼을 것입니다. 제게는 중생하면서 받은 "Christ-like"라는 유전인자가 있기 때문입니다.

선한 양심을 가지라. 이는 그리스도 안에 있는
너희의 선행을 욕하는 자들로 그 비방하는 일에
부끄러움을 당하게 하려 함이라. (베드로전서 3장 16절)

하얀 족발

저는 사흘이 멀다 하고 외손녀들과 영상통화를 합니다. 큰애 기쁨이는 네 살이 되어 못하는 말이 없습니다. 기쁨이가 출석하는 교회 유치부에서는 매달 성경 한 구절을 알려주고 외게 합니다. 그리고 나와서 암송하게 합니다.

지난번에는 영상통화를 하면서 기쁨이가 "이르되 주 예수를 믿으라. 그리하면 너와 내 집이 구원을 얻으리라. 사도행전 십육 장 삼십일 절 말씀"을 암송했습니다. 기특해서 물개박수를 쳐주며 잘했다며 할아버지가 무엇을 사줄까 했더니 족발을 사달라고 해서 외손녀를 돌보고 있는 아내에게 대신 쏘라고 했습니다. 그랬더니 얼마 안 있어 인증 사진이 왔는데 삼겹살 보쌈 사진이었습니다. 기쁨이는 보쌈을 '하얀 족발'이라고 한답니다.

둘째 다애는 세 살입니다. 이제 한창 말을 배우고 있습니다. 한 달 새 놀라울 정도로 귀가 틔고 말문이 열려가고 있습니다. 이때쯤 되면 아이들은 가르쳐주지도 않은 말을 해서 깜짝 놀라게들 합니다.

엊그제는 두 손을 모으고 엄마 앞에 오더니 "다애가 바나나가 더 먹고 싶은데 어떡해요?" 말하더랍니다. 자기 의사 표시를 한두 가지 키워드로만 말을 하다가 주어, 동사, 형용사, 목적어, 보어, 부사가 하나씩 붙여져 나가고 있습니다. 문장의 5형식을 가르쳐 주지 않아도 나름 깨쳐가는 것을 보면 신기합니다.

신(信), 언(言), 행(行) 아침 단상

우리의 신앙도 인격도 마찬가지입니다. 하루아침에 완숙하지 않습니다. 무슨 뜻인지도 모르며 암송하는 말씀이 마음 밭에 씨앗이 되어 자라납니다. 그 말씀이 자신의 신앙 고백이 됩니다. 그러다가 예수님의 제자였던 베드로처럼 풍파를 만나면 약해지기도 합니다. 믿음은 대추알처럼 열리는 것 같습니다. 거저 받았지만 거저로 자라지 않습니다.

연수가 더해가며 지식에 넘치는 그리스도의 사랑의 너비와 길이와 높이와 깊이가 어떠함을 깨달아 가는 것입니다. 제가 두 외손녀를 보며 늘 감사하는 것은 어려서부터 심겨진 믿음의 씨앗이 자라 풍성히 사랑하는 법을 깨쳐 나가고 있기 때문입니다. 그들이 사랑의 방언을 깨쳐 나가길 축복합니다.

기쁨아 다애야 고마워, 사랑해, 축복해.^^

악에는 아이가 되고 지혜에 장성한 사람이 되라. (고린도전서 14장 20절)

기도의 꽃　　　　　　　　　　　　　　　　　　2016. 12. 5.

교인들 중에 자식을 군대에 보낸 부모들은 너나없이 자식을 위해 기도할 것입니다. 혹 목회자는 기도를 못하고 안 할지 모르지만 부모는 하루도 빠짐없이 자기 자식을 위해 기도할 것입니다. 그리고 때에 따라 군에 있는 자식에게 가족들과 함께 면회를 갑니다.

어느 젊은 목사가 자신이 섬기는 교회 교인들을 대상으로 '군대면회 가기' 사역을 시작했습니다. 젊은 목회자들의 패기와 열정이 아름답습니다. 기도할 뿐 아니라 직접 나서서 실천하는 모습들이 기성 목회자들의 본이 됩니다. 참으로 아름다운 사역입니다. 100번 기도해주고 있다고 고백하는 것보다 한 번 면회 가서 위로해 주는 것이 훨씬 낫습니다.

어지간한 교회는 봄, 가을로 나누어 춘계 혹은 추계 대심방 기간을 정해 교인들 집을 방문합니다. 목회자는 교인들 집을 방문하여 교인 가정의 애로사항이나 기도 제목을 듣고 잘 기록했다가 함께 기도합니다.

어느 목사님은 한 번은 교인의 집으로 한 번은 교인의 직장으로 심방을 합니다. 교인의 일에 지장을 주지 않도록 점심시간쯤에 자연스럽게 만나 식사를 같이 하면서 이야기를 나눕니다. 교인이 무슨 일을 하는지 직장생활의 애환과 교회생활과의 관계 등에 대해 경청합니다. 밥값은 목사님이 미리 계산을 합니다.

농촌 교회를 개척해서 시골에 사시는 여성들과 어르신들에게 자기 존재감과 삶의 의욕을 불어 넣어주며 사역하는 젊은 전도사가 있습니다. 깻잎 절임과 깻잎 김치를 만들어 팔고, 김장 김치를 절이고 만들어 팔고, 분식집을 차려 교인들이 일하게 했습니다.

엊그제 올라온 이분 전도사님의 사역일지를 살짝 옮겨 봅니다.

— 금요철야기도회로 인하여, 오후 6시까지만 더불어 함께하는 식당 문을 열기로 해서 정리하고 6시에 나서려는데 네 무리의 팀(약 16명

신(信), 연(軟), 행(行) 아침 단상

정도)이 식당에 들어왔답니다. 그리곤 수육과 기타 음식을 주문하려 하더랍니다. 그때 주방에 있던 우리 자매님들…….

"저희 이제 기도회 가야 혀서 앞에 써 붙여 놨듯이 수요일은 6시 이후 영업 안합니다. 진짜 죄송하지만 오늘은 옆 ○○식당으로 가주세요."

하……. 16명이믄 수육까지 하믄 최소 20만원 돈이라, 장사 잘 안될 때 하루 수입인디……. 나라도 식당가서 손님 받을까? 한 3초 고민됩니다. ㅎㅎㅎ

그럼에도 역시 믿음의 여인들입니다. 돈에 평생 눈물 흘리며 쫓기며 시달린 분들임에도, 돈에 끌려다니지 않을 수 있는 저들의 삶. 저는 그것이 바로 믿음이라 확신합니다. ─

교인들의 삶의 자리에 함께 하여 기도 제목을 나누고 삶의 자리에서 피어나는 기도의 꽃들을 목도하는 즐거움은 목회자들에게 주신 특별한 선물입니다. 천 번을 기도하는 것보다 한번을 함께 하는 것이 더욱 귀한 이유를 일찍부터 깨달아 실천하는 젊은 목회자들이 한국교회의 귀한 자산입니다. 이 아침에 저들을 마음껏 축복합니다.

천 번의 기도보다 단 한 번의 행동으로
단 한 사람의 마음에 기쁨을 주는 것이 낫다. (마하트마 간디)

테트리스

저는 매일 아침에 출근하여 테트리스를 즐깁니다. 매일 들어온 전자 부품 자재를 담았던 박스들이 지정된 곳에 버려집니다. 큰 박스 작은 박스들이 버려집니다. 박스가 모여지면 쓰레기를 회수하는 분이 와서 가져갑니다. 버리는 사람은 생각 없이 박스 안에 쓰레기를 넣어 너저분하게 던져 놓습니다. 그러면 회수하는 분이 일일이 박스를 확인하여 가져가야 합니다. 그래서 박스를 버릴 때는 테이프 붙은 데를 절개해서 포개서 버려달라고 하는데 시간이 걸린다고 그냥들 버립니다.

저도 시간이 걸려 일일이 절개하지는 못합니다. 대신 버려진 박스 안의 내용물을 확인해서 버릴 건 버립니다. 그리고 테트리스를 즐기는 것입니다. 내팽겨진 큰 박스 작은 박스를 하나씩 세우고 눕혀가는 것입니다. 그러다 보면 너저분하게 버려졌던 박스들이 보기 좋게 정돈됩니다. 더 많은 박스를 버릴 수 있게 공간도 생깁니다. 박스를 회수하러 오는 분이 짜증내지 않고 그대로 차에 실으면 됩니다.

얼마 전 자재과에 근무하던 직원이 사직을 하게 되어 송별회를 했습니다. 평소에 말이 없던 사람이었는데 술을 들어서 그런지 제게 다가와 그동안 배려해주셔서 고맙다고 하면서 이런 말을 하는 것이었습니다.

"어렵게 말씀드리는 건데요. 아침에 박스 정리하고 청소하는 것 하지 마세요. 체면이 있고 직위가 있지 않습니까. 직원들이 뭐가 됩니까. 정말 보기 안 좋습니다. 그동안에는 말씀 못 드리고 이제야 말씀 드리네요. 제발 하지 말아 주세요."

그래서 제가 웃으며 말했습니다. "고맙네. 충고해줘서. 걱정 마시게 그만둘 걸세. 내가 회사 그만둘 때까지 하다가. 하하하."

제게 충고를 한 그 사람이 업무상 박스를 제일 많이 버리는 사람이었습니다. 매일 아침에 제가 버려진 박스를 추스를 때 주차장에 차를 주차하고 지나다 인사만 하고 지나치던 사람입니다. 살아가면서 종종 언쟁이 생기면 하는 말이 있습니다. "당신이 그런 말을 할 자격이 있나요?" 그런 말을 해줄까도 싶었지만 웃어 넘겼습니다.

저는 계속 박스 테트리스를 즐길 것입니다. 내 한 사람의 작은 수고가 다른 사람을 기쁘게 한다면 그것이 행복인 것을 알기 때문입니다. 헬라어 '포이에마'가 생각나는 아침입니다.

> 우리는 그가 만드신 바라 그리스도 예수 안에서 선한 일을 위하여
> '지으심을 받은 자'니 이 일은 하나님이 전에 예비하사
> 우리로 그 가운데서 행하게 하려 하심이니라. (에베소서 2장 10절)

양보등(燈)과 감사등(燈)

2016. 12. 7.

모든 자동차에는 여러 가지 등(燈)이 있습니다. 차량등은 크게 두 가지로 나뉩니다. 조명등과 표시등입니다. 전조등, 상향등, 미등, 안개등, 차폭등, 주차등, 브레이크등, 실내등, 방향지시등, 비상등 등이 있습니다. 세부적으로 살피면 그 외에 계기판등, 연료소진표시등, 사

이드 브레이크 체결 표시등, 안전벨트 착용 경고등, 각종 고장 표시등, 차문 식별등, 선바이저 거울조명등 등 여러 가지 차량등이 더 있습니다. 일반적으로 방향 전환이나 끼어들기를 할 때 방향 지시등을 켭니다. 저는 저속에서는 반드시 차창을 내리고 왼손으로 양보해주십사 하는 표시를 곁들입니다. 많은 분들이 양보를 받고 나서는 비상등을 켜서 뒤차를 운전하시는 분에게 감사의 표시를 합니다. 저는 비상등을 켜고 오른손을 들어 고마움을 함께 표시합니다.

운전을 하면서 급한 일로 불가피하게 다른 차선으로 끼어들 수밖에 없을 때 손까지 흔들며 어서 가라고 기꺼이 양보해주는 분을 만날 때 정말 고마움을 느낍니다. 많은 사람들이 손가락질을 하며 클랙슨을 눌러대고 상향등을 켜대지만 그 가운데 친절을 베푸는 분들이 있습니다. 친절을 베푸는 사람에 대한 질타의 의미로 클랙슨을 울리고 상향등을 켜대는 경우도 있습니다. "바빠 죽겠는데 왜 양보해대고 그러냐!"는 의미일 것입니다.

그래서 엉뚱하지만 생각해본 것이 있습니다. 모든 자동차에 '양보등'과 '감사등'을 다는 것입니다. 차가 끼어들기를 하려는 것을 보면 이 등을 켜서 "내가 양보할 테니 마음 놓고 먼저 가세요." 하고 표시해주는 등입니다. 양보해준 데 대해 감사를 표시하는 등입니다. 이런 등을 특허 내서 만들어 달면 잘 팔리지 않을까요?

차가 가득 찬 도로 위에서 빨리 가면 얼마나 빨리 가고 늦게 가면 얼마나 늦게 갈까 생각해봅니다. 선진국을 가늠하는 지표에는 여러 가지가 있습니다. 저는 교통 문화지수도 그중 하나라고 생각합니다. 종종

신(信), 언(言), 행(行) 아침 단상

도로에서 볼 수 있는 모습이 있습니다. 누군가 먼저 가려다 서로 양보하지 못해 생겨난 접촉사고로 얼굴 붉히며 목청 세워 승강이를 벌이는 모습입니다.

우리나라에서 일 년에 큰 아파트 한 단지에 사는 모든 주민 수보다 더 많은 5천명 가량의 사람들이 교통사고로 죽어 갑니다. 빨리 가려다 자신뿐 아니라 다른 분들도 빨리 가게 한 경우가 적지 않습니다.

양보의 정도가 인격의 정도입니다. 마음이 넉넉한 사람은 결코 양보하고 손해 봤다고 여기지 않습니다. 오히려 마음이 넉넉해집니다. 대가없는 양보의 크기가 신앙의 크기입니다. 양보는 배려의 산물입니다. 그렇기에 배려한다면 양보합니다. 어제 주유를 마치고 주유소를 빠져나가 진입하려다 달려오는 차와 부딪힐 뻔하고 생각해보았습니다.

남에게 대접을 받고자 하는 대로
너희도 남을 대접하라. (누가복음 6장 31절)

열정

제너럴 일렉트릭(GE) 회장을 지냈던 잭 웰치가 내세우는 A 등급 직원을 결정하는 가장 중요한 자질은 '열정'입니다. 열정은 영어로 enthusiasm이라고 하는데 이것의 어원은 '하나님 안에서'라는 뜻의 그리스어 엔데오스(entheos)입니다. 하나님 안에 사는 사람은 대개가 긍정적 열정을 가지고 삽니다. 그런데 직장에서 보면 그 열정이 한쪽으로 기울어진 것을 가끔 볼 수 있습니다.

교회 예배 출석이 삶의 으뜸가는 실천 과제로 여기는 직원이 있었습니다. 그는 주일예배는 물론 수요예배, 금요예배, 심방예배까지 빠지는 경우가 없습니다. 그래서 혹 같이 잔업을 해서 처리해야 하는 일이 있는 경우에도 그는 '마이 웨이'였습니다.

교회 일을 직장에서 하는 사람도 보았습니다. 그분이 교회에서 주일학교 교사를 맡고 있을 때 그는 일과시간에도 부지런히 교회 일을 하고 있었습니다. 주일학교 교사로서 인정을 받았습니다. 지금은 목회자가 되어 있습니다.

우리나라 편의점에는 대부분 아르바이트 점원들이 일합니다. 간혹 문을 열고 들어가면 눈도 돌리지 않고 '어서 오세요' 하고는 스마트폰을 계속 눌러대는 점원을 봅니다. 제가 사려는 물건을 찾아 계산대 앞에 설 때까지도 계속 스마트폰을 놓지 않고 있습니다.

지난번 일본 여행은 아내가 일본에 처음 간 것이었습니다. 밤에 호텔에서 나와 삿포로 시내 야경을 구경하고 눈길을 걸어 호텔로 돌아오는 길에 출출한 배를 채우고자 24시간 라면집에 들렀습니다. 주문을 하고 보니 미리 와 있던 손님 한 사람밖에 없었는데 주방에는 세 사람이 분주하게 일하고 있었습니다. 잠시도 쉬지 않고 움직이고 있었습니다. 알고는 있었지만 나중에 가이드로부터 들으니 더욱 실감이 났습니다. 일본은 우리와 다르다는 것입니다. 편의점에, 라면집에 손님이 없어도 일하는 사람이 딴짓을 하지 않는답니다. 상품 진열장을 닦고 냉장고를 문지르고 쉴 새 없이 찾아 일한다는 것입니다.

오래전 미국 사람과 영국 사람과 같이 근무하면서도 같은 것을 느꼈습니다. 한국에 혼자 나와 근무하면서도 정직하고 성실하게 열정을 쏟아 일하는 모습을 보았습니다.

정직하지 않은 열정이 사회 문제와 교회 문제를 가져왔습니다. 정직하지 않은 열정은 열정이 아닙니다. 모두가 그래야 하겠지만 하나님 안에서 사는 사람들부터 하나님 앞에서, 사람 앞에서 온전한 열정으로 살았으면 하는 바람으로 기도합니다. 먼저 자신을 돌아보는 아침입니다. 코람 데오.

기도는 보고   2016. 12. 10.

어떤 조직에서든 보고가 있습니다. 보고는 일에 관한 내용이나 결과를 말이나 글로 알리는 것입니다. 대개 상대적으로 지위가 낮은 사람이 높은 사람에게 보고합니다.

제가 자식들이나 직원들에게 기본적으로 요구하는 보고가 있습니다. 옛사람들이 가르쳤던 출필곡 반필면(出必告反必面)입니다. 출타할 때 무슨 일로 어디를 언제까지 다녀오겠다고 보고하고 다녀와서 잘 다녀

왔다고 보고하는 것입니다.

지난주에 회사를 그만둔 관리자가 있습니다. 제가 바라는 모범적인 보고자였습니다. 출필곡 반필면은 늘 100점이었습니다. 매사에 상사가 시키는 일은 물론 상사가 알았으면 하는 내용을 알아서 보고해주었습니다. 때로는 애로사항이나 건의사항을 보고해주었습니다.

보고를 잘하는 조직이 튼튼한 조직입니다. 보고를 잘하는 사람이 유능한 직원입니다. 그런데 시키는 일 외에 무엇을 보고해야 하냐고 반문하는 사람이 있습니다. 보고를 받는 사람의 입장에서 알고 싶은 것을 보고하는 것입니다.

보고를 잘하는 신자가 신앙이 좋은 신자입니다. 신자에게 있어 기도는 하나님께 보고하는 것입니다. 아침의 기상 기도를 통해 하루를 주심을 감사하는 보고입니다. 주시는 은혜에 따라 삶의 자리에서 가르침에 따라 오늘 하루를 살겠다고 보고하는 것입니다. 일과를 마치고 침상에 들기 전 하루를 살면서 취득한 감사의 전리품을 내놓고, 때로는 얻어맞고 깨진 상처를 내놓고 이렇게 살았다고 하나님께 보고하는 것입니다.

곰곰이 생각해보면 모든 성경이 보고서입니다. 믿음의 선진들이 살았던 삶의 투명한 보고서입니다. 역사서는 물론 시가서와 예언서, 복음서 서신서가 모두 보고서입니다. 하나님께 드리는 보고서입니다. 후세에 사는 사람들을 배려한 보고서입니다.

신(信), 언(言), 행(行) 아침 단상

하나님은 전지 전능자로 다 알고 계시지만 신자들로부터 직접 보고를 듣고 싶어 하십니다. 매일 신자들이 드리는 기도는 하나님 아버지께 드리는 신앙고백이자 다짐과 참회의 보고입니다. 감사와 찬양의 보고입니다. 기도는 하나님께 보고하는 소통의 방식입니다. 오늘 아침 하나님께 무슨 보고를 하셨습니까?

'그분'과 '당신'   2016. 12. 13.

"이곳에 임재하소서." 하고 찬양을 드립니다. 그리고 설교 중에 '예수'는 '그분'으로 치부됩니다. 왠지 '그분'은 나와는 아무런 관계도 아닌, 혹 전에는 좀 알고 지내다 이제는 소원해진 제삼자같이 느껴집니다. 또는 저 하늘 우편에 앉아계셔서 우리를 바라다보는 접근할 수 없는 존재처럼 느껴집니다.

진정 '그분'은 결코 내가 부르면 왔다가 가는 3인칭의 '그'이신가요. 때로 '그분'은 '당신'으로 치부되기도 합니다. '당신'은 2격이 되기도 하고 3격이 되기도 합니다. 2격으로 '그분'을 '당신'이라 할 수 없습니다. 아내가 남편에게 남편이 아내에게 '당신'이라 합니다. 언성 높여 말다툼할 때 손가락질 하며 '당신'이라고 합니다. 3격의 '당신'은 현재 말하는 사람과 동떨어져 있거나 지금은 없고 과거에 계셨던 '그분'을 이르는 존칭입니다.
예수는 '그분'이나 '당신'이 아닙니다. 예수는 언제나 함께 하시는 '주님'이십니다. 이 새벽에 속으로 '주님…….' 하고 불러봅니다. 내 마음 속에 늘 예수는 그리스도시요 살아계신 하나님의 아들 되신 주님입니다. 함께 앉아 식사하는 아버지를 앞에 두고 '그분'이라 할 수 없고 '당신'이라고 말하지 않고 아버지라 부르는 것처럼 임마누엘 하나님은 늘 아버지 하나님이십니다. 나의 주되신 하나님이십니다.

독감이 찾아들어 밤새 잠을 못 이루며 뒤척이면서 '주님……. 만져 주옵소서' 하고 기도합니다. 어릴 때 배가 아프면 엄마의 손을 끌어당겨 배를 문질러 달라고 했던 것처럼. '그분'이나 '당신'의 손길이 아닌 '주님'의 손길입니다.

주님은 초혼(招魂)의 대상으로서의 '그분'이었다가 불려오셔서는 '당신'이 되었다가 다시 '그분'이 되는 존재가 아닙니다. 산산이 부서진 이름도, 허공중에 헤어진 이름도, 불러도 주인 없는 이름도, 부르다가 내가 죽을 이름도 아닌 그저 오롯이 '주님'이십니다. 이 아침에도 저의 찬양과 신앙고백을 듣고 싶어 하시는 '주님'이십니다.

날마다 숨 쉬는 순간마다 내 앞에 어려운 일 보네
주님 앞에 이 몸을 맡길 때 슬픔 없네 두려움 없네
주님의 그 자비로운 손길 항상 좋은 것 주시도다
사랑스레 아픔과 기쁨을 수고와 평화와 안식을.

신(信), 언(言), 행(行) 아침 단상

소유와 존재

같이 일하는 직원이 작은 평수의 아파트에 살다가 더 넓은 집을 장만해 이사하게 되었다는 말을 전해 들었습니다. 마음을 다해 축복해주었습니다. 예전 일들이 생각나며 제 입가에 미소가 생겨났습니다.

결혼하기 전 어려운 형편이 계속되어 결혼해서 단칸방을 월세로 살았습니다. 외부에 있는 한 화장실을 여러 셋집이 같이 썼습니다. 종종 옆방에서 부부가 싸우는 소리가 들렸습니다. 아직도 그 방에서 들리던 찬길이 엄마의 절규가 귀에 쟁쟁합니다.

"이놈아, 이놈아! 네가 뭐 잘했다고 나를 때려. 결혼식을 해줬냐? 혼인신고만 달랑하고. 좋은 옷을 한 벌 사줬냐. 뭘 잘했어 이놈아!"

그 단칸방에 살면서 같은 집 2층에 살던 지금은 의형제처럼 지내는 집사님 부부를 만났습니다. 딸을 낳고 아들이 태어나 작지만 방이 한 개 더 있는 입식 부엌이 있는 집을 전세로 얻었습니다. 그때 기분은 이루 말할 수 없었습니다. 저보다 아내가 더 좋아했습니다.

딸 아들이 커가면서 별도로 방이 필요할 때쯤 방이 세 개가 있는 크지 않은 집을 장만하여 이사했습니다. 내 집이 생겨 집들이도 하고 행복했습니다. 아들 방 벽 한편에 직접 서가를 만들어 아끼는 책을 꽂았습니다. 아내와 함께 안방에 벌렁 누워 얼굴을 마주하며 부듯한 행복감을 누렸습니다. 가재도구들이 늘어나고 큰 거실이 달린 집에 사는 사람이 부러웠습니다. 좀 넓게 살아보자 해서 현재 살고 있는 32평 아파트로 옮겼습니다. 새집을 장만해서 입주하는 기쁨은 고된 이사에 비하면 아무것도 아닌 큰 행복이었습니다.

늘 가졌던 욕심이 있었습니다. 아이들 방 말고 별도로 서재가 있었으면 좋겠다라는 마음이었습니다. 그 욕심은 딸이 시집가서 자연히 해결되었습니다. 이제는 아들이 장가가고 가끔 문을 열어보니 남은 한 방은 빈 창고와 같습니다.

에리히 프롬은 자기소유에 집착하는 '소유적 인간'과 살아있는 존재가치를 느끼는 '존재적 인간'에 대해 말합니다. 새로움에 대한 원초적 본능에 맞추어 소유로 채우는 것은 임시방편이며 잠시의 행복 뒤에 더 커다란 소유를 원하게 되고 그러한 반복이 결국 "무엇인가 소유하지 않는 삶을 견디지 못하게 하는 것"이라고 말합니다. 서민들이 이해할 수 없는 재벌들의 삶을 이해하게 해줍니다.

대신 존재하는 삶이란 현재 살아있는 그대로 느끼는 것입니다. 이는 소유하지 않음을 의미하고 소유하지 않는다는 것은 잃어버릴 것이 없다는 의미입니다. 잃어버릴 것이 없으므로 불안해할 필요가 없습니다. 불안이 없으므로 있는 그대로를 그 순수한 느낌으로 대할 수 있고 그 결과 대상에 대한 공감이 존재합니다. 공감이 존재한다는 것은 나 이외의 다른 대상과 함께 존재한다는 것입니다.

10간 12지 한 바퀴 돌아보니 아주 조금 알게 됩니다. 소유(to have)보다 존재(to be)가 중요하다는 것을. 그래서 새로 시작되는 한 바퀴는 '존재'하며 살고자 합니다.

삼가 모든 탐심을 물리치라. 사람의 생명이
그 소유의 넉넉한 데 있지 아니하니라. (누가복음 12장 5절)

고추지

2016. 12. 16.

올해 무엇을 가장 많이 잡수셨습니까. 물론 밥이겠지요. 그럼 밥을 빼고 무슨 반찬을 가장 많이 드셨습니까? 저는 올해 반찬으로 고추지를 가장 많이 먹었습니다. 직접 심고 가꾼 고추를 따서 간장, 식초, 설탕을 적절히 넣고 삭힌 것인데 제 입맛에 그만입니다. 농약 한번 안 주고 비료 한번 안 주고 직접 재배한 고추여서 더욱 맛이 났습니다. 아마 다른 해에 비하면 열 배 이상을 먹었고 또 먹을 것 같습니다.

그런데 생고추든 고추지든 크기와 모양만 보고 고추 맛을 제대로 알 수는 없다는 것입니다. 안 매울 것 같아 잡아 든 작은 고추가 혀를 자극합니다. 제법 크고 뻣뻣한 고추가 오히려 먹을 만한 경우도 있습니다. 100% 신뢰할 수 없는 것이 고추 속입니다. 열 길 물속은 알아도 한 길 사람 속은 모른다고 하지만 한 치 고추 속도 모릅니다. 꽈리고추라고 모두 순한 것이 아닙니다. 그래서 저는 누가 "이 고추 어때? 매울 것 같아, 안 매울 것 같아?" 하고 물으면 대답을 하지 않습니다. 대답을 하라면 "제 속도 모르는데 어찌 고추 속을 알겠습니까?" 하고 대꾸할 겁니다.

4. 신(信), 언(言), 행(行)

265

때로 사람 속이 고추 속과 같습니다. 안 맵다 싶었는데 괜히 입에 넣었다 싶은 고추 같은 사람이 있습니다. 겉이 두껍고 딱딱한 줄 알았는데 아삭하니 맛이 좋은 고추와 같은 사람이 있습니다. 어떤 사람은 순하게 생겼는데 청양고추를 앉은 자리에서 수십 개를 맛나게 먹습니다. 그렇다고 그 사람을 독하다고 할 수 없습니다.

겉만 보고 고추 맛을 판단하고 입에 넣었다 여러 번 속아 입 안이 얼얼한 적이 여러 번 있습니다. 골라 먹어온 고추지도 다 먹어갑니다. 고추지를 먹으며 외모와 행실만 보고 사람을 판단하지 말라는 가르침을 상기하는 아침입니다.

사람은 외모를 보거니와
나 여호와는 중심을 보느니라. *(사무엘상 16장 7절)*

40주년 반창회 2016. 12. 18.

어제저녁에 예정된 대로 고등학교 졸업 40주년 반창회를 가졌습니다. 저는 약속대로 보라색 드레스 셔츠에 녹색 보우타이를 매고 녹색 손수건을 위 포켓에 넣고 사회를 보았습니다.

40년 전 같은 날 사령장을 받고 정년의 나이가 찬 친구가 만 40년의 한 외곬 직장을 사직하고 참석했습니다. 가장 먼 곳에서 온 한 친구는 친구들 만날 생각에 마음이 설레 잠을 뒤척이다 아침 차를 타고 참석을 했다고 소감을 밝혔습니다.

아직은 현직에 있는 대학총장 친구, 내년이면 교장이 되는 친구, 철도 통신 신호분야의 수장, 공영방송의 본부장, 7년의 각고 끝에 이루어낸 연구결과가 인정되어 내년 나이 60에 박사모를 쓰는 친구, 자기 사업을 하면서 행사 찬조금을 넉넉히 쾌척하는 친구들, 몸이 불편하지만 보고 싶은 얼굴들을 만나러 온 친구들이 한자리에 모였습니다.

40여 년 전 같이했던 추억들이 담긴 빛바랜 사진들과 40년 동안의 추억이 담긴 사진을 편집해서 졸업 때 번호순으로 돌려가며 영상을 비춰주었습니다. 자신의 영상이 나오면 부부와 함께 나와 인사하고 소감과 장래 계획을 말했습니다. 앞으로 1, 2년 남은 정년 후에 부인과 크루즈 세계 여행을 하겠다는 친구도 있었고 여러 사람이 은퇴 후 여행을 즐기겠다고들 했습니다.

제 차례가 되어 아내와 함께 나가 저는 한 시인의 시처럼 남은 인생을 살겠다고 했습니다.

"내가 한때 이곳에 살았음으로 해서 단 한 사람의 인생이라도 더 행복해지는 삶."

이번 모임은 식사 후에 함께하는 건전한 레크리에이션 순서를 넣었는데 너무들 좋아했습니다. 그 표정들이 해맑은 어린아이들 같았습니다. 한 친구가 나와 밴드에 맞추어 '옛 친구'를 불러 옛날을 회상하며 함께 불렀습니다. 학창시절 부르던 교가와 응원구호를 외치고 앞으로 백수 때까지 40주년을 더하도록 건강하자고 서로 다짐하고 위로하며 모임을 마쳤습니다.

그동안 통상 연말 모임 후에 뒤풀이로 7080라이브카페로 자리를 옮겨 여흥을 즐겼습니다. 그런데 올해는 자숙하기로 했습니다. 나라가 어수선한데 나 몰라라 하고 흥청대는 것은 바람직하지 않다고 사전에 입을 모았습니다. 대신에 자발적으로 넉넉하게들 찬조해서 쓰고 남은 예산은 어려운 친구를 돕기로 했습니다.

남은 인생 서로가 다윗과 요나단과 같은 우정을 이어갔으면 하는 바람을 기도합니다. 친구들이 있어 행복한 하루였습니다.

축복합니다. 감사합니다. 사랑합니다. ^^

추억의 새벽송   2016. 12. 23.

한때 저는 크지 않은 한 교회의 청년회장을 했습니다. 그 교회는 목사님이 개척해서 3년이 지나 장년 출석 교인만 50명이 넘으셨습니다. 그중 청년회원들이 20명이나 되었습니다. 공단지역에 있던 교회라 출석하는 대부분의 청년들은 모두 직장생활을 하는 교회의 중요 재원들이었습니다.

교회가 수적으로 성장하면 대개 교회 건물을 늘리는 수순을 밟습니다. 그 교회도 예외는 아니었습니다. 목사님은 자신이 생각하는 대로 교회가 지어졌으면 하는 바람으로 밀어붙이다가 평소에 목사님께는 충성스런 교회 일꾼이셨던 안수집사님으로부터 저항을 받게 되었습니다. 그 안수집사님은 평소 존경할 만한 신앙을 가지셨던 분이셨습니다.

신(信), 언(言), 행(行) 아침 단상

이 일로 교회가 냉랭해지고 관계에 금이 가고 결국에는 목사님 편에 선 교인들과 안수집사님 편에 서는 교인들로 나누어져 반목하기 시작했습니다. 주일예배를 마치고 나면 교회에 달린 목사 사택에서 점심을 나누던 분들이 흩어졌습니다. 한쪽에서는 교회 근처에 사시던 안수집사님 댁에 모여 식사를 했습니다.

목사님이나 안수집사님은 청년회를 이끌던 제가 서로 자기들 편에 서주기를 기대했습니다. 사실 청년회원들이 유초등부, 중고등부 교사 하지요, 성가대 하지요, 교회 재정의 반은 차지하는 헌금을 하는 캐스팅 보트였습니다. 그래서인지 서로 번갈아 가며 청년회장인 저를 초빙하여 식사를 대접하며 제 입에서 자신들이 좋아하는 응원의 말이 나오기를 기다렸습니다.

저는 그때 청년회원들을 규합해서 시끄러워진 교회를 떠나 새로운 교회를 만들어 볼까 하는 생각도 가졌었습니다. 그렇지만 청년회원들로 하여금 청년회는 어느 편에도 서지 않을 것이며 교회의 불미스런 일을 제하여 주시기를 매일 교대로 예배당에 나와 기도하자고 권고했습니다.

물론 목사님 편도, 안수집사님 편도 나와서 기도했습니다. 그 둘은 각자의 요구와 상대의 회개를 놓고 기도했습니다. 청년들은 하나님의 니즈와 양편의 반목을 풀어달라고 기도했습니다. 놀랍게도 변화가 일어났습니다. 먼저 신실하시던 안수집사님께서, 그리고 목사님께서 용서를 구하는 고백들이 일어났습니다. 교회 건축은 일단 백지화되고 관계의 회복이 이루어지고 이전보다 더욱 돈독한 교회로 세워져 갔습니다.

그해 겨울 성탄절에는 펑펑 내리는 눈길을 자전거로 달리며 새벽송을 돌았습니다. 먼 데부터 돌고 교회 근처 안수집사님 댁에 다다르니 그 새벽에 집안에 모든 불을 켜놓고 온 가족이 우리를 기쁜 모습으로 맞아 주셨습니다. 눈물을 흘리며 함께 찬송을 불렀습니다. "고요한 밤, 거룩한 밤……."

차를 마시고 일어서 모두 함께 예배당과 붙어있던 목사님 댁을 찾았습니다. 함께 입을 모아 찬송했습니다. "기쁘다 구주 오셨네 만백성 맞으라……." 모두 기쁨의 눈물, 회복의 눈물을 흘리며 나신 아기 예수를 맞이했습니다.

그때를 생각하며 평강의 왕으로 오신 아기 예수 나신 날을 앞두고 올해도 여전히 깨지고 상해 아픈 마음들, 오해와 편견과 반목과 질시가 가득 찬 마음들을 보듬어 회복시켜주시기를 기도합니다. 메리 크리스마스!

마라나 타

2016. 12. 25.

이 아름다운 새벽에 무릎을 꿇었습니다.
두 손을 들어 아기 예수 나심을 환영합니다.
'마라나 타!'

신(信), 언(言), 행(行) 아침 단상

온 땅은 흰 눈 대신 기쁨이 내려앉았습니다.
정죄와 반목이 녹아져
용서와 평화로 흘러내립니다.

냉랭한 가슴마다 뜨거운 사랑을 심어주시고
제자들의 발을 씻기셨던 손으로
제 언 발을 씻어주십니다.

그리고 따스한 표정으로 제게 물으십니다.
"너는 나를 진정으로 사랑하느뇨?"
"예⋯⋯. 주님, 주님은 아십니다."

먼 데서 새벽 닭 우는 소리가 들려납니다.
주체할 수 없는 눈물에 훌쩍이고 있을 때

주님은 일어나셔서 제 어깨에 두 손을 얹으시며
말씀하십니다.
"믿는 대로 행하라."
주님을 찬양하오니 주님을 경배하오니
왕이신 예수여 오셔서 좌정하사 다스리소서.
마라나 타!

＊ 마라나 타(Marana tha)는 '주님, 오시옵소서'(Come, O Lord!), '우리
주님께서 오십니다'라는 뜻의 아람어 '마라나 타'의 헬라어 음역(音譯)입

니다. 예수님의 재림을 간절히 사모하는 초대교회 성도의 신앙과 소망이 함축된 기도이자 성도 사이의 인사말이었습니다. (고린도전서 16장 22절, 요한계시록 22장 20절)

성탄절 2016. 12. 26.

꼭지 하나

올해도 크리스마스이브에 아내와 함께 여주에 있는 보육원에 갔습니다. 원생들이 작년보다 줄어서 내심 기뻤습니다. 섬기는 분들은 원생들이 줄어 서운할 지도 모르겠지만 전국의 모든 보육 시설들이 문을 닫는 날이 왔으면 하는 바람입니다.

올해는 원생들이 좋아하는 컵라면과 컵짜장면 몇 상자와 귤 한 박스를 사가지고 갔습니다. 엄마 아빠 먹으라고 딸이 사준 맛난 케이크도 들고 갔습니다. 올해 일흔세 살이신 천사 같은 원장님과 보육원 식구들이 반가이 우리 부부를 맞아 주었습니다.

원장님과 내년이면 대학 4학년이 되는 희망이와 앉아 얘기를 나누었습니다. 희망이는 여섯 살에 보육원에 들어와서 자라 지금은 대학에서 철도기관사를 목표로 정진하고 있는 원생으로 원장님의 희망입니다. 저는 몇몇 친구들과 함께 희망이가 졸업해서 독립할 때까지 도와주기로 하고 매학기 등록금과 생활비를 지원해주고 있습니다.

저는 희망이의 멘토를 자처하고 만날 때마다 한 마디씩 덕담을 해줍니다. 이번에는 "내가 한때 이곳에 살았음으로 해서 단 한 사람의 인생이라도 더 행복해지는 것이 진정 성공하는 것이다."라는 에머슨의 말을 들려주었습니다.

책값에 보태라고 준비한 봉투를 전해주고 나와서 원생들이 밤에 간식으로 크리스마스이브를 즐겁게 보내라고 피자 다섯 판을 배달 주문해 주었습니다. 올해 고등학교를 졸업해서 일자리를 찾고 있는 성호에게는 내년 1월 2일부터 정식 채용하겠다는 약속을 하고 왔습니다. 집에 돌아오니 희망이가 문자를 보내왔습니다. "즐거운 성탄절 보내세요. 항상 감사한 마음 가지고 있어요. 저도 꼭 베풀 줄 아는 사람이 되겠습니다. 오늘 해주신 말씀대로 저로 인해 한 사람이라도 기쁘게 해줄 수 있는 사람이 될게요. 오늘 하루 즐거운 하루 보내시고 감기 조심하세요. 감사합니다."

꼭지 둘

지난주에 가졌던 고등학교 졸업 40주년 반창회에 참석하지 못한 은사님이 한 분 계셨습니다. 2학년 때 국어를 가르치시며 저희 학급의 담임이셨던 전홍규 선생이십니다. 어제 성탄 주일예배를 마치고 아내와 함께 선생님 댁을 찾았습니다. 사모님께서 나와 우리 부부를 산타처럼 반겨주셨습니다.

선생님은 올해 여든일곱이십니다. 얼마 전에 발을 헛디뎌 뒤로 넘어지셔서 허리를 다치셨습니다. 거동이 불편하셔서 지난번 반창회 자리를 함께 하지 못하셨습니다. 사모님은 선생님이 걸어 다니는 종합병원이시며 약간의 치매도 있다고 귀띔해주셨습니다.

사모님도 교편생활을 오래 하셨습니다. 사모님의 신앙 간증을 들었습니다. 심장 수술을 통해 살려주신 일을 무용담처럼 들려주셨습니다. 아들만 셋을 낳으신 사모님께서 딸이 없어 서운하신 모양입니다. 수술해서 아파 보니 같은 병실에 오는 딸 가진 부모가 부럽다고 하셨습니다.

차려주신 다과를 들며 담소하다 일어나 준비된 기념품과 반창회에서 준비한 금일봉을 선생님 손에 쥐어드리고 사모님과 함께 사진을 찍었습니다. 둘째 아드님과 며느리가 의사여서 챙겨주신다고 해서 다행이다 싶었습니다. 선생님의 건강을 기원하며 물러 나왔습니다.

꼭지 셋

남편감을 고르다 40이 되어 신앙이 없는 집안에 시집간 교회 선배가 있습니다. 아내와 오랫동안 교분을 나누고 있지만 신앙을 지키지 못하고 어렵게 살고 있는 모습을 보며 회복을 기도하고 있습니다.

엊그제 그 선배의 군대 간 외아들이 휴가 나왔다고 해서 그의 집 가까운 피자집을 인터넷에서 찾아 피자 한 판을 배달시켜 주었습니다. 면회 한 번 가지 못한 미안한 마음을 때우려는 저의 얄팍한 소행이었습니다. 저들도 가슴을 펴고 오시는 아기 예수를 맞이했으면 하는 바람으로 기도했습니다. 딸이 출석하는 교회에서 두 외손녀가 율동하는

신(信), 언(言), 행(行) 아침 단상

모습과 사위가 남성 4중창의 멤버가 되어 메들리로 성탄 노래를 부르는 동영상을 보내왔습니다.

"고맙다. 교회생활 아름답게 잘 해서^^" 하고 댓글을 보내 주었습니다. 믿음으로 하나 되는 가정이 행복한 가정입니다.

행복은 선택입니다. 찾아오신 아기 예수를 맞아 경배하고 내 안의 왕좌를 내어 드림으로 시작되는 영생의 복락입니다. 행복은 소중한 것을 나누고 비움으로 늘어나고 채워지는 은혜의 선물입니다.
올해도 찾아오신 예수님을 따라 찾아가는 성탄이고 싶었습니다.

새해의 바람 2016. 12. 29.

매년 이맘때가 되면 개인은 개인대로 교회는 교회대로 나름의 목표를 수립하고 그 목표를 달성하기 위한 방안들을 내놓습니다. 내재적인 명제는 모두 같습니다. 질적이고 양적인 발전과 성장과 부흥입니다. 명제를 달성하기 위한 전제조건도 모두 같습니다. 현재와 같아서는 안 되고 변화해야 한다는 것입니다. 오늘 아침에는 이렇게 변화하는 교회들이 많아지면 좋겠다는 생각을 해보았습니다.

1. 매주 교회 강단을 장식하는 꽃꽂이를 하는 대신 들어가는 비용을 모아 '꽃향기 장학금'을 만들어 지역 사회의 학생을 선발해서 장학금을

지급하는 교회. 한 주에 소요되는 비용이 5만 원이면 1년 52주 고려하면 총 260만 원의 장학금을 만들 수 있습니다.

2. 상가에 자리 잡고 있는 개척 교회 목사님 내외가 함께 대빗자루를 들고 매일 새벽기도 후에 30분씩 상가주변을 청소하는 교회. 두 분이 청소하는 모습을 보고 감동해서 교회 출석하는 분이 생겨날 것 같습니다.

3. 주차장이 없어 주일이면 교인들의 차량이 동네 이곳저곳에 개념 없이 주차해서 주민들로부터 눈살을 찌푸리게 했는데 당회에서 앞장서서 홀짝제로 운행하자 교인들이 합력하여 주민들의 원성이 사라지는 교회.

4. 교역자들이 쉬는 매주 월요일에 말없이 사모와 함께 교회 주변에 독거하시는 어르신을 찾아가 위로해주고 말벗해주는 목사님이 섬기는 교회.

5. 자신의 사례비를 잘라 어렵게 학업 중인 전도사와 강도사 사례비에 보태주는 목사님이 시무하는 교회.

6. 여러 장의 주보를 단 한 장짜리로 바꾸어 절약하고 어르신 교인들을 위해 주보를 큰 글씨로 바꾸는 교회.

7. 주변의 개척교회 목회자들을 초대하여 식사하며 "앞으로 한 달에

신(信), 언(言), 행(行) 아침 단상

한 번씩 스스로 주일을 정해 집에서 가까운 여러분이 시무하시는 교회에 출석하도록 했습니다. 헌금도 본 교회보다 더 많이 해도 좋다고 교인들에게 선포했습니다. 지나가는 나그네라 여기지 마시고 잘 받아주시기 바랍니다."라고 전해주는 목사님이 시무하는 교회.

8. 교인들의 생일과 결혼기념일을 기억해서 축하 문자를 보내주거나 전화를 해주고 책을 선물하는 목사님이 시무하는 교회.

9. 군복무를 하고 있는 자녀를 둔 교인들이 면회 갈 때 자신의 차에 교인을 태우고 앞서서 면회 가자고 나서는 목사님이 시무하는 교회.

10. 명절에 교인들로부터 받은 선물에 자신이 보탠 선물을 합쳐 어려운 이웃들에게 선물하는 목사님이 시무하는 교회.

11. 한 달에 한 번씩 날을 정해 교인들의 일터를 방문하여 '체험 삶의 현장'을 실천해보는 목사님이 시무하는 교회. 예를 들면 김밥집을 하는 교인 일터에 나가 설거지를 하거나 서빙을 통해 교인들의 삶을 체험하는 것입니다.

12. 가족들이 나름대로 작은 선교회를 만들어 어려운 동기 목사나 선교사를 돕는 본을 보이는 목사님이 시무하는 교회. 예를 들면 매달 식구 한 사람씩 만원을 절약하여 4만 원을 모아 네팔의 선교사에게 보내주면 매달 새끼 염소를 한 마리 사서 어렵게 사는 네팔 주민 집에 전해줄 수 있습니다.

13. 이웃하는 개척교회끼리 같이 모이기를 즐겨하여 한 달에 한 번씩 연합하여 예배드리는 교회의 목사님들이 시무하는 교회.

14. 송구영신 예배를 마친 후 내외가 함께 먼저 나와 교인들에게 "새해 하나님께서 베푸는 복을 많이 누리세요." 하며 큰절로 세배하는 목사님이 시무하는 교회.

15. 꾸준히 자신을 부인하고 자신에게는 엄격하고 남에게는 관대하며 부지런함이 교인들의 본이 되며 하나님께나 성도들에게 부끄럼 없이 살아 삶의 자리에 복음이 녹아드는 실천적 구도의 삶을 사는 목사님이 시무하는 교회.

너희는 이 세대를 본받지 말고 오직 마음을 새롭게 함으로
변화를 받아 하나님의 선하시고 기뻐하시고 온전하신 뜻이 무엇인지
분별하도록 하라. (로마서 12장 2절)

염소 새끼   2016. 12. 30.

저는 집이 인천이고 일터는 집과 멀어서 주말부부로 살고 있습니다. 아내도 출가한 딸네 집에 가서 두 외손녀를 보고 토요일에 저와 만납니다. 서로 주말부부인 셈입니다. 그래서 저는 별도로 원룸을 빌려 살고 있습니다.

신(信), 언(言), 행(行) 아침 단상

원룸에 살다 보면 겨울철이나 여름철이 되면 월세 외에 상당한 전기료와 가스비가 지출됩니다. 계절 특성상 에어컨과 보일러를 써서 나오는 비용입니다. 혹서기나 혹한기에는 한 달에 10만 원이 넘게 나오기도 했습니다. 작년 겨울에 온수매트를 구입해서 살아보니 겨울철 가스비가 제법 줄었습니다. 그래도 더 줄여보자 마음먹고 11월, 12월에는 아예 외출 기능 버튼을 누르고 지냈습니다. 이 기능 버튼을 누르면 방의 온도가 섭씨 18도를 유지합니다. 잠자리에 들기 전에는 누비 조끼를 입고 잘 때는 내복을 입고 온수 매트에서 극세사 이불을 덮으면 그런대로 지낼 수 있습니다.

그래서 나온 고지서를 보니 두 달 치 가스비가 불과 2만 7천 원이 되었습니다. 속으로 저는 '야호' 하고 쾌재를 불렀습니다. 오는 3월까지 가스요금을 아끼면 네팔에서 사역하시는 선교사님께 새끼 염소 열 마리를 사드릴 수 있는 돈을 모을 수 있기 때문입니다.

엊그제 잠간 제가 사는 원룸에 들렸던 아내는 제 속내도 모르고 가면서 문자를 보내왔습니다. "보일러 21도로 맞춰놓고 갑니다." 저녁에 집에 들어서니 방안이 훈훈해서 좋기는 좋았습니다. 잠시 갈등을 하다가 다시 외출 버튼을 눌렀습니다.

얼마 전 선교사님이 올린 사진 중에 어느 목사님이 후원하신 헌금으로 구입해서 전달된 새끼 염소를 받아들고 기뻐하는 네팔 주민의 사진을 보고 가슴이 뭉클했습니다. 그 얼굴을 생각하니 제 마음이 훈훈해지고 몸도 훈훈해졌습니다. 그래서 가스요금을 아낀 돈으로 염소 새끼 열 마리를 살 수 있게 보내드리기로 마음먹었습니다.

저는 선교사님께 열 마리의 새끼 염소마다 이름을 붙여 달라고 부탁하려고 합니다. 제 이름, 아내 이름, 딸 이름, 사위 이름, 아들 이름, 며느리 이름, 두 손녀 이름 그리고 선교사님 이름, 사모님 이름. 새끼 염소를 키우는 네팔 주민이 매일 염소를 부를 때 저들의 이름을 불러 줄 것입니다. 네팔 평원에서 제 이름이 불릴 것입니다. 재미난 일이 될 것 같습니다.

이 아침에 마음을 다지고 기도를 드립니다. "2016년 감사 예물로 열 마리의 염소 새끼를 주님께 드립니다. 기쁘게 받으시고 2017년에는 백 마리의 염소 새끼를 드릴 수 있도록 돕는 손길들을 붙여주옵소서."

주라. 그리하면 너희에게 줄 것이니 곧 후히 되어 누르고
흔들어 넘치도록 하여 너희에게 안겨 주리라.
너희의 헤아리는 그 헤아림으로
너희도 헤아림을 도로 받을 것이니라. (누가복음 6장 38절)

상(賞)   2016. 12. 31.

어제저녁에 2016년 종무식을 했습니다. 한 해 동안 열심히 일한 모범사원을 선정하여 표창장과 상금을 주고 승진하는 사람들은 사령장을 받았습니다. 표창장을 받고 사령장을 받는 사람들을 호명할 때마다 환호와 박수가 뒤따랐습니다. 당사자들은 물론 모두 같이 기뻐해주었습니다.

　제 지난 시절을 돌아보았습니다. 크고 작은 상을 꽤 많이 받았습니다. 개근상도 우등상도 공로상도 받았습니다. 야간대학을 수학하면서 한 학기를 빼고 전 학기 장학금을 받았습니다. 졸업할 때 총장으로부터 수석 졸업패를 받았습니다. 대그룹 계열사에 근무하면서 사장상과, 회장상도 받았습니다. 장관상도 받았습니다. 중학교 시절에는 참상도 많았습니다. 혼 · 분식 장려 동요 짓기 상도 받았습니다. 매달 월례고사를 치러 성적 우수 학생들을 불러내 상장을 주었습니다. 중2 때 제 짝이 반장이었습니다. 그의 아버지는 당시의 통일주체국민회의 대의원이었습니다. 제 짝이 한번은 제가 담임선생님께 월례고사 성적우수 상장을 받아들고 들어오니 이런 말을 했습니다. "너희 집은 못살아도 너희 엄마 아버지가 좋아하시겠다. 아들이 매달 상장을 받아가니……. 네가 정말 부럽다."

　그런데 그해 2학기 10월에는 월례고사 성적우수자를 호출하는데 제 이름이 빠졌습니다. 대신 짝의 이름이 호명되었습니다. 나중에 담임선생님과 확인해 보니 제 짝이 몇 개 과목 시험지의 이름을 제 것과 바꾸었습니다.

　상을 받는 것은 기분 좋은 일입니다. 상을 싫어하는 사람은 없습니다. 상을 받는 당사자는 물론 가족들을 기쁘게 합니다. 모든 상은 노력과 수고에 대한 평가의 결과입니다. 여러 사람 앞에서 인정받게 되어 누리게 해주는 보람과 성취감의 결정체입니다.

　이 땅에서의 삶이 종착할 때 나는 어떤 상을 받고 기뻐할 수 있을까를 생각해봅니다. 지난 한 해 동안 매일같이 멋진 한판의 경주를 펼쳤는지 돌아봅니다. 새롭게 펼쳐질 새해의 한날 한날을 상 받는 날로 살고 싶습니다. 매일 잠자리에 들기 전 침상기도를 드릴 때마다 위로부터 "잘 하였도다(Well done)!" 하는 하나님의 음성을 들을 수 있기를 소망합니다.

운동장에서 달음질하는 자들이 다 달릴지라도
오직 상을 받는 사람은 한 사람인 줄을 너희가 알지 못하느냐.
너희도 상을 받도록 이와 같이 달음질하라.
이기기를 다투는 자마다 모든 일에 절제하나니
그들은 썩을 승리자의 관을 얻고자 하되
우리는 썩지 아니할 것을 얻고자 하노라. (고린도전서 9장 24~25절)

2017 원단 단상

주님은 제가 작은 것에도
쉬 감사할 수 있게 하셨습니다.
이 아침보다 훨씬 추운 겨울날에
냉골의 방바닥에 누워

몇 끼를 채우지 못한 배를 움켜쥐고
두꺼운 솜이불 속에서 다리를 웅크리고
잠을 청해야만 했던…….

이제는 반세기나 지나버린 일을 추억합니다.

더더욱 감사한 것은
그럼에도 이를 악물고 돈을 벌어야지

보란 듯이 성공해야지
욕심내지 않고 살게 하셨습니다.

딸 아들 시집 장가보내고
십간십이지를 한 바퀴 돌아
새 한 바퀴를 시작하며

제 인생의 리셋 스위치를 누릅니다.
'내' 삶의 방식을 다시 포맷합니다.

그리고 이제껏 쓰던
세상이 지향하는 운영체제(OS)를 모두 버리고

버그도 없고 렉도 걸리지 않고
바이러스 제로 해킹 프리인

순수한 말씀으로 작동되는
BOS(Bible Oriented System)을 깔았습니다.

그리고 오늘 아침에 주신 시편 1편 말씀대로

한 시 한 시 한 날 한 날을 또바기 삶으로

모자이크하려는 서원을 담아

감사함으로 그 첫날을 엽니다.

일출산행

2017. 1. 2.

어제 시골 옥천에 내려가 지역 교회에서 송구영신 예배를 드리고 잠시 눈을 붙이고 새해 첫날에 돋는 해를 보러 아내와 함께 고향 산 둔주봉을 올랐습니다. 평소에 둔주봉 정상에 오르면 한반도 지도처럼 생긴 지형을 내려다볼 수 있습니다. 국가의 안위를 기원하는 마음들이 간절해서인지 적잖은 분들이 올라오셔서 해가 떠오를 때를 기다리고 있었습니다.

예정대로라면 7시 43분이면 해가 떠오르기 시작했어야 하지만 어제는 짙은 안개로 해를 볼 수 없었습니다. 대신에 운무가 바다를 이루어 상운서일(祥雲瑞日)로 시작되는 하루아침을 열었습니다. 그래도 기다리면 해가 떠오르겠지 하는 마음으로 기다렸는데 기미가 보이지 않자 실망한 분들이 사진을 몇 장씩 찍고 내려가려고 했습니다. 그래서 오지랖 넓은 제가 나섰습니다. 목청을 세워 말했습니다. "오늘 아침에 해가 떠오르는 것을 볼 수 없지만 우리 서로들 마주하고 새해 인사를 나누면 좋겠습니다. 서로들 '새해 복 많이 받으세요.' 하고 인사하고 주

먹을 쥐고 손을 올려 '대박! 대박! 대박!' 하고 연호한 후에 박수로 새날을 맞이하겠습니다."

원근 각처에서 와서 오르는 해를 보지 못해 실망했고 서로들 머쓱해 있던 150여 분들이 함께 제가 제안한 대로 인사를 나누고 연호한 다음에 박수를 쳤습니다. 그리고 나자 모두의 표정이 해처럼 밝아졌습니다. 동쪽에 떠오르는 해를 보지 못했지만 서로가 해가 되어 주었습니다.

제가 장가들기 전, 총각 때 어느 해 어린이날이었습니다. 당시에 저는 경북 구미공단의 한 기업체에서 일하고 있었습니다. 쉬는 날이라 친구와 함께 금오산에 오르던 중 잔디밭에 여러 가족들이 자녀들과 놀러와 김밥을 먹고 한쪽에서는 어른들끼리 모여 술을 마시는 것을 보았습니다. 저는 친구에게 기다리라고 해놓고 택시를 타고 자취방에 가서 기타를 들고 친구가 기다리는 곳에 갔습니다.

그리고 어린이들이 잘 아는 노래로 싱어롱을 하며 주위의 어린이들을 모으고 자연스레 부모들이 나오게 하여 큰 원을 만들어 앉혔습니다. 그리고 갈고 익힌 레크리에이션 게임을 하며 두 시간가량을 어린이들과 가족들과 함께 재미있게 보냈던 일이 생각났습니다.

세상에는 화평케 하는 자(peace maker)로 사는 사람이 있고 걸림돌(stumbling stone)과 같이 사는 사람이 있습니다. 그리스도를 섬기는 사람은 하나님을 기쁘시게 하며 화평과 덕을 세우는 일을 힘씁니다.

그런즉 우리가 다시는 서로 비판하지 말고 도리어
부딪칠 것이나 거칠 것을 형제 앞에 두지 아니하도록 주의하라.

이로써 그리스도를 섬기는 자는 하나님을 기쁘시게 하며
사람에게도 칭찬을 받느니라. 그러므로 우리가 화평의 일과
서로 덕을 세우는 일을 힘쓰나니. (로마서 14:13~19절)

지명(指名) 기도　　　　　　　　　　　　2017. 1. 3.

새해가 되면 의당 새 달력을 걸고 새 다이어리를 씁니다. 그리고 한 해 동안 기도로 응원해줄 합심기도 명단을 만듭니다. 명단에는 지난 해로부터 연장된 이름도 있고 떨어져 나간 이름도 있습니다. 저는 중보기도라고 말하지 않습니다. 중보하시는 분은 한 분이시기 때문입니다. 그렇다고 중재기도라고도 하지 않습니다. 중재는 쌍방을 화해시키는 것을 말하기 때문입니다. 그래서 나름대로 합심기도라고 합니다. 본인도 기도하지만 저도 그의 소망이 이루어지기를 같은 마음으로 기도하는 것입니다. 올해 가족이나 친지를 제외하고 제가 합심해서 기도하는 명단을 소개합니다. 이렇게 써보며 공개적으로 선언하는 것은 올 한 해 동안 그치지 않는 합심기도의 다짐을 다시 한 번 다지기 위함입니다.

보육원에서 자라서 올해 대학교 4학년이 되는 서ㅇㅇ군, 목사인 아빠로부터 기도 지원 요청을 받은 서ㅇㅇ군, 가족 중 아무도 예수를 믿고 있지 않지만 미국에서 목사 수업을 받고 있는 이ㅇㅇ군, 터칭 테라피를 통해 사랑과 복음을 전하는 박ㅇㅇ 권사님, 여전히 열정을 가

　　　　　　　　　　　　　　　신(信), 언(言), 행(行) 아침 단상

지고 신제품을 개발 중인 친구 주〇〇, 자신의 담낭을 떼어냈으면서도 척수염으로 고생 중인 아내를 각별히 간병하는 친구 유〇〇과 그 부인, 난치성질환인 '특발성 혈소판 감소증'으로 힘들어하고 있는 친구 유〇〇 친구의 부인, 작년에 '후종인대골화'로 대수술을 하고 지금은 재활하고 있는 이〇〇 사모와 친구 홍〇〇, 췌장암 선고를 받고 지금은 일주일에 세 번씩 투석을 받아야 하는 강〇〇 은사님, 심한 당뇨로 시력을 잃고 장부 합병증으로 병원에 입원하고 있는 미국의 의형제 Glenn, 자비량선교를 통해 일본에 복음을 전하기 위해 애쓰고 계신 송〇〇 선교사님, 남아프리카공화국에서 자동차정비훈련센터 설립을 놓고 기도하는 변〇〇 선교사님, 큰 지진을 경험했으면서도 꿋꿋이 네팔에서 복음의 씨를 뿌리는 장〇〇 선교사님, 지난여름에 알게 된 북인도에서 사역 중인 에스더 선교사님, 국내 최고 대형병원에서 일하다 자원하여 에티오피아에서 의료선교를 펼치다 파킨슨 질환을 얻었지만 귀국을 포기하고 굳어져가는 몸으로 선교를 계속하는 김태훈 선교사님과 사모님, 늘 제가 목사 안수를 받았으면 하는 바람을 말하며 자신은 지금 인생의 한 터널을 지나고 있는 장〇〇 목사님, 제 나이가 꺾어진 서른 살이지만 배울 점이 많은 고향 교회 신세대 목회자 김〇〇 전도사님과 그리고 그 교회 출석 중인 박 형제와 그 교회가 있는 마을의 이장님, 꿈둥이들이 꿈쟁이로 자라가도록 좋은 씨앗을 뿌리는 송〇〇 목사님, 지금 제가 일하고 있는 회사의 대표이사 오〇〇 사장님, 재작년부터 3차 신경통으로 고생하며 어제 점심 먹으러 가면서 "올해 소원이 무엇이냐?"고 물었더니 "병원에 안 가는 것"이라고 대답하는 함께 일하는 원〇〇 이사, 네팔에서 와서 고생하며 일하다 반강제로 쫓겨나 군산으로 옮겨 일하는 믿음의 딸 Prativa, 즐겨하던 담배를 올해 안에

끊고 회개하고 주님의 품에 안기기가 소원인 내년이면 교장이 되는 친구 김○○, 영국에서 공부하고 영국에서 일터를 찾고 있는 박○○ 군, 신앙을 지키기에 벅찬 직장생활로 고민하는 김○○ 군과 그의 어머니,

그리고 모둠으로 기도하는 40여 년 교회 친구들, 고등학교 같은 과 친구들, 30여 년 동안 이어온 성남교회 성가대 교우들, 대학에서 대학원에서 함께 공부하여 각양 사역하고 있는 분들, 철도고등학교 동문 신우회, 온 개척교회와 선교사님들의 사모들, 전국의 요양원에 계신 어르신들, 대한민국 법을 집행하는 재판관들이 있습니다.

오늘도 저들의 이름을 부르며 기상기도를 드립니다. 나를 위해 기도해주는 사람이 있는 사람은 복된 사람입니다. 남을 위해 기도해주는 사람은 더욱 복된 사람입니다. 그래서 저는 행복자입니다.

너희 중의 두 사람 이 땅에서 합심하여 무엇이든지 구하면
하늘에 계신 내 아버지께서 저희를 위하여
이루게 하시리라. (마태복음 18장 19절)

ACTS29

2017. 1. 4.

'Acts29'는 통상 사도행전 29장을 의미합니다. 28장으로 끝난 사도들의 행전이 상편이라면 그 마지막 장면 이후를 사는 사람들이 각자의 삶의 자리에서 그 하편으로 29장을 써가는 삶을 살아가자는 의미에서

신(信), 언(言), 행(行) 아침 단상

자주 인용되고 있습니다. 그 삶의 자리는 일터요 가정이요 교회요 국가요 우리가 숨을 쉬며 생활하는 곳들입니다.

그 삶은 복음에 기초한 것이요 믿음의 선진들과 사도들과 초대교회 성도들이 본이 되었던 삶입니다. 그 삶은 말씀에 뿌리를 내린 삶입니다. 그러나 사변적이거나 관념적이거나 이론적인 삶이 아닙니다. 실천적이고 행동적이고 체험적인 실제를 생생하게 드러내는 삶입니다.

강단에서 "아브라함을 보라, 요셉을 보라, 다니엘을 보라, 욥을 보라, 예수님의 제자들을 보라, 스데반을 보라, 바울을 보라."며 저들처럼 살아야 한다고 목청을 높이며 선포합니다. 그러나 정작 자신의 삶은 돌아보지 않은 채 선포하는 진리는 듣는 이들의 가슴에 남지 않고 허공을 가릅니다.

강단에서 선포되는 말씀이 '내'가 살아왔고 '내'가 살아가는 삶의 스토리요, 복음이 녹아진 신행일치의 삶의 간증이요 '내'가 써가는 Acts29가 될 때, 책상에 앉아 책이나 신문이나 인터넷에서 챙긴 남의 삶의 언저리나 가십거리나 예화로는 채울 수 없는 갈급한 심령들을 해갈시킬 수 있습니다. 어버이 주일에 단상에서 부모님을 잘 모셔야 한다고 목청을 세워 남의 이야기를 백번 하는 것보다 자신이 부모를 어떻게 잘 섬기는지를 한번 소개하는 것이 영향력이 있는 것과 같습니다.

새로운 목회 정보를 얻고 새로운 교회 성장 프로그램을 익히기 위해서 세미나를 찾아다니고 으레 때가 되면 연례행사처럼 부흥회나 부흥사경회를 연다고 진정으로 교회가 부흥하는 것은 아닙니다. 오히려 강단에서 선포되는 말씀이 좀 어눌하고 부족한 듯해도 선포하는 말씀에 선포자의 삶이 절절이 묻어날 때 뜨거운 감동과 진정한 부흥 즉, '살아 있는 진리로 회귀하고, 경험하고 알고 있는 진리를 삶에서 실천하는 회귀'를 체험하게 됩니다.

사도행전은 사도들의 행위들(Acts of the Apostles, Πράξεις τῶν Ἀποστό λων)입니다. 사도들의 말이나 설교가 아닙니다. 사도들의 행위를 통해 복음이 하나님이 선택하신 백성의 중심지 예루살렘으로부터 이방 세계의 중심지인 로마를 거쳐 우리에게까지 전해졌습니다.

사도행전은 사도가 되기 위한, 크리스천이 되기 위한 매뉴얼이 아닙니다. 이미 그리스도 예수를 주라 고백하는 성도들이 믿음대로 행하고 나아가는, 행진(行進)하는 삶의 기록입니다. 그래서 사도행전 29장, Acts29도 우리의 행진을 기록하는 행전(行傳)이어야 합니다.

명품 조연   2017. 1. 5.

영화나 드라마 뮤지컬 연극 등에는 거의 대부분이 주연과 조연이 등장하게 마련입니다. 조연(助演)은 주연이 주연되도록 도와주는 역할을 합니다. 최근에는 조연이 주연보다 연기가 돋보여 명품 조연이라는 말까지 생겨났습니다. 그래서 조연의 연기에 눈길이 더 가는 경우가 있습니다.

성경에는 수많은 크고 작은 분량의 스토리들이 있습니다. 어떤 학자는 성경에는 대표적인 스토리가 150개가 들어있는데 84개는 구약에, 66개는 신약에 있다고 밝혔습니다. 이 스토리들은 대부분 세상에 잘 알려진 이야기들입니다.

성경에 등장하는 인물들과 사건들은 많은 사람들로 하여금 자신들에게 현재 일어나고 있는 일들을 반영시켜주는 거울입니다. 많은 시인들과 작가들이 수백 년 동안 성경의 스토리들을 인용해 왔습니다. 헐리웃에서도 이들 이야기들을 여러 영화로 만들어오고 있습니다. 그런데 이런 성경의 스토리에도 주연과 조연이 있습니다. 때로 주연에 초점을 두고 주연을 부각시키다 보면 조연을 통해 전달하고자 하는 스토리의 숨겨진 핵심 주체(主體)를 놓칠 수 있습니다. 누가복음에 선한 사마리아인의 스토리와 집을 떠났던 아들에 관한 스토리가 있습니다. 두 스토리 모두 예수님께서 저작권을 가지신 스토리입니다. 이 두 스토리에도 주연과 조연이 있습니다.

선한 사마리아인의 스토리에서 주연이 사마리아인이라면 제사장과 레위인 그리고 강도를 만난 사람과 주막 주인은 조연입니다. 사마리아인에 포커스를 맞추면 현재의 '내 모습'일 수 있는 제사장과 레위인 그리고 강도를 만난 사람과 주막 주인 등의 조연들을 놓칠 수 있습니다.

집을 떠났던 아들에 관한 스토리에도 주연과 조연이 있습니다. 주연이 둘째 아들이라면 조연은 아버지와 맏아들과 한 종입니다. 둘째 아들에 집중하면 아버지와 아들을 놓칩니다. 어쩌면 아버지가 주인공이 되고 두 형제는 조연이 됩니다. 자기 분깃을 다 받고도 불평하고 시기하는 조연 맏아들이 '내 모습'일 수 있습니다.

우리들은 모두 하나님의 경륜과 섭리로 만들어진 스토리의 조연들입니다. 모든 스토리의 주연은 주님 되신 예수 그리스도이십니다. 주(主)님이 주연(主演)이십니다. 이 세대의 연기를 본받지 않고 오직 마음을 새롭게 함으로 변화를 받아 선하시고 기뻐하시고 온전하신 하나님의 뜻이 무엇인지를 분별하며 '내'게 맡겨진 조연(助演)의 역할을 멋지게 감당하는 하루를 살기를 다짐하며 새 날의 꼭지를 엽니다.

새끼 염소 분양 2017. 1. 6.

지난 연말에 오는 3월까지 가스비를 절약해서 네팔에서 사역하는 선교사님께 염소 새끼 열 마리를 살 수 있는 돈을 송금해드리기로 작정했다고 아침 단상에 적은 적이 있습니다.

적은 글을 읽고 어느 분이 함께하자고 제게 염소 새끼 세 마리를 살 수 있는 돈을 보내왔습니다. 그래서 모두 열세 마리의 염소 새끼를 살 수 있게 되어 선교사님께 저의 소의를 문자로 보냈습니다.

그랬더니 회신이 왔습니다. 우선 염소를 키울 수 있는 목초지, 산이 가까운 지역의 성도 또는 빈민 대상자를 선정해야 되고, 잘 키워서 새끼를 낳아 숫자가 불어날 때 반드시 몇 마리는 어려운 이웃에게 무상 분양한다는 약속 등을 분명히 하고 증인을 세운 뒤에 사주는 절차가 필요하다고 했습니다.

그리고 며칠 후에 새끼 염소를 분양할 가족을 찾았다고 문자가 왔습니다. 지난번 네팔 지진 때 시골의 집과 생활터전을 모두 잃고 카트만두 변두리 지역에 동물(우유 짜는 물소)을 키우며 새 삶을 일으키고자 애쓰는 한 가족을 도우면 좋겠다고 하셨습니다.

그래서 냉큼 염소 새끼 열세 마리를 살 수 있는 금액을 보내드렸습니다. 함께 기도할 수 있도록 이름을 알려달라고 했습니다. 그리고 염소들의 이름은 믿음, 소망, 사랑, 희락, 화평, 인내, 자비, 양선, 충성, 온유, 절제, 기쁨, 다애(열세 마리)로 붙여서 불러주면 좋겠다고 문자를 보냈습니다.

그랬더니 선교사님이 회신을 보내왔습니다. 일을 통해 한 가정의 자립과 지진의 슬픔을 이기고 재기하는 간증이 되기를 소망한다고. 그런데 "아이들(염소) 이름 외우기가 한참 걸리겠네요 ㅎㅎ"라고 토를 달아 보내오셔서 웃었습니다.

맑은 눈망울을 가진 염소 새끼들이 자라나는 모습을 연상해보려니 두 외손녀가 생각났습니다. 태어나서 옹알이하다가 뒤집고 앉고 기고 서고 걷고 넘어지고 뛰다가 이제는 서로 만나면 숨바꼭질을 합니다. 외손녀들이 자라는 모습을 보는 것이 제게 큰 기쁨이 되듯 열세 마리 새끼 염소가 분양받는 가족들의 큰 기쁨이 되고 받은 것을 나누는 기쁨을 재생산하는 선순환이 이어지길 기도합니다.

제가 소망하는 대로 나머지 여든일곱 마리도 챙겨주실 것을 미리 감사(Thanks in advance) 하며 기분 좋은 아침을 엽니다.

그를 향하여 우리의 가진 바 담대한 것이 이것이니 그의 뜻대로
무엇을 구하면 들으심이라. 우리가 무엇이든지 구하는 바를
들으시는 줄을 안즉 우리가 그에게 구한 그것을 얻은 줄을 또한
아느니라. (요한일서 5장 14~15절) 아멘.

선교사의 기도 2017. 1. 8.

같이 울었습니다.
인도네시아를 가슴에 품고 사역 중이신
한 선교사님이 하시는 말씀을 듣고……

"어떤 일이 있어도 저는 하나님이 계신걸 알아요.
왜냐하면 저를 살려주셨습니다."
"예수님이 빨리 오시라고 기도하면 안 돼요.
그렇게 기도하지 말아 주세요.

인도네시아에는 아직 4,500만 명의 무슬림이 있어요.
예수님 빨리 오시면 어떡해요."

그 순수한 열정에 함께 울었습니다.
그 뜨거운 사랑의 눈물에 함께 울었습니다.
부끄런 마음에 복받쳐 울었습니다.

주님을 향한 가슴 저리도록 아픈 순애보에
한결같이 응답하시는 주님의 음성을 듣습니다.

네가 나를 사랑하느냐
내 양을 먹이라.

무한리필 2017. 1. 10.

서민들이 좋아하는 식당들이 있습니다. '무한리필 삼겹살', '무한리필 왕갈비', '무한리필 회전초밥', '무한리필 소고기'라고 간판이 붙은 소위 무한리필 식당들입니다. 무한리필은 한자와 영어의 혼합어입니다. 즉 무한(無限)과 리필(refill)이 합쳐진 말입니다. 특정한 음식을 파는 식당에서 손님을 끌고 매상을 많이 올리기 위해 손님이 식당에 들어오면 계산해서 나갈 때까지 먹고 싶은 만큼 마음대로 먹을 수 있는 특혜를 주는 것입니다. 그래서 서민들은 비용 부담이 없는 이런 무한리필 식당을 좋아하는 편입니다.

한 달 반전에 패키지 관광으로 아내와 함께 일본 삿포로에 갔습니다. 대게를 무한리필로 먹을 수 있는 식당을 가게 되었습니다. 먹음직한 대게를 먹고 싶은 만큼 몇 번이고 달라고 할 수 있었습니다. 그런데 그 집은 예약 손님들을 위해 먹는 시간이 한정되어 있습니다. 암튼 우리는 그 식당을 나오면서 둘이서 얼굴을 마주보고 회심의 미소를 지으며 한국에서는 비싸서 먹기 힘든 대게를 맘껏 먹었다고 맞장구쳤습니다.

엊그제 장가간 아들 녀석이 장염에 걸려서 누워있다는 소식을 듣고 저녁 요기를 할 죽을 사러 죽 집엘 갔습니다. 며느리 것까지 주문을 하고 앉아 기다리려니 한 여성분이 들어왔습니다. 그분은 자신의 스마트폰을 열어 보면서 식당 직원에게 "굴짬뽕 하나 주세요." 하는 것이었습니다. 저는 의아하다 싶어 촉새처럼 참견을 했습니다. "여기는 죽집인데 굴짬뽕이 되나요?" 그랬더니 식당 직원이 말합니다. "굴짬뽕죽이 있습니다." 그것 참 별 죽이 다 있습니다. 술 먹은 사람들이 속 푸는 데 먹는다고 합니다.

계산을 치르면서 주문을 마친 여성분이 말합니다. "아들 녀석이 어제 술을 많이 먹고 이제 일어나 문자를 보내왔는데 들어올 때 죽집에 가서 굴짬뽕을 사오라고 했네요. 시키는 것을 안 사다줄 수도 없고⋯⋯. 그러네요." 그래서 제가 말했습니다. "제 아들 녀석은 장이 안 좋은지 속이 아파서 식사도 못하고 있다고 해서 전복죽을 사 먹이려고 왔습니다. 장가를 가도 시집을 가도 우리 부모님들처럼 새끼들에게는 무한리필을 해야 하나 봅니다."

아버지니까 무한리필을 합니다. 어머니라 무한리필을 해도 아깝지 않습니다. 부모가 되면 제 몫의 재산을 다 받아가지고 탕진하고 돌아온 아들을 기뻐하며 뛰어나가 보듬는 아버지의 마음을 이해할 수가 있습니다. 주고도 또 주고 싶은 것입니다.

아버지 되시는 하나님의 사랑은 창녀도 정죄치 않으시고 원수까지도 용서하시고 사랑하시는 무한리필의 사랑입니다. 하나님의 자녀들로서 그리스도 예수의 십자가에 달리심과 고통을 바라보며 성육신과 성경 말씀을 통해 성령의 말씀하심 안에서 '우리와 함께'하시는 하나님께 포커스를 맞추시기 바랍니다. 하나님은 우리를 위한 그의 사랑에 한계가 없는 무한리필의 사랑을 베푸십니다. 그 여전하신 사랑이 오늘 이 새 아침도 벅찬 감사로 맞이하게 합니다.

여인이 어찌 그 젖 먹는 자식을 잊겠으며
자기 태에서 난 아들을 긍휼히 여기지 않겠느냐.
그들은 혹시 잊을지라도
나는 너를 잊지 아니할 것이라. (이사야 49장 15절)

오바마의 고별연설   2017. 1. 11.

어제 미국 시카고에서 8년의 임기를 열흘 앞두고 백악관을 떠나는 버락 오바마 미국 대통령의 고별 연설이 제 마음에 울림을 주었습니다. '4년 더, 4년 더, 4년 더!'를 연호하는 무리들 앞에서 행해진 그의 연설은 미국 국민들만 아니라 SNS를 통해 전 세계에 퍼져 많은 사람들에게 감동을 주었습니다. 그의 정치적 공과에 대해 세세한 이론이 있을 수도 있지만 대체로 많은 찬사가 따릅니다.

어제 연설에서 그는 민주주의의 근본에 대해 상기시켜 주었습니다.

즉 민주주의는 획일성을 요구하지 않는다(Understand, democracy does not require uniformity.)는 것과 다른 시민들도 본인들만큼 이 나라를 사랑한다는 전제로부터 시작해야 한다는 지극히 자명한 것을 강조했습니다. 즉 민주주의는 다르지만 같음을 인정하고 같지만 다름을 인정하는 것입니다. 그 대전제가 있습니다. 그것은 "창조주 하나님께서 우리 모두를 동등하게 창조하셨다는 확고한 믿음입니다(It's the conviction that we are all created equal, endowed by our Creator.)."

　그리고 그가 인용한 애티커스 핀치(Atticus Finch)의 조언은 다름을 어떻게 받아들여야 하는지에 대해 일깨워줍니다. "그 사람의 시각을 통해 볼 수 없다면 절대 그를 이해하지 못합니다. 당신이 그 사람의 피부에 올라타 걸어 다녀보기 전까지는 말입니다(You never really understand a person until you consider things from his point of view……, until you climb into his skin and walk around in it.)." 물론 피부색의 차이를 두고 하는 말이지만 시사하는 바가 적지 않습니다.

　그는 그의 연설에서 가족의 중요성을 일깨워 주었습니다. 임기 중 수많은 업적을 남긴 그에게 가장 자랑스러운 것은 다름 아닌 그의 두 딸이었습니다. 공적인 퇴임 연설 말미에서 그는 이렇게 밝히고 있습니다. "말리아와 사샤. 매우 비정상적인 환경 아래서 너희 둘은 아름답고 지적인, 더 나아가 착하고 배려심이 많으며 열정이 넘치는 훌륭한 여성들로 성장해줬다. 스포트라이트에서 오는 부담감을 너흰 가볍게 이겨냈다. 내가 이룬 모든 업적 중에 너희의 아빠라는 사실이 난 가장 자랑스럽다."

　그의 부인 미셸 오바마를 '가장 친한 친구'라고 부르며 눈물을 머금

　　　　　　　　　신(信), 언(言), 행(行) 아침 단상

으며 "당신은 당신이 바라지 않았던 역할을 맡았지만 엄청난 기품과 담력, 스타일과 유머 감각으로 이 일을 완벽하게 해냈다. 백악관을 모두를 위한 장소로 만들었고, 젊은 세대는 당신을 롤 모델로 삼은 덕에 훨씬 더 높은 인생 목표를 잡을 수 있게 됐다."며 감사를 표했습니다.

그는 8년 전 대통령 후보로 나서서 한 자신의 연설을 상기한 것 같습니다. "미국은 어느 한 사람의 프로젝트가 아닙니다. 왜냐하면 우리 민주주의 가장 단적이고 강력한 단어는 '우리'입니다. 우리 국민입니다. 우리는 이겨낼 것입니다. 우리는 할 수 있습니다(America is not the project of any one person. Because the single most powerful word in our democracy is the word 'We.' 'We The People.' 'We Shall Overcome.' 'Yes, We Can.)."

어제의 퇴임연설 말미는 이렇게 장식하고 있습니다. "우리는 할 수 있다, 우리는 해 냈다, 우리는 할 수 있다(Yes We Can, Yes We Did, Yes We Can.)." 그리고 하나님께서 미국을 축복해주셨기 때문이라는 믿음으로 마무리합니다.

"하나님께서 계속해서 미국에 복을 주시기를 기원합니다(May God continue to bless the United States of America.)."

일전에 아침 단상을 통해 밝혔지만 저는 오바마의 팬입니다. 그는 신실한 크리스천입니다. 그의 어린아이 같은 맑은 미소가 생각납니다. 신중하고 당당했던 모습도 기억납니다. 자신도 울고 가족도 울고 청중도 울고 국민도 울린 멋진 미국 대통령의 고별 연설이 부럽습니

다. 대한민국에도 그보다 더 멋진 대통령을 예비해주시기를 기도하며
새 아침을 맞습니다.

눈 내린 날의 바람   2017. 1. 12.

꼭지 하나

어느 아파트 상가 교회 목사님과 사모님 그리고 같은 교회 교인으로 보이는 세 분의 남녀가 같이 눈삽과 빗자루를 들고 상가 보도에 쌓인 눈을 청소합니다. 새벽녘 가로등 불 밑에서 눈을 치우는 모습이 보기 좋습니다. 새벽예배 시작 타종을 하고 나서 목사님이 말씀하셨습니다. "오늘 새벽예배는 선행으로 대신하겠습니다. 빗자루와 눈삽을 들고 나가서 같이 눈을 치우겠습니다."

눈을 다 치우고 집으로 돌아간 목사님은 눈삽을 들고 이웃집 주위에 쌓인 눈을 먼저 청소합니다. 지나시던 동네분이 묻습니다. "아니 목사님 아니세요? 왜 남의 집 앞을 쓸고 계세요. 목사님 댁은 저 집이 아닌가요?" 목사님이 웃으며 대답합니다. "오늘 교회서 오면서 생각했거든요 우리 집 앞에 쌓인 눈만 치울게 아니라 양 옆의 이웃집 눈도 치워주자고. 혹 제 마음이 바뀔지도 몰라서 먼저 여기를 치우고 있습니다. 결국은 저희 집은 치우지 않겠습니까. 하하하."

신(信), 언(言), 행(行) 아침 단상

꼭지 둘

  말없이 성실하게 교회 생활을 하는 만년 서리집사 박 집사님은 얼마 전에 모 회사의 경비원으로 취직을 했습니다. 이분이 들어오고 난 후 회사 현관 유리문이 깨끗해졌습니다. 출근하는 직원들에게 거수경례 하며 웃는 얼굴로 인사하는 이분을 보고 직원들의 출근길에 표정이 환하게 밝아졌습니다. 박 집사님은 오늘 아침따라 아침도 거르고 일찍 집을 나섰습니다. 회사 실외 주차장의 눈을 말끔히 쓸어놓고 눈사람을 만들어 함께 출근하는 직원들에 인사합니다.

꼭지 셋

  최 장로님은 모 지역의 경찰서장입니다. 오늘따라 이른 시간에 일어나 분주하게 경찰복을 차려입고 집을 나섭니다. 눈이 많이 오면 체증이 심한 관할 구역에 도착해서 빨간 지휘등을 잡고 눈길에 엉킨 차량들을 소통시킵니다. 상습정체시간이 지나서야 출근해서 현장에 나온 교통경찰들이 서장을 보고 경례를 합니다. "옛 추억을 생각하며 함께하고 싶었습니다. 수고들 하세요." 최 장로님은 그들과 악수하고 조용히 그 자리를 떴습니다.

  어제는 눈이 많이 왔습니다. 일찍 집을 나서 회사의 차로 보행로 주차장에 쌓인 눈을 치우고 염화칼슘을 뿌리며 생각해 보았습니다. 내 작은 수고가 다른 사람들을 기쁘게 해주고 그 기쁨은 내 기쁨이 됩니다. 사랑(ἀγάπη)은 선한(καλὰ) 행실로 기쁨(χαρά)을 나누게 하고 평화(εἰρήνη)를 가져다줍니다. 오늘도 그 기쁨을 기대하며 새 아침을 맞습니다.

> 이같이 너희 빛을 사람 앞에 비취게 하여
> 저희로 너희 착한 행실을 보고 하늘에 계신 너희 아버지께
> 영광을 돌리게 하라. (마태복음 5장 16절)

보름달을 보며

2017. 1. 13.

서쪽 하늘에 보름달이 떴습니다. 오늘 뜬 보름달 안에는 절구질하는 토끼 한 마리가 아닌 눈 덮인 산 정상에서 두 팔을 벌리고 환호하는 사람의 모습이 보입니다.

제조 회사에서는 예기치 못한 여러 가지 이유로 납품이 지연되는 경우가 생깁니다. 납품이 지연되는 경우 연쇄적인 차질을 초래합니다. 특히 자동차 부품을 만드는 회사에서 차질이 생기면 완성차 생산에 직접적인 영향을 주게 됩니다.

독일에서 수입하는 부품 조달이 원활치 못해 수출하는 자동차에 사용하는 부품을 제때에 고객사에 납품하지 못했습니다. 고객사의 발주가 늦어져 적기에 자재를 확보하지 못해서 납품이 늦어졌습니다. 어제 오후 인천공항에 부품이 도착하는 대로 긴급 통관 수속을 밟고 퀵으로 저녁 8시가 되어 회사에 도착했습니다. 비상대기하고 있던 생산라인

신(信), 언(言), 행(行) 아침 단상

에 투입하여 새벽 1시가 되어 납품할 수량이 완성되었습니다.

저는 새벽 1시에 회사 납품차량에 완성된 제품을 싣고 밤공기를 가르며 고객사에 도착했습니다. 제품을 하차하고 고개를 들어보니 서쪽 하늘에 뜬 보름달이 아직 기울지 않은 채 새 아침을 기다립니다.

직원을 시켜서 납품을 할 수 있었지만 누구도 선뜻 자진해서 나서질 않습니다. 모두들 꺼려하는 것을 잘 알고 있습니다. 밤을 새며 운전해서 납품하는 일을 좋아하는 사람은 없습니다. 저도 그리 달가운 일은 아닙니다.

고객사의 책임자가 출근하기 전에 하차를 마치고 "약속을 지키고 갑니다." 하고 전화했더니 "전무님, 감사합니다!" 하고 기뻐했습니다. 남이 기뻐하면 내가 기뻐지고 남이 행복하면 내가 행복해지는 일, 주님이 가르쳐주셨습니다. 콩나물 해장국으로 아침을 먹고 나니 보름달이 사라졌습니다. 보름달 속의 사람 모습처럼 두 팔을 벌려 기지개를 켜며 환희의 새 아침을 맞습니다.

> 그러므로 무엇이든지 남에게 대접을 받고자 하는 대로
> 너희도 남을 대접하라. *(마태복음 7장 12절)*

신(信), 언(言), 행(行)

거의 매일 좋은 예화들을 창작하거나 각색하거나 편집해서 페이스

북에 올리시는 분이 있습니다. 건너 건너 친구 되는 분들과 SNS 친구 되는 분이라 한 해 전부터 저는 그와 친구가 되었습니다. 매일 올리는 글이 너무 좋아 탐독하고 때로는 다운로드 받아 저장도 해놓았습니다. 지난해에는 그동안 올렸던 글들이 책으로 출간되어 한 권을 사기도 했습니다. 그런데 어제 저는 그분과 친구 관계를 끊었습니다. 예의를 갖추어 왜 제가 단교하는지에 대해 설명도 하지 않고 일방적으로 끊고 말았습니다. 더 이상 그분의 글이 보기 싫어졌습니다. 그분의 미소 짓는 모습의 사진이 왠지 역겨워졌습니다.

제게 다른 SNS 친구가 있습니다. 일 년 전에 친구 삼은 페이스북의 절친 중 한 분입니다. 이분은 시를 사랑하며 사는 분입니다. 아름다운 시어로 삶을 녹여내는 시쟁이입니다. 말씀대로 살기를 사모하는 예수꾼입니다. 그런데 가끔 그의 언어에는 각혈이 배어 나왔습니다. 가슴 한편에 가득 응어리진 분노가 표출되었습니다.

얼마 전에 이분이 제게 정중하게 친구 관계를 끊었으면 하는 간접의사를 문자로 보내왔습니다. 나중에 알게 된 사실은 이분은 앞 분이 목사로 있는 교회의 권사였습니다. 목사의 치리로 교회에서 쫓겨났습니다. 이 세대의 양의 탈을 쓴 이리 같은 목자의 한 사람이라는 것입니다. 그런 사람의 글을 좋아하고 동조하는 저와 친구하는 것이 싫어진 것입니다. 그래서 예를 갖추어 정중히 친구 끊기를 청했습니다. 그동안 그분에게 교회로 인해 아물지 않은 생채기가 있는 줄 알았지만 앞 분으로부터 받은 것인 줄은 정말 몰랐습니다.

그래서 저는 어제 앞 분과 친구 관계를 단절했습니다. 더 소중한 친구의 마음을 아프게 하고 싶지 않았습니다. 친구의 마음이 아리니 제 마음도 아려왔습니다. 안팎이 다른 또 한 분의 목회자를 만나 마음이 아팠습니다.

이 아침에는 다니던 교회의 목회자로부터 버림을 받고 상처를 받아 이 교회 저 교회로 유리하는 분들을 위해 기도합니다. 이 나라에 신(信), 언(言), 행(行)이 고르게 사랑 찬 목회자들이 넘쳐나길 기도하며 새 아침을 맞습니다.

> 내가 사람의 방언과 천사의 말을 할지라도
> 사랑이 없으면 소리 나는 구리와 울리는 꽹과리가 되고
> 내가 예언하는 능력이 있어 모든 비밀과 모든 지식을 알고
> 또 산을 옮길 만한 모든 믿음이 있을지라도
> 사랑이 없으면 내가 아무것도 아니요 내가 내게 있는 모든 것으로
> 구제하고 또 내 몸을 불사르게 내줄지라도
> 사랑이 없으면 내게 아무 유익이 없느니라. (고린도전서 13장 1절~3절)

푸 스테코오

2017. 1. 17.

보통 ACTS라고 더 잘 알려진 아세아연합신학대학교 신학과 4년 과정을 공부하면서 뇌와 가슴에 각인된 두 가지가 있습니다. 신본주의(神本主義) 즉 하나님주의와 '나는 어디에 서 있는가?(Where do I stand?)'란 뜻을 함축하는 헬라어 푸 스테코오(Πού στήκω;)입니다. 원칙적으로 하면

이 구절은 헬라어로 "Πού μπορώ να σταθεί;"인데 당시에 필수과목으로 신본주의를 직강하시던 총장님께서는 거두절미하고 의문사와 1인칭 동사만 사용해서 '푸 스테오'라고 말씀하셨습니다. 아마 당시에 ACTS를 졸업한 사람인지 아닌지는 이 단어를 물어보면 금방 알 수 있을 정도로 유명한 단어입니다.

이 두 가지는 신학도에게 신학을 수학하는 사람으로서, 사역하는 사람으로서의 방향성을 제공해주는 나침반과 같았습니다. "오직 하나님만이 참되시고, 하나님만이 의로우시고, 하나님만이 선하십니다. 인간은 잘못된 삶을 세울 수 있습니다. 하나님만 따라가는 신본주의 토대 위에 삶을 세워야 합니다. 십계명 중 제1계명이 나머지 아홉 계명의 기초입니다. 이 제1계명이 무너지면 다른 계명들은 무너지게 마련입니다. 그러므로 우리의 모든 궁극적 관심사(The ultimate reference point)는 하나님이어야만 합니다."라는 말을 귀에 못이 박히게 들었습니다.

올해는 종교개혁 500주년을 맞는 해입니다. 아쉽게도 기독교를 향한 시선이 곱지 못하고 원성이 그치지 않고 커져만 갑니다. 자성의 목소리가 없지는 않지만 스스로 깨쳐 일어서기는 쉽지 않아 보입니다. 이 모든 것이 하나님의 하나님 되심(Godness)을 잊어버리고 그 자리에 나의 나됨이 자리 잡았기 때문입니다. 그래서 자기 소의대로 성경을 해석하여 복 받고 성공해서 건강하게 사는 것이 삶의 궁극적 목적이 되었습니다. 세상 잣대대로 출석교인이 많아지고 교회건물이 커지고 높아지면 성공한 목회자로 대우를 받습니다.

"너희는 내 앞에 다른 신을 모시지 말라(출애굽기 20장 3절)."는 제1계명이 무너졌습니다. 이미 '내 앞에' 세상의 가치를 내세우면서 '코람 데오'를 내세우는 모순 속에 살고 있습니다.

코람 데오란 라틴어 'coram Deo'를 그대로 읽는 소리로 라틴어로 'coram'은 '앞에'라는 뜻을 지니고, 'Deo'는 '하나님'을 뜻합니다. 이 두 단어가 합쳐져서 '하나님 앞에서'라고 말할 수 있습니다. 이것은 16세기 종교개혁자들이 부패했던 중세 신앙가운데 크리스천들로 하여금 하나님을 이름을 높이어 하나님께 영광을 돌리며, 하나님의 권위 아래 살며 하나님 안에 사는 삶의 방식을 요약해서 주창했던 말입니다.

이는 우리가 '사람 앞에(coram hominibus)' 잘 보이고 '세상 앞에(coram mundo)' 명예롭게 잘살기보다, 오직 하나님 앞에서 하나님의 선하시고 온전한 뜻을 구하며(롬12:2) 사는 삶일 것입니다. 이것은 그 당시 종교개혁자들이 내세웠던 오직 성경(Sola Scriptura), 오직 믿음(Sola Fide), 오직 은혜(Sola Gratia), 오직 그리스도(Solus Christus), 오직 하나님께 영광(Soli Deo Gloria)이라는 다섯 가지 슬로건의 기초가 되었습니다.

오늘을 사는 우리에게 진정한 '코람 데오'의 삶은 '하나님 주의' 즉, 하나님의 관점에서 늘 내 앞에 계시는 하나님을 두려워하며, 늘 나와 함께하시는 하나님을 신뢰하고 하나님 앞에서만이 아니라 사람들 앞에서도 동일한 믿음(信)을 말(言)로만 아니라 행(行)함으로 지켜나가는 삶일 것입니다.

새 아침에 무릎을 꿇고 머리를 조아립니다. 그리고 묵상합니다. 나는 어디에 서있는가?
푸 스테코오(Πού στήκω;)

염소 새끼 두 번째 분양 2017. 1. 19.

오늘 아침에 일어나보니 네팔에서 사역 중인 선교사님이 소식을 올려주셨습니다. 염소 새끼 지원 프로젝트 두 번째 미션을 아름답게 마친 소식을 보내오셨습니다. 여기에 같이 그 소식을 나누고자 합니다.

"새해 들어 두 번째 염소 분양 사역을 잘 마쳤습니다. 이번에는 특이하게도 새끼를 밴 어미 염소가 두 마리나 포함되어 있어 곧 염소 숫자가 늘어날 예정입니다. 이번 일은 계획보다 좀 늦어졌는데 염소를 사육할 우리준비를 마치고 염소를 들여오느라 계획보다 2주가 늦었습니다. 그러나 새끼 밴 어미 염소가 두 마리나 있어 벌써 부자가 된 느낌입니다.

중학교 2학년 손녀와 함께 살아가는 할머니의 가족에게 염소가 잘 자라주길 바랍니다. 이 염소가 손녀의 고등학교 진학과 대학 학비까지 보탬이 되기를 바라며 멀리 한국에서 후원해주신 분에게 큰 기쁨의 소식이 전달되기를 바랍니다. 새벽에 나와 일곱 시간 동안 차를 타고 달려온 산골 마을에서 선교사는 피곤하지만 행복한 하루를 보냈습니다."

이 소식을 보며 문득 '작고 작은 세상'이란 동요 노랫말이 생각났습니다.

함께 나누는 기쁨과 슬픔 함께 느끼는 희망과 고통
이제야 비로소 우리는 알았네 작고 작은 이 세상

산이 높고 험해도 바다 넓고 깊어도
우리 사는 이 세상 아주 작고 작은 곳

그리고 우리 어릴 적 생각이 났습니다. 자고 나면 아침 끼니를 걱정하던 시절이었습니다. 미군들이 주는 우유죽, 강냉이죽과 강냉이빵을 받아먹고 허기를 채웠습니다. 냄비와 주전자를 들고 긴 줄에 서서 멀건 죽을 받아 끼니를 때웠습니다. 곳곳에서 빈민들의 돕는 파란 눈을 가진 선교사들의 아름다운 손길들이 있었습니다. 6·25 이후 폐허 속에서 재건할 수 있는 희망의 씨앗을 뿌려준 손길들이 있었습니다.

이번 미션에는 철도고등학교 졸업생들의 기독신우회 동아리 중 한 분이 손길을 내밀어 주셨습니다. 선교사님이 올려주신 사진을 통해 더없이 환한 모습으로 웃는 선교사님과 네팔 주민의 얼굴이 너무 아름답습니다. 감사와 기쁨으로 기분 좋은 새 아침을 맞습니다.

너의 하나님 여호와가 너의 가운데에 계시니
그는 구원을 베푸실 전능자이시라 그가 너로 말미암아
기쁨을 이기지 못하시며 너를 잠잠히 사랑하시며
너로 말미암아 즐거이 부르며 기뻐하시리라 하리라. (스바냐 3장 17절)

올해의 표어   2017. 1. 20.

고등학생 시절 어느 해 출석하던 교회 예배당에 '올해의 표어'로 '생동하는 교회'를 크게 써 붙였던 것을 기억합니다. 즉 '살아서 움직이는 교회'였습니다. 교회는 예나 지금이나 하나님의 구원 역사 속에서 유기적인 생명체로 작용하는 신앙 공동체입니다. 그래서 살아 움직이고 성장하는 것입니다. 여기 살아서 움직이고 생동하는 한 교회를 소개합니다.

올해 나이 30세의 전도사가 작은 시골마을에 교회건물을 세우고 마을 주민들과 가족처럼 살아갑니다. 목회 4년차에 접어든 그의 별명은 알바왕입니다. 경제적으로 힘들게 살고 있는 교인들을 돕기 위해 시작한 아르바이트만 20여 가지입니다. 얼마 전까지만 해도 세차장을 운영했습니다. 오전 9시부터 저녁 7시까지 세차를 하고 월 200만 원을 벌어 교회 월세를 내고 남은 돈에서 80만 원은 출석 교인의 빚을 갚아주고 30만 원은 독거노인의 생활비에 보탰습니다.

수십 기가 넘는 묘소를 찾아다니며 벌초를 하고 깻잎 김치를 만들어 팔기도 하고 분식 센터를 만들어 교인들과 주민들에게 일터를 만들어주고 노동의 보람을 느끼게 해주었습니다. 김 전도사의 특심에 출석교인들이 50명이 넘어섰습니다. 반 이상이 노인들이시고 불교신자였던 분 무당이었던 분, 폭력전과를 가진 분도 교회를 찾았습니다.

기독교 방송에서 이 교회를 찾아 일약 명사가 되어 어느 분이 사역에 보탬이 되라고 신형 중형 세단을 기증하겠다고 했지만 일체 사양했습니다. 오히려 먼 곳에서 출석하겠다는 교인에게 중고차를 사주었습니다. 그는 매일 책상에 앉아 구도하는 목회자가 아닙니다. 새로운 목회 툴을 찾아 이 세미나 저 세미나를 찾아다니는 목회자가 아닙니다. 손으로 발로 교인들과 주민들과 더불어 함께 동고동락하며 공감하고

신(信), 언(言), 행(行) 아침 단상

소통하는 살아 움직이는 교회를 일구어가며 산 제물을 드리는 산 목회 자입니다.

김 전도사는 이번 설날 명절을 맞아 시장에 내려고 만들어 놓은 교인의 곶감을 팔아주기로 했습니다. 매년 한 대기업에서 500상자 이상 구입을 해주었는데 올해는 정치적 이슈로 인해 파급된 영향으로 구입을 취소했다고 합니다. 그래서 부랴부랴 페이스북에 글을 올려 이 사정을 올렸습니다. 그 마음이 제 마음에 울려 함께할 지혜를 구했습니다. 이번 설날을 맞아 직원들에게 줄 선물로 곶감을 선택했습니다. 어제 60상자를 주문했습니다. 함께할 수 있게 되어 기뻤습니다. 안타깝지만 이 땅에는 살았으나 죽었다고 책망을 받았던 사데 교회 같은 교회가 적지 않습니다. 예배가 삶이 되고 삶이 예배가 되는 살아 움직이는, 생동하는 교회가 그립습니다. 어제저녁 학생부 아이들을 데리고 도시로 나가 뷔페에서 먹이고 노래방에서 놀게 하며 저들의 양육을 위해 묵상하며 기도하는 옥천 더함교회 김준영 전도사님을 응원하며 기도합니다.

로마서 8장 28절이 오늘 아침 단상에 적절한 말씀으로 적용될 수 있어 상고해 보았습니다.

"우리가 알거니와 하나님을 사랑하는 자 곧 그 뜻대로 부르심을 입은 자들에게는 모든 것이 합력하여 선을 이루느니라." 이 구절을 헬라어 성경에서 찾아보고 나름대로 풀어 적어봅니다.

Οἴδαμεν δὲ ὅτι τοῖς ἀγαπῶσιν τὸν Θεὸν πάντα συνεργεῖ (ὁ θεὸς) εἰς ἀγαθόν, τοῖς κατὰ πρόθεσιν κλητοῖς οὖσιν.

"우리는 또한 압니다. 하나님께서는 하나님을 사랑하는 사람들 즉 하나님의 목적하심에 따라 부르심을 받아 존재하는 사람들이 하는 모든 것들이 선을 이루도록 함께 일하심을."

하나님이 부르시고, 하나님을 사랑하게 하시고, 하나님이 함께 하십니다. 두루뭉술하게 합력해서 모든 일이 이루어지는 것이 아닙니다. 하나님이 함께 일하십니다(συνεργεῖ). 여기서 사용된 헬라어 'συνεργεῖ'는 영어로 'works together'로 번역되는 3인칭 단수 현재 능동태 동사입니다. 이 동사에서 시너지(synergy)라는 영어가 나왔습니다. 이 동사에 가장 적절한 우리말은 '동역'입니다. 이 동사의 주어는 하나님(ὁ θεὸς)이십니다. 즉 하나님을 사랑하는 자들이 하는 일에는 하나님이 동역해주신다는 것입니다. 모든 일에 있어 '내'가, '우리'가 한다고, 했다고 까불면 안 되는 이유입니다. 오늘도 하나님께서 동역하시는 시너지를 받으며 눈 덮인 새 아침을 맞습니다. 눈이 많이 왔습니다. 눈길 조심하시고 눈처럼 허물을 덮어주는 포용의 하루 보내시기 바랍니다. 오늘은 단상이 조금 길어졌습니다. 사랑합니다.

교회의 흡연실 2017. 1. 21.

어제는 올겨울 들어서서 가장 눈이 많이 쌓인 날이었습니다. 그제 밤부터 폭설이 내린다는 기상청 특보로 어제 출퇴근길들을 걱정했습니다. 기상청의 대설 특보는 두 가지입니다. 대설주의보는 24시간 새로 쌓인 눈이 5cm 이상 예상될 때 발령하고 대설경보는 24시간 신적설이 20cm 이상 예상될 때 발령합니다. 어제는 대설주의보였습니다.

아침에 나와서 쌓인 눈을 치우느니 미리 염화칼슘을 뿌려 두면 어떨까 하는 생각이 들었습니다. 그래서 그제 밤에 동료 직원과 눈이 내리기 전에 한 시간 동안 회사의 차로, 보행로, 주차장에 염화칼슘 두 부대를 고르게 뿌렸습니다. 어제 아침에 출근하여 그 결과를 보니 기대했던 만큼은 아니었지만 아주 유효했습니다. 내린 눈을 눈삽으로 밀어내고 나니 바닥이 미끄럽지 않았습니다. 지금 막 궁금해서 인터넷 정보를 찾아보았더니 미리 염화칼슘을 뿌려두는 게 좋다고 합니다. 내린 눈을 치우면서 항상 유념하는 것은 경사진 차로와 직원들이 다니는 보행로입니다. 특히 보행로는 더욱 유의해서 눈삽으로 치우고 대빗자루로 쓸어 미끄럽지 않은지 확인을 해야 합니다. 혹여 보행하던 직원이 길이 미끄러워 균형을 잃고 넘어져 다칠 수 있기 때문입니다.

요즈음은 대부분의 회사에서 담배 피우는 직원들이 미운 오리 새끼들이 되었습니다. 그래서 마음 편히 담배를 피우기 힘들고 이 사람 저 사람 눈치를 보며 피워야 합니다. 저의 일터도 그렇습니다. 담배를 필 수 있는 실외 장소를 지정해 놓았습니다. 귀찮아도, 요즘처럼 추워도 담배를 피우기 위해서는 지정된 흡연 장소를 갈 수밖에 없습니다.

어제 내린 눈을 치우며 흡연 장소를 가는 길을 특별히 잘 치웠습니다. 미끄럽지 않은지 신발로 문질러도 보며 대빗자루로 잔설을 쓸었습니다. 담배는 밉지만 담배 피우는 직원은 모두 함께하는 동료이자 친구(company)이기 때문입니다. 회사(company)는 이런 친구들이 함께 만들어가는 것입니다. 함께 일하는 친구가 미끄러워 다치지 않을까 하는 걱정에 비질을 좀 더 세심하게 했습니다.

교회에 출석하는 교인들 중 부인만 출석하고 남편은 출석하지 않는 분들이 많습니다. 금슬이 좋은 어느 부부는 남편은 자신의 아내가 예배를 드리도록 차를 운전하여 아내를 교회 앞에 내려줍니다. 교회 주변에 차를 세워놓고 기다렸다 예배가 끝나면 부인을 태우고 갑니다. 차안에서 마음 놓고 담배를 피우며 부인을 기다립니다. 많은 남편들이 음주와 흡연으로 인해 예배당의 문턱을 넘지 못하고 있습니다. 술 담배 끊게 되면 나간다고 하는 남편들이 많습니다.

16여 년 전 직장사역에 대해 공부하는 자리에서 만난 한 목사님이 생각납니다. 먼저 이런 교인들의 남편들을 위해서 교회에 흡연실을 만들었답니다. 하루는 이 소식을 듣고 호기심 반, 아내의 간청 반에 교회에 한 분이 부인을 따라 교회에 나왔습니다. 흡연실 문을 열고 들어가 담배를 꺼내 물더니 이내 도로 담뱃갑에 집어넣으며 이러더랍니다. "내가 이럴 수는 없지요. 교회에 출석하면서 담배를 끊도록 노력하겠습니다."

몇 해 전 분당에 있는 큰 교회에 흡연실이 만들어져 교계의 이목을 끌었습니다. 논란은 있었지만 역기능보다 순기능이 더 많았습니다. 개혁은 현실을 타파하는 것입니다. 단 본질이 본질 되게 하고 비본질에 가려진 본질을 드러내는 것입니다. 종교개혁 500주년을 맞이하여

신(信), 언(言), 행(行) 아침 단상

한국교회에 덕스럽지 않은 구습과 구태들을 덕스럽게 풀어가는 한 해이기를 소망하며 기도합니다.

오늘은 루터의 일생을 바꾸고 종교개혁을 일으킨 근간이 되었다는 성경 구절을 묵상하며 새 아침을 맞습니다. 믿음이 본질입니다.

복음에는 하나님의 의가 나타나서 믿음으로 믿음에 이르게 하나니 기록된바 오직 의인은 믿음으로 말미암아 살리라 함과 같으니라.

(로마서 1장 17절)

스마트폰의 진화 2017. 1. 22.

핸드폰이나 휴대폰보다 스마트폰이라는 말이 보편화되고 있습니다. 스마트폰(smart phone)은 말 그대로 영리하고 똑똑한 전화기입니다. 애플리케이션 소프트웨어가 늘어나 스마트폰으로 할 수 있는 일이 엄청 많아졌습니다.

얼마 전에는 회전수를 측정하는 앱을 2달러에 구입하여 유용하게 사용했습니다. 안 그러면 회전수를 측정할 수 있는 타코메타(Tachometer)를 비싼 돈을 주고 사야만 했습니다. 스마트폰에 플래쉬 용도로 달린 LED가 설정된 빈도에 맞게 점멸되도록 해서 회전체의 분당 회전수(rpm)를 측정할 수 있게 해줍니다.

이 외에 스마트폰에는 여러 가지 유용한 기능이 많지만 제가 유용하게 사용하는 기능은 주로 음성인식 기능입니다. 음성인식 활성화 버튼을 누르고 "오늘 날씨는?" 하고 물어보면 "오늘 날씨는 그다지 좋지 않을 것 같아요. 섭씨 영하 12도까지 내려갈 것으로 예상됩니다."는 음성메시지를 보내고 현재 온도와 시간별 예상 온도를 그래픽과 문자정보로 알려줍니다.

제가 많이 쓰는 음성인식기능은 전화걸기입니다. 아내에게 전화를 걸 때마다 "중전에게 전화하라." 하고 말을 합니다. 그러면 스마트폰은 제 아내에게 전화를 걸어줍니다.(참고로 제 아내의 전화번호는 제 스마트폰에 '중전'이란 이름으로 입력되어 있습니다. 아내가 '중전'이면 저는 무엇인지 아시겠지요? 그렇습니다. 실제로 제 아내의 스마트폰에 저의 이름은 '주상전하'로 입력되어 있습니다.)

어제는 특근 중인 회사에 전화할 일이 생겨 음성으로 "'012-345-5678'로 전화하라!"로 어명을 내렸더니 "죄송해요. 잘 못 알아들었어요."라는 음성이 들리고 같은 문자가 떴습니다. 내가 전화번호를 말하면서 엉킨 것 같아 스마트폰에 대고 "내가 잘못했소."라고 말했더니 "괜찮아요."라고 응수했습니다. 신기해서 다시 "잘못했소."라고 말했더니 스마트폰이 말해줍니다. "벌써 잊었어요."라고. 아내와 함께 한참을 웃었습니다.

우연치 않은 문명의 이기 스마트폰과의 해프닝을 겪으면서 생각해 보았습니다. "잘못했다."고 고백하면 "괜찮아요."로 포용해주고 또 "잘못했다."고 고백하면 "벌써 잊었어요."라고 말해주는 따뜻한 관용

신(信), 언(言), 행(行) 아침 단상

의 말씀을 찾아보며 "주홍빛 같은 내 죄…… 흰 눈같이 되리라."는 찬
양을 읊조리며 주일 새아침을 맞습니다.

> 나 곧 나는 나를 위하여 네 허물을 도말하는 자니
> 네 죄를 기억지 아니하리라. (이사야 43장 25절)

가면   2017. 1. 23.

언젠가 아침 단상에서 밝혔듯이 저는 올해 환갑을 맞아 기념으로 두
가지 자선 이벤트를 계획하고 있습니다. 한 가지는 5월에 '붓으로 쓴
인생 한 바퀴' 전시회를 황간역에서 갖기로 했습니다. 다른 한 가지는
1년 동안 적어 온 '아침 단상'을 엮어 책으로 내라는 권유들이 있어 나
름 의미가 있다 싶어 원고를 추려 출판사에 보내 편집 검토 중에 있습
니다.

지난 주말에는 아내와 함께 인사동에 나갔습니다. 작품 준비를 위해
필방에 들러 화선지를 샀습니다. 필방주인이 먹이 잘 먹는다며 건네주
는 대만제 화선지를 받아드니 기분이 좋았습니다. 이번 전시회에는 환
갑 나이에 맞게 작품 60점을 준비하고 있습니다. 전시회장의 환경에
맞추어 주로 캘리그라피 성격의 소품(小品)들이 될 것입니다. 그래서 수
제도장집에 들러 소품에 걸맞은 성명인(姓名印)과 아호인(雅號印)과 유인
(游印)도 구경했습니다.

인사동 필방과 갤러리를 돌아 나오면서 골목 모퉁이에 펼쳐두고 파는 모자를 구입했습니다. 나이 들어가면서 윗머리의 머리카락이 많이 빠져 날씨가 추워지거나 눈이 오면 불편했습니다. 사냥꾼들이 쓰는 헌팅캡을 샀습니다. 나름 멋져보였습니다. 확실히 머리가 따듯해졌습니다. 거울을 보니 다른 사람처럼 보였습니다. 모자 하나를 눌러쓰니 사람이 달라 보이는 것입니다.

집에 돌아와 TV를 켜니 '복면가왕'이 방송되고 있었습니다. 가면을 쓰고 옷을 차려입고 나와 노래를 불러 겨루는 서바이벌 프로입니다. 결과에 따라 탈락자는 가면을 벗고 자신의 정체를 밝히게 됩니다. 보는 이들로 하여금 매주 출연하는 사람의 변장용 가면에 대한 흥미와 그 정체에 대한 호기심을 불러일으키는 프로입니다. 아쉽게 탈락하는 출연자의 정체가 알려질 때마다 심사원들과 청중들이 매우 놀라는 표정들입니다. 가면과 옷으로 가려졌던 모습이 그 정체를 알 수 없게 했던 것입니다.

굳이 심리학자 융이 말하지 않았더라도 우리는 모두 저마다의 가면을 쓰고 살게 됩니다. 얼마 전에는 '가면'이라는 제목의 드라마도 있었습니다. 때로는 남편의 가면을 쓰고, 때로는 아빠의 가면을 쓰고, 때로는 월급쟁이의 가면을 쓰고, 때로는 근엄한 교인의 가면을 쓰고, 때로는 더 없는 친구의 가면을 쓰고 삽니다. 그런가하면 무일푼 실업자가 사장님의 가면을, 행실이 마땅찮은 처녀가 맞선 자리에선 요조숙녀의 가면을, 아이들을 학대하는 어린이집 원장이 TV 앞에선 천사의 가면을 쓰고 나타나기도 합니다.

예수님께서 요한복음에서 스스로를 일곱 가지로 말씀하신 것이 생각

신(信), 언(言), 행(行) 아침 단상

났습니다. 즉 "나는 ~이다."라는 헬라어 '에고 에이미(Ἐγώ εἰμι)'로 표현하신 말씀입니다. "나는 생명의 떡이라.", "나는 세상의 빛이다.", "나는 양의 문이다.", "나는 선한 목자다.", "나는 부활이요, 생명이다.", "나는 길이요, 진리요, 생명이다.", "나는 참 포도나무다."

헌팅캡을 써도 변하지 않는 저의 정체가 있습니다. 옷을 바꾸어 입어도 바뀔 수 없는 저의 실체가 있습니다. 어떤 가면을 써도 저만의 '에고 에이미(Ἐγώ εἰμι)'가 있습니다. 그것은 '나는 주의 것'이라는 것입니다. 그래서 이 새 아침도 귀하게 맞이하게 됩니다.

> 우리가 살아도 주를 위하여 살고 죽어도 주를 위하여 죽나니
> 그러므로 사나 죽으나 우리가 주의 것이로다. (로마서 14장 8절)

선물

선물을 주고받는 계절이 되었습니다. 저는 가끔 한자를 황당하게 풀어서 웃음을 자아내게 합니다. 선물은 한자로 膳物이라고 하는데 앞의 膳에는 고기를 뜻하는 육(肉)달월 변(月)이 붙어 있고 뒤의 物에는 소를 뜻하는 소우(牛) 변이 붙어 있어 원래 좋은(善) 부위의 소고기가 가장 좋은 선물이 아니었나 싶습니다. 여전히 소고기는 비싸고 좋은 선물입니다.

중국식 한자는 예품(禮品, 礼品)이라고 합니다. 영어로는 잘 아는 gift

또는 present라고 합니다. 보통 쓸 때는 둘 다 선물이라는 의미로 쓰는데 좀 따지는 사람들은 gift는 다소 부담 가는 고가의 선물이고, present는 친한 사람들이 큰 부담 없이 주고받을 수 있는 선물이라고 합니다. 굳이 최근의 정치적 이슈로 인해 관심사에서 벗어난 '김영란 법'을 빗대어 본다면 저촉되면 gift, 저촉이 안 되면 present라고나 할까요.

자식들이 시집가고 장가가서 명절이 되면 부모님께 선물을 사가지고 오고 봉투에 용돈을 드립니다. 선물과 용돈을 받는 부모님은 키운 보람을 느끼며 고마워합니다. 우리 딸과 아들은 선물과 용돈 대신에 10년 전부터 뜻을 같이하는 사람들과 어려운 학생을 도와주기 위해 만든 '징검다리' 계좌에 입금하고 있습니다. 현재는 장래가 촉망되는 한 대학생을 졸업할 때까지 지원해주고 있는데 그 학생이 올해 4학년이 됩니다. 그는 올해부터 아침 단상의 애독자가 되어 공감의 댓글을 매일 꼬박꼬박 잘 올려주고 있습니다.

지난주일 저녁에는 아내와 함께 딸 집에 갔습니다. 두 외손녀를 한 주만 안 봐도 그리 보고 싶습니다. 다섯 살, 세 살이 된 둘이 서로 얼마나 잘 노는지 모릅니다. 전에는 할아버지 왔다고 서로 와서 떨어질 줄 모르더니 요즈음은 자기들끼리 노느라 할아버지는 안중에도 없을 때가 많습니다. 기분 좋으면 서로 뛰고 잠시도 가만있지를 않습니다. 거실에 완충제를 깔았지만 아파트 아래층에 사는 분들이 불편하겠다 싶어 아이들이 심하게 뛰면 조용하라고 하면서도 불안합니다. 딸애가 이사 와서 한 번도 불편하다고 말을 하지 않았다는 아래층 사는 집에 줄 선물을 샀습니다. gift가 아닌 present 격의 선물입니다. 아래층에 내려가 벨을 눌렀지만 아무도 나오지 않았습니다. 출입문에는 '안양감리교회'라는 교패가 붙여져 있었습니다. 아마 저녁예배를 드리고 와서 늦어지나 싶었습니다. 아내에게 위층에 사는 '기쁨이와 다애' 할아버지가 죄송하고 고마워서 드리는 작은 선물이라고 전해주라고 했습니다.

우리 손녀 기쁨이와 다애는 늘 아래층의 선물을 받고 삽니다. 그 선물은 관용입니다. 너그럽게 용납해주는 것입니다. 다가오는 설날에 앙금 져있던 이웃들과의 너그러운 화해가 있기를 소망합니다. 먼저 마음을 열고 작은 선물을 준비해보시지 않으시렵니까? 내일이면 우리두 손녀는 작은 present를 들고 아파트 경비실 할아버지를 찾아갈 것입니다. 그리고 고개를 숙이고 "할아버지 새해 복 많이 받으세요." 하고 인사할 것입니다.

한글로 '선물'이라고 번역된 헬라어 단어는 도오론(δῶρον)인데 신약성경에 열아홉 번 나옵니다. 영문성경으로 gift나 gifts로 번역된 것이 아홉 번인데 한글성경에는 주로 예물로 번역되었습니다. 동방박사가 아기예수께 드린 예물은 gifts입니다. 아벨이 드린 제사가 gift입니다. 그리고 영어로 offering으로 번역되고 한글로 예물로 번역된 곳이 여덟 번, 영어로 given으로 번역되고 한글로 드림으로 번역된 곳이 두 번 있습니다. 고르반이 곧 같은 뜻입니다.

그리고 보니 성경에서 선물은 우리가 하나님을 높여드리는 의미에서 드리는 예물이 대부분입니다. 그런데 한군데서 우리가 이미 받은, 더할 수 없는 금광 같은 '선물'을 발견합니다. 이번 설에는 손에는 작은 선물을 들고 마음에는 무엇과도 비교할 수 없는 이 귀한 선물을 거저 나누는 복된 명절로 지내기를 기도하며 한파주의보가 내린 새 아침을 맞습니다.

> 너희가 그 은혜를 인하여 믿음으로 말미암아 구원을 얻었나니
> 이것이 너희에게서 난 것이 아니요 하나님의 선물(gift)이라.
> (에베소서 2장 8절)

죄송과 감사

2017. 1. 25.

어제 아침에 운전을 하며 출근을 하는데 우회전 차선을 서행하던 제 차 앞에 갑자기 한 차가 끼어들었습니다. 브레이크를 밟고 가던 길을 가려니 끼어든 차가 앞서가면서 깜빡이등을 켰습니다. 죄송하다는 표시인지 아니면 고맙다는 표시인지 모르겠습니다. 우리는 죄송과 감사가 동시에 공존하는 사회에 살고 있습니다. 죄송하면 죄송한 것이고 감사하면 감사한 것인데 죄송한 일을 하면서 감사하는 모순 속에 살고들 있습니다.

20년쯤 전에 저는 한 개척교회의 남선교회장을 한 적이 있습니다. 출석교인이 50여 명이 되어 교회는 땅을 매입하여 예배당을 건축하기로 했습니다. 예배당을 건축하는 도중에 목사님은 교육관도 같이 짓자며 이를 교회 앞에 공론화했습니다. 건축 헌금을 내는 데도 힘에 부대끼던 교인들은 달가워하지 않았습니다.

목사님은 교육관을 짓는 데 필요한 대부분의 재정은 국가로부터 지원을 받을 수 있다고 했습니다. 유아교육시설을 짓는다고 서류를 잘 작성해서 제출하면 국가의 정책자금을 융통해서 사용할 수 있다고 했습니다. 회의에 참석했던 저는 극구 반대했습니다. 공무원의 눈을 속일 수 있어도 하나님을 피할 수 없다고 했습니다. 다행히 교육관은 지어지지 않았습니다. 만일 그때 교육관이 지어졌다면 감격하며 교육관 준공 감사예배를 드렸을 것입니다.

주일예배에 참석하러 온 큰 교회 교인들의 차량이 교회 주변의 횡단보도와 보행로에 버젓이 주차되어 행인들의 보행을 막습니다. 덕스럽지 않은 것 같아 교회 홈페이지에서 목사님 메일 주소를 알아내서 사진과 함께 메일을 보냈는데 수신은 확인되었으나 변하는 게 없습니다. 쉬운 주차질서도 안 지키고 못 지킵니다. 그러면서 예배당에 앉아 복음을 듣고 찬양하고 있습니다. 사람에게는 죄송하지만 하나님께는 감사를 드리며 예배당에 앉아있는 것입니다. 교회에 드려지는 헌금이 어떤 과정을 통해 드려진 것인지에 대해서는 관심이 없는 것 같습니다. 뇌물로 받은 것인지, 횡령을 한 것인지, 사기를 친 것인지 혹은 폭리를 취한 것인지를 묻지도 따지지도 않고 많이 드리면 감사하고 많이 드리면 믿음이 좋고 대개 많이 드리면 먼저 장로가 됩니다.

헌금을 드리기 전에 기도를 드리면서 "오늘 드리려는 헌물이 하나님 보시기에 합당하지 않은 예물이면 거두게 하시고 먼저 회개하게 하소서. 비루먹은 마음을 먼저 온전케 해주소서." 하고 기도하는 분을 뵌 적이 없습니다. 대신에 "드린 것에 삼십 배, 육십 배, 백배로 갚아주옵소서." 혹은 "천 배의 복을 더 하소서."라는 기도는 숱하게 들었습니다.

종교개혁 500주년을 맞아 예수를 주로 고백하는 우리가 먼저 어느 것이 분(糞)인지 무엇이 장(醬)인지를 분별했으면 하는 바람입니다. 그리스도 예수는 여전히 빛 되신 주님이십니다. 주를 믿는 모두가 그리스도를 닮은(Christ-like) 거울이 되었으면 하는 마음 가득 담아 기도하며 새 아침을 맞습니다.

사랑하는 자들아 우리가 지금은 하나님의 자녀라 장래에
어떻게 될지는 아직 나타나지 아니하였으나 그가 나타나면
우리가 그와 같을 줄을 아는 것은 그의 참모습 그대로
볼 것이기 때문이니 주를 향하여 이 소망을 가진 자마다
그의 깨끗하심과 같이 자기를 깨끗하게 하느니라. (요한1서 3장 2~3절)

연말정산

2017. 1. 26.

매년 이맘때가 되면 급여소득자들이 해야 하는 일이 있습니다. 바로 연말정산입니다. 예전에는 연말정산을 '13월의 보너스'라고 했습니다. 대부분들 좋아했었는데 지금은 그렇지만은 않습니다. 때로는 '13월의 세금폭탄'이 될 수도 있기 때문입니다. 연말정산을 통해 1년 동안 국세청에서 정한 간이 세액표 기준에 따라 미리 납부한 세금이 실제소득에 대한 세금보다 많으면 차액만큼 돌려받고 적으면 차액만큼 더 납부해

신(信), 언(言), 행(行) 아침 단상

야 합니다.

유엔이 매년 순위를 매기는 전자정부평가에서 우리나라는 수년째 세계 1위 자리를 내주지 않고 있습니다. 우리나라의 행정전산망은 여러 해 전부터 여러 나라에서 벤치마킹하고 있고 기술을 전수받고 있습니다. 이번에 업그레이드된 연말정산 시스템도 그중 하나입니다. 주민등록번호를 각 개인의 고유번호로 하여 기간전산망을 통해 수집된 1년 동안의 소득 및 지출 정보를 일목요연하게 보여줍니다. 1년 동안 병원가고 약국에 가서 지불한 금액이 얼마이고 보험료를 얼마나 냈는지 등에 대한 정보 등을 모두 보여줍니다.

예전처럼 번거롭게 병원이나 카드사나 보험사에 자료를 요청해서 제출할 필요가 없어졌습니다. 부양가족들에 대한 정보도 정보동의만 하면 얼마든지 확인할 수 있습니다. 참 좋은 세상입니다. 연말정산을 하려면 '소득·세액 공제신청서'를 작성해서 제출해야 합니다. 여기에는 소득에서 공제되는 항목들에 대한 정보를 기입해야 합니다. 즉 본인 및 피부양자에 대한 기본 공제 외에 보험료, 의료비, 교육비, 카드 사용료 등이 있습니다. 그리고 맨 마지막에 한 해 동안 기부한 금액을 적어 넣어야 합니다.

연말정산 신청서류를 작성하면서 '인생 종말정산'을 생각해 보았습니다. 연말정산은 내가 혜택을 받기 싫고, 써서 제출하는 것이 귀찮으면 이름만 써서 제출하면 됩니다. 혜택을 덜 받으려면 꼼꼼히 챙기지 않으면 됩니다. 혜택을 더 누리려면 실제로 더 잘 챙기면 됩니다. 하지만 '인생 종말정산'은 누구도 피해갈 수 없습니다. 내가 혜택을 더 받고 싶다고 더 받고, 덜 받고 싶다고 덜 받을 수 없습니다. "제가 부모를 봉양하고 자식을 부양하느라 범죄 했으니 공제해주십시오.", "제가 주님을 잘 섬기려 교회 예배당 짓는 데 많은 것을 드렸으니 고려해주시옵소서." 한다고 '인생 종말정산'에 반영되어 '종말보너스'를 상급으로 받을 수 없습니다.

분명 모두에게 예외 없이, 예고 없이 동일한 기준, 하나님의 공평하신 잣대로 정산될 것입니다. 분명 열심히 말씀대로 행하며 부끄럽지 않게 살았던 사람은 그렇지 못한 사람보다 더 큰 상급을 받게 될 것입니다. 이쯤에서 나름 '인생 1막 중간정산'을 생각을 해봅니다. 택도 없습니다. 고개를 저을 수밖에 없습니다. 인생 2막에서만큼은 종말정산 하는 날 '잘하였도다(Well done!) 어서 오너라.' 하는 하늘의 소리를 듣고 싶습니다. '참 잘했습니다.' 도장과 함께 '별 다섯 개'를 받고 싶습니다. '그리 살게 하옵소서.' 하는 기도로 밝아오는 새 아침을 맞습니다.

그때에 각 사람이 행한 대로 갚으리라. (마태복음 16장 27절)
내가 줄 상이 내게 있어 각 사람에게 그가 행한 대로
갚아 주리라. (요한계시록 22장 12절)

영양당(靈糧堂) 2017. 1. 29.

어느 날 홍콩에서 전철을 타고 심천으로 가면서 차창 밖을 바라보자니 한문으로 靈糧堂(영양당)이라고 쓰인 대리석 건물이 보였습니다. 한

신(信), 언(言), 행(行) 아침 단상

국의 모 제과점 이름 같아 보였지만 건물을 보자니 교회처럼 보였습니다. 붙어있던 한자 이름을 그대로 풀이하자니 '영의 양식이 있는 집'이 됩니다. 그래서 "아, 이곳에서는 예배당을 '영의 양식이 있는 집'이라고 하는구나. 맞네. 맞아!" 하고 생각한 적이 있습니다.

나중에 알고 보니 靈糧堂(영양당)은 1943년에 중국 상해에서 조세광(趙世光)이란 목사가 세운 독립교회의 이름입니다. 중국본토를 공산당이 차지하여 대만으로 건너가 포교활동을 시작해서 지금은 대만을 모교회로 하여 홍콩을 비롯하여 전 세계에 400여 개의 지교회를 두고 있는 기독교 교단입니다. 중국어로는 靈糧堂(영양당)을 링리앙탕이라고 발음합니다. 영어로는 'Bread of Life Christian Church'라고 씁니다.

이 교회의 이름은 요한복음 6장 63절과 55절의 말씀에서 비롯되었습니다. 즉 "살리는 것은 영이니 육은 무익하니라 내가 너희에게 이른 말은 영(靈)이요 생명이라."는 말씀과 "내 살은 참된 양식(糧食)이요 내 피는 참된 음료로다."는 말씀이 합쳐져서 영양(靈糧)이 만들어졌습니다. 중국에서 堂(당)은 교회를 의미합니다. 우리나라에서 '교회당', '예배당' 할 때는 교회의 건물, 예배하는 건물의 의미가 강하지만 중국에서는 실제 의미로서의 교회와 보이는 건물로서의 교회가 합쳐진 의미로 堂(당)을 사용하는 것 같습니다.

이 교회의 4대 지침이 있습니다. 즉 전승사명(傳承使命), 권능선교(權能宣敎), 역행성경(力行聖經), 매향영요(邁向榮耀)입니다. 교회의 사명을 전승해서, 권능을 받아 전도하고, 힘을 다해 성경대로 행하고, 영광을 향해 매진하자는 뜻으로 사료됩니다. 저에게는 특별히 역행성경(力行聖經)이 와 닿습니다. 이 단어 하나로 나머지 세 가지가 다 이루어질 수 있다고 믿기 때문입니다.

종교개혁 500주년을 맞아 모든 한국교회의 강단에서 선포되는 말씀이 세상에서 먹던 육적 양식, 가십거리, 신문기사, 예화, 세상 이야기로 끄적거려 만들어진 죽은 설교가 아니라 바른 영의 먹거리를 제공하는 진정한 '영양당(靈糧堂)'이 되기를 기도합니다. 오늘 아침도 감사의 떡국을 먹고 이 글을 갈무리합니다.

사람이 떡으로만 살 것이 아니요 하나님의 입으로 나오는
모든 말씀으로 살 것이라. (마태복음 4장 4절)

무례한 신념 2017. 2. 1.

페이스북 친구 한 분께서 한 절에 들러 스님과 차를 나누었습니다. 그는 거기서 신도들이 보시하는 불전함에서 나온 천 원짜리 지폐를 발견했습니다. 그 지폐 양면에는 고무인으로 선명하게 '예수님 믿으면 천국 불신자는 지옥, 아멘'과 '주 예수님을 믿으라. 그리하면 너와 네 집이 구원을 얻으리라. 아멘'이라고 찍혀있었습니다. 그는 "의도적인지 아닌지는 모르지만 돈에까지 이렇게 하는 건 좀 그러네요."라는 글을 올렸습니다. 마음이 아팠습니다. 그래서 제가 "죄송합니다."라는 댓글을 남겨두었습니다.

몇 해 전에는 석가모니가 깨달음을 얻은 장소라는 인도의 불교 성지인 마하보디 사원 경내에 한국 청년들이 들어가 찬송가를 부르며 선교 기도를 하다가 퇴장을 당했습니다. 그전에는 서울에 있는 봉은사에 들어가 '땅 밟기'를 하며 사찰이 무너지도록 기도한 모습이 유튜브에 올라 비난이 일었습니다. 같은 해 한 목사가 조계사 경내에서 소란을 피웠고, 대구 팔공산 동화사에서 불교경전을 찢고 불화를 훼손한 뒤, 방뇨까지 하는 목사도 있었습니다.

　풀러 신학교 총장이었던 리처드 마우(Richard J. Mouw)가 지은 책『무례한 기독교』를 통해 보여주는 몇 가지 사례를 생각해봅니다.

　낙태반대운동에 열성적이었던 한 여성이 어느 날부터 캠페인에 나오지 않았습니다. 알고 보니 그의 열다섯 딸이 난폭한 강간을 당해 임신을 해 가족들이 고심 끝에 낙태를 하기로 결정했다는 것입니다. 동성애에 대해 열심히 반대하는 운동을 하던 한 사람은 자신의 아들이 게이인 것이 밝혀져, 동성애를 신학적으로는 인정하지 않지만, 그들을 포용하기로 했다는 것입니다. '악인은 지옥에 떨어져라'라는 믿음을 가졌으면서도, 실상 그렇게 할 수 없었던 상황도 고백합니다. 독실한 기독교인 친구가 마약 거래에 깊이 연루된 아들에게 인생을 새로 시작하라고 거듭 당부했으나 이를 거부한 아들이 무장 강도 사건으로 살해당해 장례식에 갔을 때 "하나님의 은혜의 손길이 여전히 그에게 미칠 수 있기를 바란다고 뜨겁게 기도했다."는 것입니다.

　그가 한국에 방문했을 때 "며칠 전 서초구 방배동의 한 건물에 입주

한 교회가 기존에 있던 절의 간판을 치워버린 적이 있는데, 이를 어떻게 보는가?"라는 질문을 받았습니다. 그는 "교회 교인들이 비문화적인 사람들이었던 것 같다."며 이교도들을 전도했던 바울 이야기를 해주었습니다. "바울은 이교도에 대해 우상을 섬기고 있다고 비난하기보다는 종교성과 영성을 인정하면서 대화에 나서 '당신의 종교 시인 가운데도 이런 말을 한 분이 있지 않으냐'면서 예수의 복음을 함께 전했다."라고 답해주었습니다.

"풀러 신학교에 온 한 한국인 학생이 '가족의 장례식 때 불교도인 가족이 향을 피우려고 할 때 어떻게 해야 하느냐'는 고민을 상담해 대화를 나눈 적도 있다."고 언급했습니다. "그런 예식뿐 아니라 휴일에 가족이 모일 때 종교가 다르다고 참석을 하지 않아 가족들을 화나게 하는 것은 좋은 방법이 아니다. 다른 종교를 가진 가족들이 자기들 나름대로 기도를 하게 한 이후 기독교의 기도에 대해서도 자연스럽게 얘기해줄 수 있는 기회를 갖는 게 좋다."고 말해 주었습니다.

그는 한국에서 거리나 지하철, 버스 등에서 '예수 천국, 불신 지옥'을 외치며 전도하는 모습들에 대해서 "미국에서도 새해 첫날 거리에서 꽃차 행렬을 벌일 때 어떤 사람들이 그런 피켓을 들고 뒤따르는 것을 보면 너무나 당혹스럽다."고 했습니다.

믿음은 신념과 신앙으로 표현될 수 있습니다. 그렇지만 이 둘은 상극입니다. 같은 믿음이지만 신념은 철저한 자기 확신입니다. 신념은 초점이 온통 자신의 생각에 맞추어져 있습니다. 그래서 주위를 돌아볼 겨를이 없습니다. 신앙은 자기좌절과 자기부정과 자기포기를 통해 "모든 사람으로 더불어 화평함을 좇는(히12:14)" 진리를 터득하고 깨닫고 실천하게 합니다. 사도 바울은 한 때 신념에 넘쳤던(자신감이 넘치는 열정을 지닌 자기 확신에 가득 찼던) 사람이었습니다. 그랬던 그가 예수님을 만나 신념을 버리고 신앙을 가지게 되었습니다. 그래서 "사랑은 무례히 행치 않는다."는 아름다운 사랑장(章)을 남겼습니다. 도덕의 황금률이라고 불리는 말씀을 생각하며 새아침을 맞습니다.

> 그러므로 무엇이든지 남에게 대접을 받고자 하는 대로 너희도 남을 대접하라. 이것이 율법이요 선지자니라. (마태복음 7장 12절)

포기하는 신앙   2017. 2. 5.

엊그제 10년 동안 유엔의 수장으로 일했던 반기문 전 유엔사무총장이 대통령선거에 출마하지 않는다고 선언했습니다. 이유가 무엇이든 그는 대통령후보로 나서는 것을 포기한 것입니다.

포기도 하나의 결정입니다. 쉬운 포기도 있지만 용기를 필요로 하는 선택으로서의 결정도 있습니다. 더 나은 가치를 향한 방향 전환의 선택일 수 있습니다. 이런 경우 우리는 그 결단에 박수를 보내주어야 합니다. 그래서 저는 반기문 전 유엔사무총장의 포기에 박수를 보냈습니다. 변화와 혁신을 얘기할 때마다 회자되는 문구가 있습니다. "마누라만 빼고 다 바꾸라."는 것입니다. 이것은 마누라만 빼고 구태의연한 현재의 것들을 모두 포기해도 좋다는 것을 의미합니다.

예수님을 따르는 일은 포기가 선결됩니다. 가장 먼저 죄를 벗어버려야 합니다. 그리고 믿음의 경주에 합류하기 위해서 모든 무거운 것을 벗어버려야 합니다.

모든 무거운 것과 얽매이기 쉬운 죄를 벗어버리고
인내로써 우리 앞에 당한 경주를 경주하며 믿음의 주요
또 온전케 하시는 이인 예수를 바라보자. *(히브리서 12장 1~2절)*

예수님의 제자들은 "나를 따라 오라."는 예수님의 말씀에 생업을 포기하고 따라나섰습니다. 스스로 진리라고 선포하는 예수님을 만난 제자들은 그 진리 안에서 모든 것을 포기하는 자유함을 얻었습니다.

사도 바울은 우리에게 어떻게 세상적 유익을 상실하고 더 나은 예수님을 따랐는지를 교훈합니다. "나에게 유익이 되었던 것을 나는 그리스도 때문에 해로운 것으로 여기게 되었습니다. 그리스도 때문에 모든 것을 해로운 것으로 여기고, 그 모든 것을 배설물로 여깁니다. 그래서 내가 그리스도를 얻고……."라고 했습니다.

계명을 잘 지키며 살고 있던 부자 청년이 어찌해야 구원을 얻는지 예수님께 여쭈었습니다. 예수님께서는 "네 재산을 팔아 가난한 사람에게 나누어주고 나를 따르라."고 하셨습니다. 그 청년은 근심하며 돌아갔습니다. 근심했다는 헬라어 루페오(λυπέω, lupeo)는 신체적 심적 고통이나 슬픔을 의미하는 헬라어 루페(λύπη, lupe)에서 파생된 동사입니다. 해산의 고통과 같이 심한 통증을 느꼈다는 것을 의미합니다.

신(信), 언(言), 행(行) 아침 단상

성경에 그 청년의 뒷얘기는 없습니다. 성경의 묘미입니다. 그 청년이 "너 아니냐?"고 반문하는 것입니다.

아나니아와 삽비라는 전부를 포기하지 못했습니다. 아나니아는 자신의 이름처럼 "여호와는 은혜로우시다."라는 것만 알았습니다. 삽비라는 자신의 이름처럼 '청옥처럼 아름다운' 삶을 마감하지 못했습니다. 가장된 포기의 결단이 예고 없던 죽음을 불렀습니다.

인생 2막의 여정을 준비하면서 내려놓아야 할 무거운 짐들을 가늠해 봅니다. 부모가 자식을 버릴지언정 우리를 언제고 버리지 않고 받아 주시는 주님을 믿는 믿음의 경주를 위해 포기하고 버릴 것을 생각하며 주일 아침을 감사로 맞습니다.

내 부모는 나를 버렸으나
여호와는 나를 영접하시리이다. (시편 27편 10절)

성실   2017. 2. 10.

제가 직원 채용 면접을 보면 맨 마지막에 반드시 물어보는 말이 있습니다. "당신의 차별성은 무엇입니까? 즉 다른 사람에 비해 장점으로 내세울 수 있는 것이 무엇입니까?" 어제도 한 분 면접을 하게 되어 말미에 동일한 질문을 했습니다. 그랬더니 성실이라고 답해주었습니다. 좀더 구체적으로 말해달라고 했습니다. 남보다 부지런하게 일한다고 했습니다. 면접을 끝내고 성실에 대해 생각해보았습니다.

신약 성경에는 한글 개역본 기준으로 성실이란 단어가 세 번 나옵니다. 실제 헬라어 성경에는 같은 단어로 다섯 번 나오는데 한글 성경에는 세 번은 '성실'로, 한 번은 '진실함'으로(고후 1:12) 나머지 한번은 '후한'라고(연보) 번역되었습니다. 모두 헬라어로는 하플로테티(ἁπλότητι, haplotēti)입니다. 그 뜻은 너그러움과 순박함입니다. 구약성경에는 '성실'이라는 단어가 무척 많이 나옵니다. 히브리어로 톰(תֹּם, tom)이라고 하는데 그 뜻은 온전함, 완성됨, 나무랄 것 없음, 단순함, 무죄함 등입니다.

제 나름대로 성실한 사람의 차별성에 대해 정리해 보았습니다.

성실한 사람은 자발적입니다. 누가 보나 보지 않으나, 시키나 시키지 않으나 자발적으로 일합니다. 성실한 사람은 솔선합니다. 수수방관하지 않고 남보다 앞장서서 먼저 합니다. 궂은일도 마다않고 먼저 합니다.

성실한 사람은 일관성 있게 일합니다. 처음이나 끝이나 변함이 없습니다. 용두사미가 아니라 용두용미입니다. 성실한 사람은 부지런합니다. 부지런한 것은 누구에게나 동일한 시간이란 그릇 속에 선한 의미를 담는 것입니다. 요령을 피우지 않고 일합니다.

성실한 사람은 정직합니다. 구약 성경에는 같이 붙어 다니는 단어가 있는데 성실과 정직입니다. 정직은 성실의 친구입니다. 성실은 정직의 동반자입니다.

신(信), 언(言), 행(行) 아침 단상

성실한 사람은 책임을 다합니다. 자기에게 맡겨진 일을 청지기처럼 감당합니다. 다른 사람에게 핑계를 돌리지 않습니다.

성실한 사람은 불평을 말하지 않습니다. 자신의 부족함을 시인합니다. 남을 탓하지 않습니다. 환경을 탓하지 않습니다.

그래서 성실한 사람은 온전하고 나무랄 데 없습니다. 하나님은 성실하십니다. 하나님의 자녀는 그 성실함을 닮습니다. 성실은 하나님과 사람, 사람과 사람이 인격적 교제에 가장 중요한 것입니다.

이 아침에 성실을 생각하다 보니 요셉과 노아와 욥과 바울이 떠올랐습니다. 그리고 진실하고 충직해서 주인에게 신임을 받았던 '톰 아저씨'가 생각났습니다. 미국 사람들 이름에 톰(Tom)이 많은데 같은 발음의 히브리어 단어의 뜻이 바로 '성실'인 것을 알게 되었습니다. 오늘도 성실하기를 다짐하며 감사함으로 새아침을 맞습니다.

사람을 기쁘게 하는 자와 같이 눈가림만 하지 말고
오직 주를 두려워하여 성실한 마음으로 하라. (골로새서 3장 22절)

화살기도

2017. 2. 14.

우리나라 사람은 정말 똑똑합니다. 어느 전문가가 계산해냈는데 평범한 사람들이 하루에 생각하는 것이 평균 60,000가지라고 합니다. 우리나라 사람들은 이미 그 근사치를 알고 있었습니다. 우리말에 "오만 가지를 다 생각한다."는 말이 있습니다.

　정말 그런 것 같습니다. 아니 저 같은 경우는 더 많은 것을 생각하는 지도 모르겠습니다. 이 아침만 하더라도 수없이 많은 생각을 하게 됩니다. 그래서 그런지 저는 꿈도 많이 꾸는 편입니다. 그러다 보니 문득 문득 생각나는 것을 적어놓지 않으면 잊을 때가 많습니다. 좋은 문구가 생각났다든가, 오랫동안 못 뵌 분에게 전화할 일, 오늘 하루 일과 중 중요한 포인트, 소개받은 책 주문하기 등. 적어놓지 않으면 잊어버릴 것들을 그때그때 기록하기도 합니다.

　생각을 하면서 하는 중요한 일 중 하나는 기도하는 일입니다. 기도에는 반드시 누구에 대한, 무엇에 대한 생각이 함께합니다. 일본에서 자비량 선교하시는 송재석 선교사 사모님이 진단받은 '다카야스동맥염'이라는 난치성 질환에서 구해주시길 기도합니다. 선교사님도 생각하고 딸 유리도 생각하고 병원에 누워있을 사모님도 생각하며 기도합니다. 일어나 밝은 모습으로 가족이 함께 손을 잡고 바닷가를 걷는 모습을 그리며 기도합니다.

　오늘은 췌장암으로 고생하시다 결국 병원에 입원하신 고등학교 은사님을 위해 기도합니다. 병간호하시는 사모님을 생각합니다. 자식들을 생각합니다. 처치하시는 의사와 간호사들의 손길을 지켜주시길 기도합니다. 인생 말년에 지치고 병들어 누워있을지라도 주님을 영접하는 은혜를 주시기를 기도합니다. 그리고 오래 투병을 하고 있는 친구 부인을 위해 기도합니다. 친구의 마음을 생각합니다. 고쳐주시든지, 저를 받아주어 재활치료해줄 수 있는 병원을 마련해주시기를 기도합

　　　　　　　　　　　　　　　　　　　신(信), 언(言), 행(行) 아침 단상

니다.

　고정된 장소에서만 생각하는 것이 아닙니다. 이동하면서도 늘 생각을 하게 됩니다. 고정된 시간에 진득하게 드리는 기도가 있습니다. 차를 운전하며, 동네를 산책하며 올리는 화살기도가 있습니다. 이 글을 쓰는 동안에 요양원에 계신 어머님께서 전화를 하셨습니다. 요양원에서 자식들 대신에 어머님의 대소변을 건사하는 요양사분들을 마음속으로 축복하며 화살기도를 드립니다.

　차를 타고 지나다 아침 일찍 나와 밤 10시가 넘어 문을 닫고 들어가는 만두 찐빵집을 지나치며 부부가 부지런한 만큼 잘 살게 해달라고 기도합니다. 카센터에 들러·천정에 붙어있는 명태를 보고 저들이 실타래에 묶인 명태를 좋아하는 잡신을 믿지 않고 명태를 안 드려도 내가 너를 사랑한다는 주님을 믿게 해주소서 하고 기도합니다. 길가에서 차를 세워놓고 곶감을 팔며 불을 쬐고 있는 부부를 위해 기도합니다. 저들에게 곶감꼬치에 달린 곶감처럼 복을 허락해주옵소서. 오늘 먼 길 납품가는 직원을 위해 기도합니다. 피곤치 않고 졸지 않고 안전하게 납품하고 돌아오게 하옵소서. 쓰레기를 치워가는 분을 위해 기도합니다. 저가 소망하는 대로 올해는 총각신세를 면하게 해 주옵소서, 좋은 처자를 만나 믿음의 가정을 꾸미게 하옵소서. 고객사와 여러 협력사와의 회의에 참석하러 가면서 기도합니다. 문제 해결을 위해 지혜를 허락하옵소서. 피차가 좋은 제안을 해서 원만하게 해결되게 하옵소서. 합력하게 하옵소서.

　오만 가지 생각을 하면서 수없이 드리는 화살기도. 그 화살기도가 부메랑기도가 되어 저를 위해 기도해주시는 분들도 계시겠지요. 기도하며 하나님이 듣고 싶어 하시는 사랑을 고백합니다. 화살기도는 오만가지 생각 속에도 하나님께 고백하는 사랑의 고백입니다. 하나님 사랑합니다. 사랑의 하나님 제 화살기도를 들어주실 거죠? 오늘도 화살기도는 계속됩니다.

쉬지 말고 기도하라는 말씀을 곱씹습니다. 기도할 수 있어 감사할 수 있습니다. 기도할 수 있어 항상 기뻐할 수 있는 우리는 모두 행복자입니다. 오늘 아침 단상을 읽는 분들에게 드리는 축복의 화살기도를 말씀으로 대신합니다.

이날은 여호와께서 정하신 것이라
이날에 우리가 즐거워하고 기뻐하리로다. (시편 118편 24절)